P.228. [illegible] → 吴 (第6行)

孔子是如何煉成的

從喪家狗到萬世師表

鮑鵬山 著

推薦序

理想或遠方——

讀《孔子是如何煉成的》

凌性傑（詩人、散文家，現任台北市建國中學教師）

一、

處暑時節，我走在府城傍晚的巷弄中。踅進紅牆，就是孔廟了。文廟自古以來，就是一種教化的象徵，同時是文化命脈的基地。在這裡，許許多多的牌匾標誌了歷來統治者的封賞或者褒揚。然而真正的偉大，其實不需要這樣的封賞與褒揚。真正的偉大，多多少少帶有一些世俗傾向，在廣大高明之外還可深入於民間、落實於生活。

在這「全臺首學」裡，我看到了「斯文在茲」，看到了蒼老的歷史，以及新發的嫩芽翠葉、移植而來如今開得燦燦爛爛的鳳凰花。可能就是因為這樣，我喜歡台南人，以及那種清明又堅強的日常倫理。

我的高中同學剛成為某小學的總務主任，不論是在教學現場或教養自己的兩個孩子，走的其實就是荀子所宣揚的那一路，「始乎誦經，終乎讀禮」。作為文明的繼承者、傳播者，我們始終相信，經典有其永恆的力量。他帶著兒童背誦《弟子規》、《三字經》，以此啟發童蒙，進入到一套典雅莊重的語言秩序裡，而那語言秩序正暗示了我們所嚮往的生活意義。

此外，四書當然也是必需的，尤其是《論語》。無論台灣社會政治如何紛亂喧囂，無論政權是如何轉移，只要不忘本、不邪惡，沒有人會去磨蝕先人墓碑上的文字，也沒有人會毀壞舊宅門楣上的郡望堂號。我們知所從來，也就知道生命意義之所繫，面對未來才更有自信及勇氣。《論語》裡頭看似隨意說出的那些，從來不因時空迢遙阻隔而喪失了生命力，反而是每被時光磨亮，照耀我們當下的生活。

二、

這幾年來，身為一個高中國文教師，我常常是感到無奈的。高中課綱變革議題迭起波瀾，討論的焦點一再偏離教育文化，淪為意氣用事，甚或是政治鬥爭。不過這也無妨，有許多與我堅守同樣信念的人，是那麼熱情的傳遞知識，教導學生去發展屬於自己的、生命的學問。即使教育政策一變再變，制度口號一改再改，我們的初衷是不變的。

所以當我讀到《孔子是如何煉成的》，心中異常欣喜。鮑鵬山將《論語》中的格言，化為活潑生動的故事。他在訴說孔子事蹟的同時，其實也正在揭示古老話語的生命力。這也是在這個強調以人為本的時代，跨越時空傳來的——最珍貴的提醒。

當我們談論孔子其人其言，無須將之神格化。最重要的是，怎麼去看待這樣一個人，他如何用自己的智慧去承受時代的重量，並且面對個人的生命困境。藉由鮑鵬山的爬梳、敘述，孔子的形象清晰了，精神凸顯了。孔子的生命歷程，正可以與他說過的智慧話語相互參看。他所說的，就是深深相信的，就是值得終其一生努力實踐的。

《孔子是如何煉成的》書中，展現了精彩的說故事能力。這也提醒了我，在教育現場，一個老師若是喪失了說故事的能力，課是絕不可能上得好的。生命經驗的敘說，讓我們得以分享自己的存在感受，理解他人的時候同時也就是在重新認識自己。

三、

鮑鵬山筆下的孔子，是一個畢生追求道德與智慧的活人。我不由得想起電影《孔子》中，周潤發、周迅演出的那一段「子見南子」。劇中的南子對孔子說：「世人也許了解夫子的痛苦，卻未必能體會夫子在痛苦中領略的境界。」

鮑鵬山此書，講的就是孔子生命中領略的境界。

為了活化《論語》中的格言，鮑鵬山除了博覽群書、徵引各家之言，還取法說書人的高招，寫出了一種可以感動人的境界。他大量採用《孔子家語》豐富又靈動的紀錄——孔子的生平、與弟子的互動、重要門生的行為表現……，有助於我們貼近仁者的靈魂。

即使《孔子家語》長期受冷落，屢被視為偽書，如今看來還是多有可取之處。書中的妙聞軼事，不應看作是茶餘飯後笑談之資。那些人物躍然紙上，直可視為儒家精神的具體呈現。《論語》中敘事之不足處，《孔子家語》正可與之相互發揚。

《孔子是如何煉成的》揉雜了歷來重要史料，以精確又鮮活的現代語言敘說孔子的生命故事。真實與感動，俱在其中了。鮑鵬山為我們證明了理想的可能，並且標示了一種可以企及的遠方。

目次

第一章

十五志於學

孔子在晚年回顧一生，曾說：「吾十有五而志於學。」在「志於學」之前，一定有一個學的過程，學出了興趣，學出了志向，學出了人生目標，然後，才「志於學」。其實，這「志於學」的意思，乃是孔子從十五歲開始，就立志把自己的一生奉獻給學問，奉獻給追求真理。

1 批林批孔運動　一九七四年上半年，在文化大革命中發起的一次批判林彪、孔丘爲主題的政治運動。

第一節　孔子誕生

孔子，在中華民族漫長的歷史中，是極受尊重和推崇的。他是道統的象徵，是中華民族道德和信仰的文化核心。在漫長的中國歷史上，中國人的心中都有一個孔子在，他是炎黃子孫共同的心靈密碼。可以說，在空間上，他是無遠弗屆的；在時間上，他又是無時不在的。

但是，在二十世紀，一生顛沛流離的孔子在逝世二千多年後，又遭遇了兩場巨大的風波和打擊。第一次是二十世紀初的「新文化運動」；第二次是二十世紀七〇年代的「批林批孔」。[1]在這兩次運動中，孔子都成了當時人們否定、批判和聲討的對象。

這當然都有一些現實的原因。

我們知道那是一個特殊的年代。從鴉片戰爭到一九一九年，八十年的時間，我們這個民族經歷了太多的失敗、太多的屈辱。我們打不過英國，打不過英法聯軍，還打不過日本，更打不過八國聯軍。一個民族在八十多年裡，所有的對外戰爭大都以失敗而告終，這對一個民族心理的傷害是非常巨大的。這種傷害到今天仍然沒有完全癒合。在這樣一種情形下，從鴉片戰爭失敗到巴黎和會被出賣，我們一直在反思：為什麼我們在這樣一個新的世界面前，我們總是失敗的？最後我們發現，在文化上，我們是落後的。於是我們把這一切都怪罪於孔子的身上，就喊出了一個非常嚴厲的口號，叫「打倒孔家店」。

其實，這裡有兩點需要說明：

第一，以孔子為代表的先秦儒家文化，匯同道家、法家、墨家等等，共同形成了中國的傳統文化。這種文化保證了中華民族領先世界至少兩千多年（以明代萬曆年間計）。這是一個文化的奇跡，也是孔子本人的奇跡；是中華文化偉大的證明，也是孔子偉大的證明。這一點，誰也無法否定。

第二，「新文化運動」對傳統文化中黑暗部分的指證和批判，比如「吃人的禮教」、「奴隸道德」、「三綱五常」等等，其實並不是孔子的思想，甚至是孔子非常警惕和嚴厲抵制的思想。也就是說，「孔家店」裡擺放的，並不都是孔子的東西，甚至是孔子不喜歡的東西。

在這樣的情況下，「五四」先賢們喊出的「打倒孔家店」，實際上只是把孔子當成一個「文化箭垛」，是傳播學的需要，因為這樣的口號直接、生動、具象，直接付諸於人們的感覺，讓普通人都一下子就明白了。所以，孔子實際上是為那些文化史上的黑暗部分背了罪名而已。因此，「打倒孔家店」，並不能簡單理解成「打倒孔子」。

可怕的是，十九世紀下半葉、二十世紀上半葉我們遭受的創傷，一直不能癒合。這樣巨大的、沒有癒合的創傷，一方面使我們不能從容地面對外面的世界；另一方面，又使我們不能平靜地對待自己的文化傳統。在這兩方面，我們都有一些極端的情緒。

重新認識孔子

現在，我們需要客觀冷靜地認識孔子，評價孔子。我們需要客觀冷靜地評價我們的傳統文化。

毋庸諱言，孔子並不是神，他有不足，他的思想也當然會有局限。但這並不能影響孔子的偉大。

事實上，孔子是兩樣人：聖人和凡人。

他是聖人，他偉大，他是一個民族精神信仰的核心。

他是凡人，他平凡，他是一個人而不是神，他也有著常人的喜怒哀樂、七情六慾。

所以，我們看孔子，也要帶著兩顆心：恭敬心和平常心。

然後，我們不僅可以看到可敬的孔子，我們還能看到可愛的孔子。

那麼，就讓我們帶著這樣的兩顆心，走進兩千五百多年前的春秋時代，去近距離地觀察和瞭解孔子。看看他的可敬，看看他的可愛，看看一個凡人如何成為聖人，再看看一個聖人其實還是一個可親可近的凡人。

首先，我們還得遵照一般的規則，先瞭解一下孔子的家世。我們來看看孔子這樣一個民族的靈魂式的人物，他有著什麼樣的家族，這個家族又有著哪些榮耀和恥辱。

我們知道，孔子是一生服膺和推崇周王朝文化的。他自己曾經明確地說：「周代的禮樂制度是借鑑了夏、商兩代後制定出來的，多麼豐富多彩呀！我是贊成周朝的。」

直到晚年，他還為自己很久沒有夢見周公姬旦而恐懼：

「甚矣！吾衰也！久矣！吾不復夢見周公。」（《論語・述而》）

孔子感覺自己老了！好久好久啊！他沒再夢見周公了。

孔子所尊崇並發誓恢復的周禮，就是周公制定的；周朝禮樂文化的開創者，就是周公；孔子的思想，就來源於周公的禮樂制度。他終身崇拜的人物，也是周公以及周文王、周武王。所以，孔子一生服膺周公，一生要推行周公之道。但是從青年至壯年，從壯年至衰老，孔子周遊列國，顛沛風塵，處處碰壁，壯志難酬。到了兩鬢霜白，他不禁慨然長歎：「我老了！周公也不再入夢了！」失敗的感覺重重地擊倒了他。

這句感慨，也告訴我們，他平時一定是經常夢見周公的，不然他不會有這樣的比較，並有老冉冉其將至的傷感。我們知道，對於一個從未見過面的古人，竟然常常在夢中相見，這不是一般的感情。

殷人的後代

但是，就是這樣一位周朝禮樂文化的堅定捍衛者和鼓吹者，在他的彌留之際，卻告訴來看望他的學生：他是殷人。

魯哀公十六年陰曆二月初四，七十三歲的孔子病勢沉重，子貢[2]匆忙趕來。發現老師拄著拐杖在門前彳亍。[3]孔子見子貢來，告訴子貢說：「夏人停喪在廳堂的東階，周人停喪在西階，殷人停喪在廳堂的兩根柱子間。昨晚，我夢見我坐在兩根柱子中間，我要死了，我的祖先是殷人啊。」（《史記·孔子世家》）

這到底是怎麼回事呢？孔子為什麼說他是殷人的後代呢？

其實，在他三十四歲左右的時候，魯國的一個貴族，孟僖子，在他臨死之前給兒子的遺言中，就說過孔子的身世。孟僖子告誡他的兒子仲孫何忌（即孟懿子）和南宮敬叔說：「孔丘，聖人之後，滅於宋。其祖弗父何本來可以做國君，卻讓位給厲

2 端木賜（西元前五二〇年—西元前四四六年），字子貢，春秋末衛國人。孔子得意門生之一，孔子曾稱其為「瑚璉」，宗廟裡用來盛黍稷的禮器。

3 「彳」音「赤」，左步；「亍」音「觸」，右步。合彳亍為行，緩步慢行之意。

公。」（《史記・孔子世家》）

既然是弗父何的後代，那麼，往上一推，我們就會大吃一驚：原來孔子是商王的後代啊！

我們來列一下孔子的譜系：

——商湯：商王，王室

——子乙

——微子啟：諸侯

《論語》的第十八篇，叫《微子篇》。因為這一篇一開頭，就提到了微子：

> 微子去之，箕子為之奴，比干諫而死。孔子曰：「殷有三仁焉！」

紂王殘暴無道的時候，天下人都稱他為紂。（《謚法》曰：「殘義損善曰紂。」）面對這樣的暴君，微子離開了紂王去隱居，箕子裝瘋做了紂王的奴隸，比干力諫不休被紂王殺死。孔子說：「殷朝有三位仁人啊！」

先看微子，叫子啟，紂王的同母兄。但其出生時其母只是帝乙的妾，後來才立為正妻。立為正妻以後生下了辛，所以辛獲得立嗣的正統地位而繼承了帝位，就是紂王。微子則封為子爵。紂王無道，微子屢諫不聽，微子遂隱居荒野。

再看箕子，他是紂王的叔父。曾多次勸說紂王，紂王不聽。箕子為求自保，遂披髮裝瘋，被降為奴隸。

最後看比干，他是紂王的叔父。他認為像微子、箕子這樣的作法都是不負責任，於是強諫紂王。紂王大怒，竟說：「我聽說聖人心有七個孔，真是這樣嗎？」遂將比干剖胸挖心。

這三人的行為，實際上為我們提供了在專制時代不願同流合污時最常見的三種處世方式：微子當隱士遠離黑暗政治；箕子佯狂自污以求生（裝瘋賣傻以求活命）；比干正道直行殺身成仁。雖方式不同，但都是不滿於黑暗，堅決不同流合污之人，所以，孔子說他們都屬於仁德之人。

正是這個微子，後來成了宋國的始封君。可是他卻並非孔子的祖先。

這是為什麼呢？

周武王滅商以後，周武王立了商紂王的兒子武庚做商遺民貴族的首領，給了他一塊封地，讓他祭祀自己的祖先，並且還把自己的兩個弟弟管叔和蔡叔封在武庚的附近，讓他們監視武庚。

可是，不久周武王死了，周武王的兒子周成王繼位。成王年輕，沒有執政的能力，於是成王的叔叔，也就是周武王的弟弟周公姬旦，留在京城輔佐他的這個侄子。可是這個侄子當時確實太年輕，不太懂事，既沒有能力，也沒有德行。於是周公就臨時代理攝政。遠在東方的管叔和蔡叔就懷疑周公會把大權都奪了去！於是他們就和武庚一塊兒起兵造反。周公不得已帶兵東征，用三年的時間鎮壓了這次叛亂，最後，管叔被殺了，蔡叔被流放了，武庚也被殺了。

武庚死後，因微子在殷民裡有很高的威望，周公就把微子封在宋國，所以微子是宋國的開國國君。

但是，微子死後，卻遵循商人傳弟不傳子的古老風俗，傳位於自己的弟弟微仲衍。

——微子傳弟微仲衍

——三傳而至宋湣公

宋湣公有二子：弗父何與鮒祀。這就到了孟僖子所提到的弗父何了。

湣公也搞傳弟不傳子的把戲，立弟煬公。可是兒子鮒祀不服，殺了煬公，推兄弗父何即位。

弗父何讓國與弟

那麼，弗父何會怎麼做呢？

弗父何拒絕了。為什麼呢？因為，如果弗父何即位，他如何處理自己的弟弟殺掉自己的叔叔即前任國君這件事呢？他不想再有家人流血，讓鮮血染紅宮殿。於是，他推掉了君位，讓國與弟鮒祀，自己為卿。

弗父何能以國讓，所以，孟僖子稱他為聖人。而孔子，就是在這位聖人之後，是一個更大的聖人。

——弗父何（公卿）

——正考父（弗父何曾孫）

這位正考父也很賢達，他輔佐宋戴公、武公、宣公三君，皆為上卿。

按說這樣的三朝老臣，德高望重，權傾天下，會比較傲慢。但是恰恰相反，他非常謙恭並且節儉。據說，他三次接受任命時，態度一次比一次謙恭。第一次是低首，第二次是彎腰，第三次幾乎是匍匐了。他還為此鑄了一個鼎，上面刻著表示自己謙虛的文字，他要用這個鼎，煮飯煮粥，粗茶淡飯，以為糊口。（《左傳》昭公七年）

更讓我們欽佩的是，他還可能是《詩經・商頌》的作者。《國語・魯語下》載：「正考父校商之名頌十二篇于周太師。」《後漢書・曹褒傳》「考父詠殷」注，正考父「作《商頌》十二篇」。

現在的《詩經》上，商頌僅存五篇，其餘七篇可能在孔子時即佚亡。

想想孔子整理《詩經》之時，撫琴吟唱商頌五篇，他會如何懷想他的這位七代祖！他又會如何懷想偉大的商湯以及偉大的商族文化！

正考父有一個兒子，叫孔父嘉，也連任宋穆公、殤公兩朝大司馬。但是，他的結局卻非常淒慘，並且部分原因是因為他美麗的妻子。

——孔父嘉（正考父子，孔子六代祖）

自弗父何至孔父嘉，共五代。按周禮規定，族人出了五服就要別立宗族。於是，孔父嘉「別為公族，故後以孔為氏焉」。（胡仔《孔子編年》）「孔父，字也，嘉，名也。後世以字為氏。」（清．江永《文廟祀典考》）以孔為姓氏的家族正式形成。

孔父嘉妻美，為宋太宰華父督所垂涎。《左傳．桓西元年》載：「宋華父督見孔父之妻于路，目逆而送之，曰：『美而豔！』」

什麼意思呢？就是宋國的太宰華父督（名督字華父），有一天在路上看見了孔父嘉美麗的妻子，他當時眼睛就直了，一路看著她款款走來，又目送她踏著芳塵而去，不知不覺口水流了出來，歎息道：「美而豔！」這就上了心了。

殤公在位十年，卻打了十一場戰爭，弄得貴族也好，國人也罷，一致怨恨。華父督乘機散布流言：「這都是司馬孔父嘉造成的啊！」鼓動人們對作為司馬的孔父嘉的不滿。

最後，利用人們對孔父嘉的仇恨，華父督殺孔父嘉，占有了孔父嘉的妻子。殤公憤怒異常，華父督一不做二不休，乾脆連殤公也殺了。

孔父嘉的兒子木金父為了逃避這樣的家族奇禍，逃奔魯國。孔氏家族的貴族身分從此丟棄。

從商王到諸侯到公卿，一步一步下降。到了木金父，流落魯國的孔氏家族，很快就再次下降為士，到了必須靠俸祿生存的地步，而要俸祿，就必須到貴族家裡服務。

——木金父（孔父嘉子）

——孔防叔（木金父孫）（士）

——叔梁紇（孔防叔孫）

孔防叔就是魯國貴族臧孫氏的家臣。出任臧孫氏采邑——防的邑宰。防在曲阜東三十里。孔防叔身分為士，只能靠俸祿生活。

老當益壯的父親

叔梁紇[4]就是孔子的父親了。

叔梁紇任陬邑宰（今山東曲阜市東南尼山附近）。陬邑屬魯邑，陬邑宰屬於國家的正式地方官，比其祖父孔防叔的家臣地位稍高。史載他「以勇力著稱」。說他以「勇力著稱」，有三例：

第一例，他五十五歲時。

魯襄公十年（西元前五六三年），晉國率領諸侯聯軍圍攻逼陽（在今江蘇邳縣西北，一說在今山東棗莊市南），叔梁紇隨同魯軍參加了攻城。逼陽守軍故意打開城門，放進對方一部分軍隊，然後落下閘門，以圖關門聚殲。危急關頭，叔梁紇獨自托

4叔梁紇（？——約西元前五四八年），儒家學說創始人孔子的生身父親。叔梁紇是宋國君主的後代。後來，流亡到魯國的昌平陬邑（今山東曲阜市鄒城）。他武功高強，還是陬邑的大夫。

起落下的閘門，讓進門的士兵及時撤出。

第二例，他六十二歲時。

魯襄公十七年（西元前五五六年），齊國侵犯魯國，把魯國大夫臧紇圍困在防邑。夜裡，叔梁紇與臧紇的兩名兄弟率領三百人出城突圍，護送臧紇到援軍營地，自己又折回防邑繼續守衛。齊人目睹叔梁紇如此驍勇，又有援軍接應，便罷兵而去。從此，叔梁紇「以勇力聞於諸侯」。（胡仔《孔子編年》）

但是，年過花甲的叔梁紇還有更大的英雄壯舉。

且看第三例，他六十六歲時。

他曾經證明過他是沙場勇士，六十六歲的時候，這個已屆暮年的壯士，壯心不已，竟然還證明了他是情場的凱旋者。

六十六歲這一年的初春，他獲得了一個少女的芳心，並且成功地獲得這個少女顏氏家族的同意，娶她為妻。這是他一生中的第三個女人，而且是一個比他小了五十多歲的少女。

這個少女的名字叫顏徵在。[5]

顏徵在當時十五歲。司馬貞《史記索隱》中記載：「徵在笄年適於梁紇。」笄[6]年即十五歲。

叔梁紇為什麼在這樣的年紀還要娶這樣的少女？

5 顏徵在　孔子母親。孔子三歲時，父親叔梁紇卒，顏徵在攜孔子移居曲阜闕里，生活艱難，但是對孔子的教育極爲重視。孔子十七歲時，顏徵在去世。孔子的人生觀、價值觀深受其母親的影響。

6 「笄」音「機」。

當然，他老當益壯，並且，有可能他和顏徵在之間會有超越年齡的愛情。

但有一點不能不提：那就是，叔梁紇正妻施氏給他生了九個女兒，卻沒有兒子，為此，他可能已經把施氏休了，或者，施氏已經去世了。

娶了一個妾，倒是為他生了一個兒子，叫孟皮，卻又是一個殘疾——瘸子。

他不甘心，他這個家族不能這樣人丁寥落。

野合而生孔子

這年秋天，顏徵在為他生下了一個雖然長相頗怪，卻顯然非常健康的男孩。這個男孩不僅將延續孔氏家族，而且將塑造一個民族。

這個男孩就是孔子。

有一件事情很古怪，那就是，司馬遷在記述老英雄叔梁紇的這次英雄壯舉的時候，用了一個特別刺眼的詞：「野合」。

司馬遷是這樣說的：「紇與顏氏女野合而生孔子。」

按一般人的理解，「野合」就是野外媾合。

我們知道，司馬遷非常崇敬孔子。所以，他使用『野合』一詞，絕不是唐突，更不是褻瀆，那會是什麼意思呢？

第一種看法，司馬貞《史記索隱》記載：「今此云「野合」者，蓋謂梁紇老而徵在少，非當壯室初笄之禮，故云野合，謂不合禮儀。」這種說法的問題是：既然如此，司馬遷為什麼不加以說明，而是使用了「野合」這樣唐突的字眼呢？

第二種看法，見諸錢穆《孔子傳》[7]：「此因古人謂聖人皆感天而生，猶商代先祖契，周代先祖后稷，皆在感天而生之神話。又如漢高祖母劉媼，嘗息大澤之陂，夢與神遇，遂產高祖。所云野合，亦猶如此。欲神其事，乃誣其父母以非禮，不足信。至謂叔梁老而徵在少，非婚配常禮，故曰野合，則是曲解。」

這種說法的問題是：用「不足信」三字，批評了司馬遷；又用「曲解」二字，否定了司馬貞。

但是，司馬遷真是「欲神其事，乃誣其父母以非禮」嗎？這有點貶低司馬遷了。

第三種看法則是劉方煒《孔子紀》[8]中的「高禖」說。這種說法認為高禖即是「郊禖」。「郊禖」是商族遺留下來，直到春秋戰國時還流行的一種男女郊外野合的婚配風尚。

具體而言，就是在每年的仲春（周曆二至三月間，夏曆十二月至來年一月間，今西曆一至二月間）男女去郊外某些特定地點歡會、野合。叔梁紇和顏徵在就是在這樣的風俗之下，私下結合了。

劉方煒先生的「高禖」說，非常精彩，與他認為的孔子出生於十月初也吻合，與現在官方認定的孔子出生於九月二十八日也接近。但是，他既然說叔梁紇和顏徵在是

7《孔子傳》 錢穆著，東大出版，該書綜合司馬遷以下各家考訂所得，重爲孔子作傳。以尋求孔子畢生爲學之日進無疆、與其教育事業之博大深微爲主要中心，而政治事業次之。

8《孔子紀》 劉方煒著，廣西師範大學出版社出版。

「私下結合」，那就還是不能說明叔梁紇、顏徵在結合是合乎於禮的。

劉方煒先生給了我極大的啟發。我認為，只要在劉先生的基礎上，再往前一步就好了。

其實，「郊禖」不僅不是「私下結合」，反而是受命結合。

《周禮・地官・媒氏》云：「中（仲）春之月，令會男女。於是時也，奔者不禁。若無故不用令者，罰之。」

為什麼那時「不禁野合」呢？因為這與「春祭」有關。「春祭」是在春天舉行的祭天、祭祖活動，目的是希望在即將到來的一年裡國泰民安、風調雨順、五穀豐登。因為男女的結合和農業生產的播種和收穫有相似之處，於是人類生殖活動與農業活動便聯繫了起來。

從而，在仲春之月，春耕播種之際，「令會男女」，是為了農業豐收，國泰民安，是嚴肅的政治命令，可不是男女的私下「性自由」。當然，具體誰和誰結合，那就要看兩人的感覺和緣分了。這個政府不包辦，還是有自由的成分的。

叔梁紇是名人，孔武有力，身材高大，這對於一個青春少女而言，是有著強烈的吸引力的。

春天的播種，秋天的收穫。魯襄公二十二年，西元前五五一年的九月二十八日，孔子出生。

孔丘的由來

司馬遷接著寫道：「禱於尼丘得孔子。魯襄公二十二年而孔子生。生而首上圩頂，故因名曰丘云。字仲尼，姓孔氏。」（《史記‧孔子世家》）

孔子為什麼叫孔丘呢？有兩個原因：

第一，禱於尼丘，故名丘字尼。

第二，頭型酷似尼丘山，中間低，四周高。今曲阜的尼山山頂就是這種特徵。司馬遷可能到過尼丘山。司馬貞《史記索隱》說，孔子的頭型如同「反宇」，就是屋頂反過來的那個樣子，中間低而四周高。

孔子叫孔丘了，尼丘山反而不能叫尼丘山了，尼丘山后來為避孔子名諱，改為尼山了。（古代避諱避名不避字）

沒有孔子，尼丘山不必改名。沒有孔子，尼丘山也不會成名。尼丘山碰上孔夫子，幸焉，不幸焉？不幸焉，幸焉？

孔子出生時，叔梁紇就六十七歲了。魯襄公二十四年，西元前五四九年，孔子三歲時，孔子父叔梁紇卒，葬於防（今曲阜市東二十五里之防山）。

一個三歲的孩子，一個十八歲的年輕母親。他們又將如何生活？

第二節　孤兒寡母

孔子三歲就沒了父親，而且，他的家世也是日漸衰落的態勢。家世沒落的軌跡：王室——諸侯——公卿——士

叔梁紇死後，給顏徵在留下的是一大家子的負累。這個家庭，有九女、二子，還有叔梁紇的妾，當然，九女中有一些應該已經出嫁。剩下的，可能有些年齡比顏徵在還大。這些，都不是一個十八歲的少婦能夠負擔得起的。

叔梁紇是一個士，只有俸祿，沒有什麼其他的比如采邑等固定收入。叔梁紇也不會有什麼積蓄，他死後，俸祿當然就斷絕，這麼多的子女，此時，經濟上的壓力一定很大。

我們現在已經無法瞭解當時這個家庭發生了什麼，我們知道的，只是顏徵在帶著三歲的孔子離開了這個家庭，孤兒寡母搬到了曲阜城，住進了一條叫闕里的小巷。

晚年，孔子回顧一生，曾說：

「吾十有五而志於學。」（《論語．為政》）

這「志於學」是什麼意思呢？是不是我們一般人理解的，到了十五歲了，立志於學習呢？

顯然不是。因為，如果到十五歲才想起來要立志於學習，那未免太晚了一些。注意，原話是「吾十有五而志於學」。而不是「吾十有五而學」。「志於學」之前，一定有一個學的過程，學出了興趣，學出了志向，學出了人生目標，然後，才「志於學」。其實，這「志於學」的意思，乃是孔子從十五歲開始，就立志把自己的一生奉獻給學問，奉獻給追求真理。

我這樣說有根據嗎？

我們先來看看，在孔子十五歲左右，他都學了些什麼。此時孔子的「學」明顯地可以區分為三個層次。

多能鄙事

第一，謀生之學——下層人的謀生手段——「鄙事」。

孤兒寡母，為了生存，母親不外乎縫縫補補，漿洗掃除。兒子也一定力所能及，零敲碎打，幫助母親，貼補家用。

吳國的太宰嚭問子貢道：「孔老先生是聖人吧？怎麼這樣多才多藝呢？」

子貢自豪地說：「我的老師啊，那是天縱之聖，而且又多才多藝！」可是孔子自己不贊成「天縱之聖」的說法。他認為自己的境界和才能是自己努力學習和生活磨練的結果。

子聞之曰：「大宰知我乎！吾少也賤，故多能鄙事。君子多乎哉？不多也！」（《論語．子罕》）

孔子對子貢說：「太宰瞭解我嗎？我少年時貧賤，所以會許多卑賤的技藝。君子會有這麼多技藝嗎？不會多啊。」

孔子說這話的時候，一定又想起了他少年時期的艱難。不過，正是那種艱難，磨練出他的堅韌品格，同時，在那樣艱難的謀生歷程裡，他學到了很多下層人的謀生手藝。

這個地方的「君子」，指的就是貴族。貴族不需要那麼多的謀生技藝，所以，他們不會。但是，貧寒的孔子需要。

牢曰：「子云：『吾不試，故藝。』」（《論語．子罕》）

牢，即琴牢，又名琴張，是孔子早期學生。牢說：「孔子說：『我沒有被任用做官，所以為了謀生而學會了多種技藝。』」

可見，幼年的孔子，被年輕的母親帶到魯國首都曲阜，靠著母子二人的雙手，艱難生活。

遭逢母喪

更令人悲傷的是，這樣相依為命，相濡以沫，相呴[9]以溼，也不能長久。在孔子十七歲的時候，他的母親又去世了。這對於孔子來說，是一個極大的打擊。從此以後，他就幾乎是一個孤兒了。

在那個時代，辦喪事是一件很大的事。而對十七歲的孔子來說，還有一個更大的難處，那就是，他想把母親和父親合葬，但是他不知道父親葬在哪裡。

根據《禮記．檀弓上》：「孔子少孤，不知其墓。」父親去世時，孔子才三歲，當時，他確實不可能知道父親的墳墓所在。但是，此時，他已經十七歲了，這麼久的時間，母親為什麼不告訴他呢？

《史記》中的一條記載很怪：「丘生而叔梁紇死，葬於防山。防山在魯東，由是孔子疑其父墓處，母諱之也。」

錢穆對此事的說法是：「孔子父叔梁紇葬於防，其時孔子年幼，縱或攜之送葬，

9 「呴」音「許」，張口哈氣。

宜乎不知葬處。又古人不墓祭，歲時僅在家祭神主，不特赴墓地。又古人墳墓不封、不樹，不堆土、不種樹，無可辨認。孔氏乃士族，家微，更應如此。故孔子當僅知父墓在防，而不知其確切所在。」

錢穆只是回答了年幼的孔子為何不知父墓所在。而最關鍵的問題，即孔子母親為什麼「諱之」——為什麼顏徵在要對孔子隱瞞其父親的墳墓所在——卻沒有說明。

司馬貞認為，顏徵在也不知道丈夫具體安葬的地點——知塋[10]而不知墳：「謂孔子少孤，不的知父墳處，非謂不知其塋地。徵在笄年適於梁紇，無幾而老死，是少寡，蓋以為嫌，不從送葬，故不知墳處，遂不告耳，非諱之也。」

塋，指的是墳所在的區域，俗稱墳地；而墳，則是棺木的準確下埋之處。因為後世此處要堆土墳起，故稱為墳。

但司馬貞說法的缺點是：既然如此，為什麼司馬遷不直接說顏徵在也不知葬處，而是說顏徵在「諱之」？「諱之」的意思，顯然是自己知道而不說。

司馬貞的回答是：司馬遷說錯了。

而錢穆和司馬貞兩者的共同缺點是：無論是孔子不知道，還是顏徵在不告訴他，他應該還有知道父親墓地的其他管道。比如，他的幾個同父異母的姐姐，還有他的那個殘疾大哥孟皮，還有孟皮的生母，按後世的稱呼，就是他的姨娘。

為了解釋這一問題，劉方煒先生在《孔子紀》裡提出了一個大膽的看法。他認

10「塋」音「營」。

為，孔子此前根本不知道誰是自己的生身之父！顏徵在根本就沒有告訴他！

但是，這更加不可思議：

第一，顏徵在至死都不告訴孔子他的生身父親是誰，就算她對叔梁紇及其家庭其他成員有怨恨，難道她願意讓自己的兒子終生背負私生子的名聲嗎？

第二，叔梁紇還是一個有士的身分的人，這種身分對於孔子的前途來說，非常重要。一個母親，會這樣犧牲兒子的前途嗎？

第三，即便顏徵在如此極端，瞞著孔子，不讓他知道自己的生父是誰，除了顏徵在，孔子還應該能從其他管道知道自己的身世。這樣的祕密，不可能一瞞十七年。

實際上，我覺得大家都把一個本來十分簡單的問題搞複雜了。

墳和塋的不同

這個問題之所以簡單，就在於：墳和塋的不同，而孔子是要找出父親棺木落土的具體位置，以便讓母親的棺木與之相依而葬。

孔子之母既葬，將立葬焉，曰：「古者不祔葬（合葬），為不忍先死者之復見也。詩云：『死則同穴。』自周公已來葬矣。故衛人之祔也，離之，有以聞焉；魯人之祔也，合之，美夫，吾從魯。」（《孔子家語．曲禮．公西赤問》）[11]

可見，魯人的合葬，是要葬在同一個墓穴裡，而孔子認為這樣最好，他也要把他

11孔子家語　《孔子家語》是三國時魏國王肅收集並撰寫。《孔子家語》對研究儒家學派（主要是創始人孔子）的哲學思想、政治思想、倫理思想和教育思想，有巨大的理論價值。同時，由於該書保存了不少古書中的有關記載，這對考證上古遺文，校勘先秦典籍，有著巨大的文獻價值。

的父母葬在同一個墓穴裡。

因為古人不墓祭，歲時僅在家祭神主，不特赴墓地。又古人墳墓不封、不樹、不堆土、不種樹，所以，有墓無墳。時間久了，即便是親人，也難以辨認。

我小時候曾經隨父親去姑奶奶家。姑奶奶才去世大半年，棺木深埋在一塊麥田裡。姑奶奶的幾個兒子帶著我們去祭掃，在大田裡幾番推測，只能大致確定方位。在這樣的情況下，要準確知道具體的棺木所在之處，還真的需要當時親自安葬的專業人員，憑記憶，再加上相應的專業知識才行。

那麼，司馬遷說的「孔子疑其父墓處，母諱之也」是什麼意思呢？

這個「諱」，不是母親顏徵在怨恨叔梁紇，如果是這樣，太史公應該說「母怨之」，而不是「母諱之」。此處的「諱之」，是指顏徵在忌諱談自己的死，忌諱談什麼安葬之事。顏徵在去世時，年方三十二歲。應該說，她不相信自己會離開人世，至少，這樣的年齡，應該忌諱談自己的死，談什麼合葬等等，這都是不吉利的話題。

沒想到，她真的死了。這就給孔子留下一個大難題。

怎麼辦？母親已死，停喪在家，等不得。於是，孔子就「先淺葬其母於魯城外五父之衢。而葬事謹慎周到，見者認為是正式之葬，乃不知其是臨時淺葬」。（錢穆《孔子傳》）然後，他再到處打聽，尋找知道線索的人。

他的一片孝心，感動了一位老太太，這個老太太的兒子曾經參與安葬叔梁紇，是職業抬棺的人，她告訴了孔子叔梁紇棺木的具體位置，孔子於是終於可以把父母合葬了。為此，錢穆先生感慨地說：「時孔子尚在十七歲以前，而其臨事之縝密已如此。」

第一次離開魯國

但是，十七歲的孔子畢竟年輕，在他圓滿地辦完父母安葬大事之後不久，就發生了一件令他很尷尬的事。這件事對他刺激太大了，直接導致他服完喪後，第一次離開魯國。

此時魯國的執政上卿季氏發了一個通告，邀請所有的魯國士族子弟，來家裡宴會。這是魯國執政邀請魯國所有的士，所以——

第一，這是一種體面和光榮，體現的是家族的地位和身分，以及將來的政治前途，當然必須去。

第二，既然是魯國執政的邀請，還不得不去。誰敢不給季氏的面子？或者說，季氏給別人臉面，誰敢不要這個臉面？

我們可以想像得到孔子此時的兩難：去吧，但是正值母喪期間；不去吧，誰知道會有什麼後果？

十七歲的孔子，既無法與季氏溝通，也沒有人可以商量。他是一個孤獨的少年。

幾經思考，十七歲的孔子決定前往。因為還在守喪期，孔子穿著喪服就趕去赴宴了。這實在是很貿然唐突的。但是，我們還是同情這個只有十七歲的少年吧。這麼大的事體，對於毫無上層社會經驗的他，我們要給予的，不應該是嘲笑，恰恰相反，應該是同情的眼淚。

在門口，孔子碰到一個人——季氏的家臣陽貨。[12]陽貨擋在門口，跟孔子說：「我們家主人請的是士，沒有說要請你。」陽貨並沒有責備孔子的失禮，但是，他給孔子的，是更加沉重的打擊。那就是，根本不承認孔子的士的身分，根本不承認孔子是叔梁紇的兒子。

士是貴族階層的最後一個等級，是統治階級的最底層，是通往社會上層的門檻。再往下就是老百姓了，就是被統治階級了。沒有士的身分，就幾乎失去了進入社會上層的資格。

這使得孔子受了很大的打擊。一個十七歲的少年，父親去世了，誰給他出頭？母親不在了，誰給他擦一把辛酸的眼淚？他一個人默默地退下來，只好回家。

但是，父母雙亡的孔子必須獨自面對這個世界，並且一切都得自己為自己作主。據《孔子世家》載，到十九歲（似乎應該是二十歲，因為古代二十歲弱冠，方可成婚），服母喪期滿的孔子，打點行裝，仗劍去國，到宋國去。

此時的孔子，應該是迷茫和倔強兼而有之吧！

12 **陽貨**　一作陽虎，春秋時魯國人。魯國大夫季平子的家臣，季平子死後，專權管理魯國的政事。後來他謀廢除三桓勢力，被擊敗，出奔陽關，後經宋奔晉，爲趙鞅謀臣。

魯國暫時不接納孔子，那麼，他就去宋國。那不僅是他的祖宗之國，而且，還是文化之都，是殷商文化的傳承之地。

這應該是孔子發憤圖強的表現吧。庸人，一經打擊，即一蹶不振。豪傑，百折不撓，愈挫愈奮。打擊，可以毀滅庸人。而豪傑之士，則在打擊中百煉成鋼。

《禮記・儒行》：「（孔子）長居宋，冠章甫之冠。」同年，與宋國亓[13]官氏（錢穆謂與孔家一樣，來自於宋國，時居魯）的一個女子結婚。婚後不久，又回到魯國。為什麼又回來了？哪裡跌倒，哪裡爬起來。他回來了，但是，他能爬起來嗎？他還真的爬起來了。

孔鯉的出生

第二年，孔子的兒子出生了。這時發生了一件事情，是他爬起來的標誌。魯昭公[14]聽說孔子生了孩子，馬上派人給孔子送了一條大鯉魚，表示祝賀。

在孔子十七歲的時候，一個小小的家臣陽貨都看不起他；現在二十歲，也就過了短短的三年時間，魯國的國君都會因為他生兒子而送魚來祝賀他，這說明什麼？說明孔子通過自身的努力，改變了他的命運，改變了人們對他的看法，贏得了人們對他的尊敬！

孔子非常高興，他想起他十七歲受辱的場景，看看今天魯昭公送來的這條活蹦亂

13「亓」音「旗」。

14魯昭公（西元前五六〇年—西元前五一〇年），姓姬名裯，魯國第二十四代君主。西元前五四二年即位，西元前五一七年，魯昭公伐季孫氏，大敗，逃到齊國，後輾轉至晉，晉欲使昭公返魯，魯不納，西元前五一〇年，昭公死於晉，終年五十一歲。

跳的大鯉魚，當即決定，兒子名就叫鯉，[15]字就叫伯魚。「伯魚之生也，魯昭公以鯉賜孔子。榮君之貺，[16]故名曰鯉而字伯魚。」（《孔子家語》）

魯昭公的賜魚，讓孔子感到光榮，更讓孔子對魯昭公充滿感激之情。這種感激之情，伴隨了孔子一生。

但是，我們要問，魯昭公為什麼要抬舉孔子呢？

魯昭公為什麼要對一個二十來歲的、尚未出仕做官的年輕人如此恩寵和重視，給予他這麼大的面子和榮耀呢？

只有一個答案：孔子獲得了人們的尊重。

一無顯赫的家世，二無自身的富貴，孔子憑什麼獲得人們的尊重呢？

答案只有一個：孔子以他的學問，獲得了人們的尊重。

謀仕之學

那麼，是什麼樣的學問，能夠讓他得到當政者的認可呢？顯然不是那些下層人的謀生之學。這是鄙事，是「君子」不為的，不屑為的，所以，也不可能獲得君子的認可。能夠獲得上層社會認可的學問，在那個時代，只能是「六藝」。

這就要講講孔子「學」的第二方面內容了。

謀仕之學——傳統儒業，即「小六藝」：禮、樂、射、御、書、數。

15 孔鯉　孔子唯一的兒子，生時，魯昭公特送去一條大鯉魚祝賀，孔子便給兒子起名孔鯉，字伯魚。孔鯉比孔子先故，一生無建樹。

16 「貺」音「況」，賞賜。

為了生活，孔子不免從事一些僅僅為了養家糊口的行當。但是，他畢竟是士族，他要服務社會，走上社會的道路，只能是通過傳統的儒業——學好六藝，為貴族服務，為政府服務，走上仕途。

錢穆在《孔子傳》即說明，「當時士族家庭多學禮樂射御書數六藝，以為進身謀生之途，是即所謂儒業……。儒乃當時社會一行業，一名色，已先孔子而有。即叔梁紇、孔防叔上不列於貴族，下不儕[17]於平民，亦是一士，其所業亦即是儒。」

禮、樂、射、御、書、數是一些什麼樣的學問呢？

簡單一點說：

禮，就是指周禮，就是那個時候人們必須掌握的生活中的禮節，就是各種儀式上的禮儀，就是人與人之間的禮數。不同的場合有不同的禮節，有不同的禮儀，有不同的禮數，很複雜，一般人搞不明白。能搞明白的就是專家，很多時候，需要這樣的專家指點人們從事相關禮儀。比如，婚喪嫁娶，總有一些講究，總有一些禮數，必須有專業人員指導。那時的禮儀比今天還要複雜，所以，這類人更顯得重要，「相禮」是一個極其重要的職業，也是社會需求量特別大的職業。

樂，跟禮有關，有禮的地方必然有樂，什麼樣的場合什麼樣的禮，也要什麼樣的樂。所以，懂禮者必懂樂。

射，射箭，貴族士族將來要代表國家上戰場的，不會射箭怎麼可以呢？並且，禮

17「儕」音「柴」，齊同、相當。

中還有射箭的比賽等等。

御，古代打仗要駕戰車的，所以還要會駕車。而且，大夫出行，必乘馬車，這是身分的標誌，如果為貴族服務，不會駕車怎麼行？用我們今天的話說就是要有駕照。

書，寫字，這個書在這裡當動詞講，就是要會寫字。

數，要會算數，要會計算，同時這個數裡面還包括術數。

禮、樂、射、御、書、數，我們把它稱之為「小六藝」，這個「小六藝」實際上就是那個時候的「公務員」考試的六門課程。如果要進入國家的政府機構當公務員，就必須參加這六門考試。

孔子畢竟是士族人家的子弟，他小的時候為了謀生，可能不得不去學一點「鄙事」，但是他一定把更多的精力用來學禮、樂、射、御、書、數，他將來要通過「公務員」考試，要進入政府，要參與國家管理，這才是他這個身分的人最後必須要走的人生之路。

而孔子到了二十歲的時候，他已經學得非常好了，可以說他已經是這一方面的最有名的專家了。他在魯國學，到宋國學，天賦又極高，所以二十歲他就成了「六藝」專家，成了國家最需要的那樣一種人才。

所以，曾經有一個人感歎說：「孔子真偉大呀！知識學問很廣博，都不知道他到底擅長什麼專業了。」孔子聽到這話，對弟子們說：「我從事什麼職業呢？從事於駕

車嗎？從事於射箭嗎？我還是從事駕車好了。」（《論語・子罕》）

這樣的博學，才能讓魯昭公如此的器重。

一個人要受人尊敬，一定是有條件的；一個人受人尊敬，一定要是通過自己的努力獲得的；一個人要受人尊敬，一定要有讓別人尊敬的理由。孔子本來什麼都沒有，孤兒寡母，到二十歲的時候，一個普普通通的小青年居然得到國君如此的禮遇，靠的是什麼？靠的就是母親的引導、自己的努力。

第三節　好學少年

孔子在「六藝」上的成就，來自於母親自小有意識的引導，更來自於他自己堅持不懈的學習。

實際上，孔子很小就對當時禮樂文化表現出了興趣。司馬遷講過：「孔子為兒嬉戲，常陳俎豆，[18]設禮容。」

這大概又是司馬遷實地考察，在當地父老那裡得到的說法。這裡有一條重要的資訊，那就是，孔子從小就生活在一個禮儀文化的環境裡，而他自己，也早早地對這種文化顯示出了濃厚的興趣。

清代鄭環《孔子世家考》說過這樣的話：「聖母豫市禮器，以供嬉戲。」

18俎豆　古代祭祀時，用來盛放祭品的禮器。

作為母親，顏徵在知道，幼年時期的教育，最為重要的是興趣的引導，她給孔子買的什麼玩具呢？她買的是禮器，把禮器買回來讓孔子做玩具，玩兒著玩兒著他就成了禮樂方面的專家了。而且，禮樂裡面，還包含著一種價值，那就是，理想的社會，是禮儀指導下的社會；理想的人，也是言談舉止合乎禮儀的人。不知不覺中，這種觀念就潛移默化到幼年、少年的孔子的意識中去了。所以，給孩子買什麼玩具是多麼重要啊！

孔子成人以後，他對禮樂文化的興趣，對人類和平，社會和諧的不懈追求，跟他早年的禮樂遊戲有很大的關係。

從這些記載裡，我們可以看到，孔子早慧、早熟，並且很早就表現出對文化的興趣，有了強烈的學習慾望。

還要提醒一下的是，從孩提時代起，孔子就有了一種超越一般同齡孩子的理想和興趣。他對禮的興趣，就是對一種偉大文化的興趣，對一種偉大文化傳統的尊敬。

按說，對於一個孩子來說，成人之間的鞠躬拜揖，並沒有什麼有趣之處，所以，一般的孩子不大可能喜歡上這樣的禮節，而少年孔子對這樣的東西竟然感興趣。

現在，這個小青年憑藉自身的天賦和刻苦的學習，早早地就精通了傳統儒業的六藝，用今天的話說，就是通過了公務員的考試且成績優秀。那個時代沒有考試，但是口碑和實際體現出來的能力就是一種社會認證。我們知道，他可是獲得國君的認可和褒獎的，這幾乎相當於後世科舉考試的廷試、殿試。於是，完全獲得了為貴族服務的資格。

委吏乘田

在孔子的兒子出生那年，也就是在魯昭公賜魚不久，魯國的執政上卿季平子就聘請孔子到他家做委吏（倉庫保管員），第二年，又做了季氏的乘田（管理牧場的官員）。

司馬遷的《孔子世家》這樣記載：「孔子貧且賤。及長，嘗為季氏史，料量平；嘗為司職吏，而畜蕃息。」

孟子則這樣說：「仕非為貧也，而有時乎為貧……為貧者，辭尊居卑，辭富居貧。辭尊居卑，辭富居貧，惡乎宜乎？抱關擊柝（看門打更）。孔子嘗為委吏矣，曰，『會計當而已矣！』嘗為乘田矣，曰，『牛羊茁壯長而已矣。』」（《孟子·萬章下》）

做官不是因為貧窮而去拿俸祿，但有時也是因為貧窮……因為貧窮而做官的，就應該辭掉高位，居於卑位，拒絕厚祿，接受薄祿。那麼，做什麼才算是合適的呢？做一些像守門打更一類的差事就行了。孔子曾當過管理倉庫的小吏，他說：「把帳目記清楚就行了。」他還曾當過管理畜牧的小吏，說：「牛羊長得壯實就行了。」

孔子當時做這樣位卑而祿薄的職務，未必像孟子所說的那樣，因為僅僅是為了糊口，所以拒絕高官厚祿。真實的情況可能是，孔子當時還缺少做更大的官，擔當更大職位的資歷與名望，他畢竟才二十來歲啊。

但是，孔子做這樣的「鄙事」，卻非常認真，「會計當」，「牛羊茁壯長」，司馬遷也說他「料量平」，「畜蕃息」。

這叫「眼高手低」。

眼高者並不拒絕手低。手低時眼界卻在高處。手低，是腳踏實地，做好本分，受人之祿，忠人之事。眼高，是不為眼前一切所局限，明白自己尚有更大的追求。

所以，仔細揣摩孟子轉述孔子的話，是很有意思的。「會計當」、「牛羊茁壯長」，後面都有三個字：「而已矣！」為什麼用這樣的語氣呢？「會計當」、「牛羊茁壯長」——說明他能勝任這些工作。「而已矣」呢？——表示這些工作做到這樣就行了，他不會在此沉迷，不會在此花太多的心思。他不追求成為會計師，也不追求做畜牧專家，這不是他的人生志業。

孔子有更高的眼光。那麼，孔子的眼光在哪裡呢？

君子不器

我們看，假如孔子所學，都是這樣或謀生、或謀仕的專業知識，那就不可能有後來的孔子。孔子之時，所謂「學」，皆謀求進身貴族階層，得一職業，獲得一份俸祿為生。如果孔子想的和這一樣，那也不叫「志於學」，應該叫「志於仕」。

孔子講過「君子不器」，[19]他不會把自己弄成一個專家，他不會為了謀取一職，去專門學習某一專業，成為某一專業人才。有一天，他嚴肅地告誡學生子夏說：「汝為君子儒，毋為小人儒。」

那麼，什麼是小人儒呢？就是專業儒、職業儒，就是學成某一專業，以此謀生的儒。那麼，什麼是君子儒呢？就是不器儒，就是非專業儒。

那麼，「志於學」的「學」，到底指的是什麼呢？

這就要講講孔子「學」的第三方面內容——大學

什麼叫做「大學」呢？

> 大學之道，在明明德，在親民，在止於至善。（《大學》）

原來，大學之道，在於弘揚每個人內心中的高貴，在於人類自身的改造，而其最高境界，乃是至善！

不是為了就業，而是為了成仁。不是為了一己謀生，而是要為天下人謀生。謀天下太平，爭人類福祉！

19君子不器　「不器」就是並不成爲某一方面的專業人才。君子不器意思就是，君子要超越於專業技能範疇。

所以，「大學」不是指那些專門的教育機構，不是指那些專門的教育實體，它是指一種學問。所謂的「大學」，就是學大，學著讓你大起來。如果沒有學著讓自己大起來，那就是小人；如果學著讓自己大起來了，那就是大人，大人就是君子。所以，大學簡單地說，就是大人之學，就是君子之學。

這樣的「大學」不是培養人的專業技術和技能，甚至也不是灌輸一些靜態的知識，大學是培養人的價值觀和價值判斷力的，大學是培養人的高貴品性和氣質的，大學是養成人的大眼光、大境界、大胸襟、大志向的。

那麼，孔子的「志於學」的「學」，就是這樣的「大學」——將探究宇宙人生的大道作為自己的使命，將研究歷史文化作為自己的職責，將提高自己的人格境界臻於至善作為目標。

北宋著名哲學家、「關學」領袖張載，[20]人稱橫渠先生，他曾經提出過有名的「橫渠四句」：為天地立心，為生民立命，為往聖繼絕學，為萬世開太平。

如果再加一句「為自我臻至善」，那就最好了。

從志於仕到志於道

我可以毫不誇張地說，孔子的「志於學」三個字，改變了中國文化史。理由至少有三點：

20 **張載**　（西元一〇二〇年—一〇七七年）北宋哲學家，字子厚，鳳翔人。理學創始人之一，因講學關中，故其學派被稱爲「關學」。其思想對宋明理學影響很大。著有《正蒙》、《經學理窟》、《易說》等，編入《張子全書》中。

第一，學術研究和道義探討可以成為一個人的終身事業。這是以前沒有的，學術有了獨立的價值和地位，不再是體制的附庸，道統開始獨立於政統，並高於政統。

第二，一個人，也可以不做任何具體職業，而專門從事學術研究。這是知識獨立、知識分子獨立的明確信號。有此，才有後來的百家爭鳴。

第三，知識分子不再是專家，不再是專業技術人員，職責也不再是從事某些專業技術性的工作，而是「祖述堯舜，憲章文武」，擔當天下、擔當道義，任重道遠的君子儒。

所以，錢穆先生在《孔子傳》中講到：「惟自孔子以後，而儒業始大變。孔子告子夏：『汝為君子儒，毋為小人儒。』（《論語・雍也》）可見儒業已先有。惟孔子欲其弟子為道義儒，勿僅為職業儒，其告子夏者即此意。」

章太炎《國故論衡・原儒》中記載，儒有三科，達名、類名、私名：

所謂達名，殆公族術士之意。儒士即術士。（就是算命打卦、風水巫醫……）

所謂類名，殆知禮樂射御書數之人，皆為國家楨幹。（就是各級官員、公務員）

所謂私名，與今人所云甚近。即《七略》所謂「出於司徒之官」者。（就是知識分子，道義承擔者）

自孔子而後，儒乃由職業技術，進而至於學術流派，不再是一個職業了。士也不再是「志於仕」，而是「志於道」了，甚至可以「朝聞道，夕死可矣」。

是道，而不是器，是形而上，不再是形而下，故孔子講「君子不器」。就是對傳統儒的否定，是新興儒的道德宣言。

孔子在中國文化史上的大貢獻之一，即是使「儒」脫胎換骨，由一切術士進而為六藝專家，再進而為「祖述堯舜、憲章文武」，擔當天下、擔當道義，任重道遠的君子儒。

簡單地說，孔子帶來「儒」內涵的變化：術士——六藝專家（公務員）——價值承擔者

孔子帶來「士」內涵的變化：志於仕——志於學——志於道

然後，才有曾子關於「士」的道德宣言：

「士不可以不弘毅，任重而道遠。仁以為己任，不亦重乎？死而後已，不亦遠乎？」（《論語．泰伯》）

這樣的人出現了，而且還是群體性出現，一個民族的面貌都改變了！

可見，孔子所學，就超越了前面兩種具體的技術、技藝與知識的「小學」，而成為真正的「大學」。從此，禮、樂、射、御、書、數，退後為「小六藝」，是小學。《詩》、《書》、《禮》、《樂》、《易》、《春秋》，是「大六藝」，是大學。前

四者，《孔子世家》說：「孔子以詩、書、禮、樂教。」後二者乃孔子晚年增設。此六者被漢人合稱為「六藝」，即所謂的「大六藝」。

教育的職能由原來的技術教育、專業知識和技能教育，一變而為真正的「大學」教育，變成了文化教育、人文教育、素質教育。

價值的承擔者

樊遲[21]向孔子學習種莊稼。孔子說：「我不如老農。」又請求學習種菜。孔子說：「我不如老菜農。」樊遲出去了。孔子說：「樊遲真是小人呀。如果政府重視禮，百姓就不敢不尊敬；如果政府重視義，百姓就不敢不服從；如果政府重視信，百姓就不敢不說出真實情況。假如做到這樣，四方的百姓就會背著他們的小孩前來投奔，哪裡用得上自己去種莊稼呢？」（《論語．子路》）

樊遲為什麼向孔子討教種莊稼種菜呢？顯然，孔子懂得這些。

但是孔子為什麼不告訴樊遲，反而如此憤怒呢？因為，他要提醒樊遲，人要有更大的理想和追求，擔負更大的歷史責任。而不僅僅是養活自己。

有人說，這是孔子輕視下層人民，輕視體力勞動，這沒有邏輯性。

事實是，孔子的培養目標變了。他不僅要讓他的學生能夠擔當具體政府官職去管理國家，他更要他們能夠成為價值承擔者。

21 樊須　字子遲，亦名樊遲。春秋末期魯國人，孔子弟子。

他辨的不是農業技術學校，而是青年幹部政治學院。這些人的首要能力，不是具體的技術技能，而是領導力、決策力，其核心是價值判斷力。

樊遲走了以後，孔子講了三句話，這三句話牽涉到三個詞，哪三個詞呢？第一個是禮，第二個是義，第三個是信。禮、義、信，這是價值啊！所以我說，到了孔子以後，士不再是專業技術人員，他對社會的職責也不是、至少不僅僅是從事一些專業技術工作，他的最高使命是價值承擔者。這才是把知識分子的最高使命終於給說出來了。所以，只有到了孔子，中國歷史上才第一次出現真正的獨立的知識分子。這是孔子的偉大，這是孔子對中華民族巨大的貢獻。

在孔子看來，士人應當追求仁德、追求價值、追求正義。因此，士最可貴的，是他的判斷力，而不是他的技術。甚至，士可以沒有一門專業的技術，但絕不能沒有判斷力。沒有判斷力的技術人員，只是工具性的存在，而不是「人」的存在。

實際上，孔子是一個有多種專業技能的人。但他超越了這些專於一隅的技術，而去追求終極真理以及全人類的幸福。正是這種終極關懷，才使他成為聖人，成為人類歷史上的偉人。

十有五而志於學的孔子，在沉重的生活壓力之下，一邊謀生、一邊堅持學習，向著人生和學問的深度前進。一個思想的大師、道德的聖人，就要出現。

好學的孔子

好學是孔子成為聖人的關鍵。

子曰：「十室之邑，必有忠信如丘者焉，不如丘之好學也。」（《論語・公冶長》）

即便十戶人家的小村邑，也一定有如同孔子這樣忠信的人，只是不如他這樣愛好學習啊。

忠厚老實的人很多，勤勉好學的人太少。到大街上，如果隨便找十個人，其中一定有老實厚道的人。但是，找一百個人，其中也未必有一個好學的人。所以，平庸的人多，傑出的人少。

好學，則一切缺點可望改掉，一切不足可望彌補。孔子之所以由凡人成為聖人，無他，好學而已。

子曰：「吾嘗終日不食，終夜不寢，以思，無益，不如學也。」（《論語・衛靈公》）

衛國的執政上卿孔圉，[22]字仲叔，死後被諡為「文」。子貢有一次問老師：「孔文子何以謂之『文』也？」孔子回答：「敏而好學，不恥下問，是以謂之『文』也。」

一般而言，聰敏的人大多不好學、不刻苦，地位高的人大多以向地位低的人請教為恥，所以，能做到聰明而又好學，位高而又不恥下問，是比較難得的，這是孔文子被諡為「文」的原因。

孔子本人早就這樣做了。

我們看看他的虛心求學：

孔子進入太廟，協助禮儀，每件事情都要發問。有人說：「誰說陬人叔梁紇的兒子懂禮呢？到了周公廟，每件事情都要問人。」

孔子聽到這話，說道：「每件事都要問明白，以免疏漏，這正是禮要求的謹慎呀！」（《論語．八佾》）

既稱陬人之子，可見當時孔子不大，尚不能自立名聲，自有建樹。但已經有了「知禮」之名，並已經獲得進入太廟助祭的資格，可見也不小了。應該在二十歲以後，三十歲之前。

昭公十七年，孔子二十七歲那年秋天，魯國有個附屬的小國郯[23]國的國君郯子，

22 **孔圉**　衛國大夫孔圉聰明好學，並且非常謙虛。孔圉死後，爲了讓後代的人都能學習和發揚他好學的精神，衛國國君賜諡號「文」，後人就尊稱他爲孔文子。「圉」音「雨」。

23「郯」音「談」。

到魯國來了。魯國國君魯昭公和魯國的執政大臣叔孫昭子設宴招待郯子。

郯子是很有學問的人，在這個宴會上，叔孫昭子就問了郯子一個問題，問他們的祖先少皞[24]氏官名為什麼都是以鳥來命名呢？郯子就給他作了解釋和說明。當時孔子不在現場，孔子後來聽說了，趕緊跑到國賓館，當面討教郯子，把這個東西全搞明白了。

孔子不放過任何一個能夠與人學習的機會，所以他後來講過一句話，「可與言而不與之言，失人。」本來應該跟他談一談，應該在他那兒討教討教，可是擦肩而過，失之交臂，這叫失人啊。所以，假如我們有機會向某人討教，或聽演講，一定要去，不然，錯過了就很難有機會了，這就是孔子給我們的教導。（《左傳·昭公十七年》）

除此之外，孔子還外出求學。三十歲之前，孔子至少兩次出國。

第一次是十九歲時去宋國，這是一次認祖歸宗的旅程，從曲阜到宋國國都，約兩百多里，路途艱險，但孔子一往無前。他要去宋國學習殷商古禮。

問學於子產

第二次是去鄭國向子產學習。子產在孔子三十歲時去世。所以，他在鄭國向子產學習的時間應該在三十歲之前。

24「皞」音「昊」，少皞亦作少昊。

據《史記．仲尼弟子列傳》載：「孔子之所嚴事：於周，則老子；於衛，蘧[25]伯玉；於齊，晏平仲；於楚，老萊子；於鄭，子產；於魯，孟公綽。數稱臧文仲、柳下惠、銅鞮[26]伯華、介山子然，孔子皆後之，不並世。」

按司馬遷的說法，孔子所嚴肅認真恭敬侍奉的老師，有老子、蘧伯玉、晏子、老萊子、子產，還有孟公綽。

《史記．鄭世家》載：「子產者，鄭成公少子也。為人仁，愛人，事君忠厚。孔子嘗過鄭，與子產如兄弟云。」

孔子和子產的關係，竟然親如兄弟。這是一對忘年之交的朋友，是典型的「以文會友，以友輔仁」。子產為人很仁德，能夠愛人。後來，有一次樊遲問孔子什麼叫「仁」，孔子回答說，「仁者愛人。」我們可以看出來，子產對他是有影響的。

孔子後來評價子產，說子產有四種品行符合君子之道，哪四種品行呢？

「其行己也恭，其事上也敬，其養民也惠，其使民也義。」（《論語．公冶長》）

自己做事很恭謹，對待國君很恭敬，愛護人民有恩惠，使喚人民合乎義。

後來子產去世了，孔子哭了，歎息著說：「古之遺愛也。」子產這樣的人，那是

25 「蘧」音「渠」。

26 「鞮」音「低」。

偉大的古代文化培育出來的一個仁愛之人啊。（《左傳・昭公二十年》）

子產去世的這一年，孔子三十歲。經過不懈的自學和求學，三十歲的孔子，終於可以立起來了。

第二章

三十而立

一個人，是否立起來，要看兩個指標。第一個指標：自己心中是否有主見，第二個指標：別人眼中是否有自己。孔子在三十歲的時候參與會見到訪的齊國國君齊景公及其名臣晏嬰，代表他贏得了魯昭公與三桓的肯定。孔子通過自己不懈的努力，好學再加上過人的天賦，他此時可以自豪地說「三十而立」了。

第一節　一場私學萬世師

孔子通過自己不懈的努力，好學再加上過人的天賦，到他三十歲的時候，他終於可以自豪地說「三十而立」[1]了。

「三十而立」的標誌性事件，就是參與會見到訪的近鄰大國齊國國君齊景公[2]及其名臣晏嬰。[3]

一個人，是否立起來，要看兩個指標：第一個指標：自己心中是否有主見。第二個指標：別人眼中是否有自己。

首先自己是否有主見，然後，是否自信地表達主見，讓別人對自己另眼相看。我們常說「士別三日當刮目相看」，就是用「三日」的時間，充實自己，然後展現出來，讓別人眼中有自己。如果這「三日」你毫無長進，別人就還是用舊眼光看你。你自己先刮垢磨光，別人才刮目相看。

所以，首先你要自己行。你自己行還不行，還要人家說你行。普通人說你行還不行，要很行的人說你行才行。自己行，是英雄。很行的人說你行，是給你用武之地。多少「很行」的人，就是沒有行的人說他行，就終身埋沒，還被俗人認為「不行」。

對於孔子而言，我們都知道，他自己是行的。但是還要很行的人說他行才行。

1 三十而立　對於這句話，後人給出的解釋有很多，比較認同的說法是「三十歲的人應該能依靠自己的本領獨立承擔自己應承受的責任，並已經確定自己的人生目標與發展方向」。

2 齊景公　（？—西元前四九〇年）齊景公是春秋後期的齊國君主，名杵臼，他既有治國的壯懷激烈，又貪圖享樂。

3 晏嬰　（？—西元前五〇〇年），字平仲，又稱晏子。春秋後期一位重要的政治家、思想家、外交家。主張誅不避貴，賞不遺賤，重視生產，提倡蠶桑，反對厚賦重刑。

三十歲，齊景公和晏子來訪，孔子已經可以列席參與並發表談話了。也就是說，魯昭公和三桓[4]一致認為他行了。

於是，孔子「立」必須具備的兩個指標都有了。

我們記得，二十七歲時，小小郯國國君來訪，孔子還不能參與接見。這說明，那時孔子行，但是，魯國君臣不說他行。所以，還不行。還不能叫立起來。所以，孔子說自己是三十而立，二十七都不行。

參與接見齊景公

魯昭公二十年，而孔子蓋年三十矣。《史記．孔子世家》記載了：齊景公與晏嬰適魯，景公問孔子曰：「昔秦穆公國小處辟，其霸何也？」對曰：「秦，國雖小，其志大；處雖辟，行中正。身舉五羖，[5]爵之大夫，起縲紲[6]之中，與語三日，授之以政。以此取之，雖王可也，其霸小矣。」

百里奚原為虞國大夫，秦穆公五年（西元前六五五年），晉獻公借道伐虢，滅了虞國和虢國，俘虜了虞君和他的大夫百里奚。晉獻公的姐姐出嫁秦穆公時，百里奚作為陪嫁的臣妾家奴之一被送到秦國。百里奚逃離秦國被楚國人抓住了。穆公聽說百里奚有才能，本想用重金贖買他，但又擔心這樣做反而提醒了楚國，此人是個人才，楚國反而不給了，於是他就派人對楚王說：「我家的陪嫁奴隸百里奚逃到這裡，請允許

4 三桓　是春秋時魯大夫孟孫氏、叔孫氏、季孫氏三家的合稱，分別是魯桓公的三個兒子慶父、叔牙、季友的後裔。魯國自宣公以後，政權就操縱在以季孫氏爲首的三桓貴族手中。

5 五羖大夫　特指春秋時期有賢才的大夫百里奚。百里奚原爲虞國大夫，後逃到楚國，秦穆公聽說百里奚有才能，用五張黑色公羊皮贖回他，委任其爲上大夫。因爲是僅用了五張黑色公羊皮收買回來的，故號稱「五羖大夫」。「羖」音「股」，黑色的公羊。

6 「縲」音「雷」，「紲」音「謝」。「縲紲」爲捆綁犯人的黑繩索。借指監獄、囚禁。

我用五張黑色公羊皮贖回他。」

楚國答應了這筆交易，交出百里奚。此時，百里奚已經七十多歲。穆公向他討教國家大事。百里奚說：「我是亡國之臣，哪裡值得您來詢問？」穆公說：「虞國國君不任用您，所以亡國了。這不是您的罪過。」穆公堅持詢問，談了三天。穆公非常高興，委任其為上大夫，把國家政事交給了他，因為是僅用了五張黑色公羊皮收買回來的，故號稱「五羖大夫」。

齊景公對身處西方邊蠻之地的秦國在秦穆公時代強大起來很疑惑，於是，他就此請教歷史學家孔子。孔子告訴他，像秦穆公這樣思賢若渴，又能不拘一格提拔人才，還能毫無戒備地重用人才，就是稱王也是可能的，現在僅僅能夠稱霸，還是小的。

這樣的回答，固然符合歷史事實，其實，也未嘗不暗含著孔子自己的政治訴求：三十歲的他，雖然出身低賤，但才能優異，志向遠大，也應該有一個承擔大任的機會。

齊景公來訪，孔子參與接見，並且侃侃而談，言之成理、言之有物、言之有據，可見他的自信，可見他的自立。

那麼，孔子三十而立之時，做成了什麼樣的事業呢？

創辦私學

他創辦了「私學」。[7]並通過此，實現了經濟上的「立」和事業上的「立」。通過自學和多方求教，孔子在傳統儒業「六藝」上，已經有了很高的造詣，已經成為一個專家，並且，對於「六藝」，他還有了自己的獨特見解和獨立思想，他完全可以開班授徒，培養社會需要的人才。

於是，在三十歲之前，孔子就退出仕途，不再擔任季氏的委吏、乘田，而創辦了私學。

本來他在季氏家做家臣，後來甚至可以參加國家大典，擔任助祭，是很有地位了。但是，既然他「志於學」，隨著學問的一天天精進，他必須全力以赴。後來子夏說：「學而優則仕，仕而優則學。」如果學習需要更多的精力投入，與做官相矛盾，孔子就毫不猶豫地棄官不做。

但是，棄官不做，專做學問，會出現諸多問題，比如經濟問題、社會地位問題，等等。而創辦私學，不但可以專心學問，甚至教學相長，而且還可以解決這些問題。

首先，創辦私學，解決了自己的經濟問題。

孔子說：「自行束脩以上，吾未嘗無誨焉。」自己主動送來十條乾肉作為薄禮——也就是後來的學費，孔子就給予相應的教誨。（《論語・述而》）

7私學　私學就是指中國古代私人辦的學校，與官學相對而言，產生於春秋時期，以孔子私學規模最大，影響最深。私學歷時兩千餘年，在中國教育史上占有重要的地位。

需要說明的是，孔子的學費並不是統一標準，束脩大概是最低標準，以照顧貧寒的學生。至於貴族子弟，以及像子貢這樣的富有之人，大概就不是收學費了，他收的大概是贊助費。

其次，他找到了自己獨特的人生道路。通過這條道路，他可以用自己的方式，介入政治，干預社會，推行主張，宣傳思想，實現理想。也就是說，他找到了自我實現的最好途徑，職業和事業實現了最好的結合。

再次，他由此還可以保持人格的獨立和精神的自由，不再受制於人。從季氏那裡辭職，創辦私學，不僅自己獲得了自由，還培養了中國歷史上第一批獨立知識分子。獨立知識分子的出現是非常重要的一個事件，表明這個社會有了道義的承擔者。

那麼，孔子的私學和傳統的官學，有什麼不同呢？

從小六藝到大六藝

首先當然是培養目標不同了，價值承擔者出現了。

官學是由周天子或各國諸侯辦的學校，主要是教育貴族子弟，其培養目標很簡單，就是培養統治階級的接班人。

孔子的培養目標，當然是可以走上政壇，主持內政外交，成為社會管理者，但同時，他也把這些人培養成價值承擔者、文化傳承者、理想的踐行者。

曾子曰：「士不可以不弘毅，任重而道遠。仁以為己任，不亦重乎？死而後已，不亦遠乎？」（《論語．泰伯》）

知識分子、讀書人，一定要心胸開闊，而又意志堅定。為什麼要這樣？因為讀書人任重而道遠，他承擔著最重的擔子，而且要走最遠的路。什麼擔子這麼重呢？把「仁」挑在肩上，「仁」就是這個價值！

我們人生裡面都有很多具體的擔子：一個人要養家糊口，這是個擔子，在單位裡面要好好工作，負責某一方面的工作，這也是個擔子，但是還有些抽象的道德的擔子、價值的擔子。我們有沒有心胸和勇氣把它承擔起來？以前人們沒有意識到這一點，直到孔子，以及他的弟子們才意識到，讀書人、知識分子，他的使命就是承擔價值，並且，死而後已。

其次，教育的內容不一樣了，士的面貌改變了。

官學教的，是「禮、樂、射、御、書、數」的「小六藝」，即便教授傳統經典，比如《詩經》，也側重其中涉及到的禮樂祭祀方面的實用內容。

而孔子教的，是「《詩》、《書》、《易》、《禮》、《樂》、《春秋》」的「大六藝」。

「小六藝」和「大六藝」的區別在哪裡？

「小六藝」是「小學」，是培訓專門技術的，是培養專業人才的，是培養工具的，用孔子的話說，就是培養「器」。

「大六藝」是「大學」，是培養價值判斷力的，是培養人格的，是不把人當工具培養，而是把人當人培養，用孔子的話說，就是把人培養成立身於「道」，並能靈活運用「道」的人。

比如，傳統的《詩》學，側重於與禮儀活動有關的祭詩和頌詩。孔子則講到了興、觀、群、怨等等。

傳統的《書》，為文字課，是指我們現在中學裡面所說的聽說讀寫，是基本技能和知識課。而孔子則轉變為歷史文獻課，成了加上書名號的《書》，也就是《尚書》。當時的《尚書》尚無統一定本，僅以時代分編而散存於世，如《夏書》、《商書》、《周書》等，孔子把它當成歷史學、政治學、倫理學來教授學生。

禮樂是傳統六藝課程，但孔子不再是要求一種簡單的記誦，而是帶有明顯的研究性質，並挖掘其深刻內涵，找到其對應於社會理想和人格理想的抽象價值。

所以，孔子之學，乃是在「小六藝」之中，找尋其道德意義，明瞭其淵源流變，發揚其道義精神。從而達到「大六藝」的境界，並由此建立人生的道德價值基礎。

我們特別來看看《詩》。

孔子說讀《詩》可以使人「興觀群怨」。這就是此前官學不可能達到的認識。

何謂「興觀群怨」？

「興」，就是把人培養成有情懷的人，有熱情有性情的人，有溫度的人，有愛能恨的人。

「觀」，就是把人培養成有觀察力、洞察力、判斷力的人。

「群」，就是把人培養成有群體意識，有公共意識的人，能維護公共福祉而不是專注個人一己之私的。

「怨」，就是把人培養成能夠表達個人意見和情感，在融入集體的同時，又能保持一己獨立的人。

簡單地說——

「興」，就是熱愛社會。

「觀」，就是瞭解社會。

「群」，就是融入社會。

「怨」，就是批判社會。

這樣的人，當然就能事君事父，就是一個對家國有用的人，就是一個完全的大人。

有教無類

第三，教育的對象不同了，百家爭鳴起來了。

官學的學生來源，當然都是貴族子弟，而孔子顯然想把教育推廣到下層。所以，在他的私學裡，是「有教無類」。[8]

孔子打破了貴族對文化教育的壟斷，大批新興的地主、商人、平民子弟進入私學。《荀子．法行》篇曾記載一個叫南郭惠子的人對孔子門下學員「魚龍混雜」的疑惑，南郭惠子問於子貢曰：「夫子之門，何其雜也？」子貢曰：「君子正身以俟，欲來者不拒，欲去者不止……是以雜也。」

南郭惠子認為孔門生徒「雜」，顯然是以傳統教育的「純」來作對比的。而「雜」正是私學的特點。孔子門徒中，有窮居陋巷的顏淵，[9]「衣弊衣以耕」的曾參（曾子是和父親親自下地鋤地的），居「上漏下濕」、「不堵之室」的原憲，還有「卞之野人」子路[10]……。

《呂氏春秋．尊師》中記載：「子張，魯之鄙家也；顏涿聚，梁父之大盜也，學於孔子。」

子張被孟子稱為「得聖人之一體」，「鄙家」即鄙俗小人；像顏涿聚這樣的大盜孔子也收。

8有教無類　是指不分貴賤、賢愚、地區等，只要有心向學，都可以作爲教育對象。有教無類是孔子的教育主張，孔子的弟子來自魯、齊、晉、宋、陳、蔡、秦、楚等不同國度，這不僅打破了當時的國界，也打破了當時的夷夏之分。

9顏淵　名回（西元前五二一年—西元前四八一年）春秋末魯國人，字子淵，是孔子最得意的弟子。他爲人謙遜好學，以德行著稱，異常尊重老師。後被尊爲「復聖」。

10仲由　（西元前五四二年—西元前四八〇年），字子路，或稱季路，春秋末魯國人，是孔子的著名弟子。子路事親極孝、剛猛勇敢、性格爽朗，在衛國的蒯聵之亂殉難，死後被剁成肉醬，孔子極爲傷心，從此不吃肉醬。

《論語》裡有這樣一條記載：互鄉這個地方的人比較愚昧和蠻橫，很難與他們講道理。一個童子卻受到孔子的接見。弟子們都疑惑不解。孔子說：「我們要贊許他的進步。不鼓勵他的後退。何必做得太過分？人家清潔自己以求進步，就要贊許他的清潔，而不要老盯著他以往的行為。」（《論語．述而》）

肯定並鼓勵人現在的進步，不糾纏人過去的錯誤，這也是「有教無類」的一種。

當然，還有大款（有錢人）子貢。貴族子弟也來了。

我們說這個「雜」好不好？可以說，雜了才好，雜了才會有不同的立場！看問題，尤其是社會問題，貧寒之人和富有之人一定不一樣；低賤之人和貴族子弟也一定不一樣。所以我們看看，孔子以後，一直到戰國，出現了所謂的「百家爭鳴」，「百家爭鳴」的局面是誰開創的？「百家爭鳴」這個時代的開創者就是孔子。

孔子用什麼開創了「百家爭鳴」？就是用私學，因為私學的學生來源複雜。我們可以想想，假如像官學一樣，所有的弟子、所有的學生出身一樣，社會身分一樣，經濟狀況一樣，會怎麼樣？他的利益訴求就會一樣，利益訴求一樣他們會有觀點的不同嗎？就不會了。

所以，孔子私學裡面，正是因為大家出身不同，所以會導致他們的立場不同，會導致他們的利益訴求的不同，於是他們都站在各自不同的立場上，表達自己不同的利益訴求，於是就形成了「百家爭鳴」。所以，孔子是開創「百家爭鳴」時代的人。

因材施教

第四，教學方法不同了，獨立思考的人出現了。

宋代朱熹在概括孔子的教學經驗時，提出「夫子教人，各因其材」，這就是「因材施教」[11]的來源。

有一天，子路問老師：「聽到了道理就馬上行動起來嗎？」孔子說：「有父兄在，如何能不請示父兄就馬上行動呢？」過了幾天，冉求問老師：「聽到了道理就馬上行動起來嗎？」孔子說：「當然，聽到了就應該馬上行動，為什麼猶豫呢？」

恰好這兩次公西華都在場，他就不明白了，就問孔子說：「老師，子路問『聽到了就馬上行動嗎』，您說『有父兄在』；冉求問『聽到了就馬上行動嗎』，您卻說『聽到了就該馬上行動』。兩人問的問題一樣，您的回答卻不一樣，我很迷惑，斗膽問問為什麼。」

孔子說：「冉求做事常過分猶豫而畏縮不前，所以要鼓勵他；子路勇氣逼人而行動莽撞，所以要抑制他。」（《論語‧先進》）

這是最典型的「因材施教」的例子。

這裡的「材」，不僅是指天賦的智力，還指天賦的性格、氣質。孔子能根據弟子不同的天賦，勇者抑之使之謙和，怯者激之使之勇敢，顯示出一個大教育家的風範。

11因材施教　是指教師要從學生的實際情況、個別差異出發，有目的地進行有差別的教學，使每個學生都能揚長避短，獲得最佳發展。孔子因材施教的教學思想，在中國教育史上產生很大的影響。

而且，孔子還提倡啟發式教育。為什麼呢？因為孔子要求的不是學生死記硬背一些現成的知識，抱殘守缺，他要求的是學生要獨立思考，以及獨立思考的能力，這樣的教育，就不僅要教學生知識，更重要的是教學生自己獲取知識的能力，領悟大道的能力。所以，孔子說：

「不憤不啟，不悱不發。舉一隅不以三隅反，則不復也。」（《論語・述而》）

不到他苦思冥想而仍領會不了的時候，不去開導他；不到他內心有所表達而又不會表述的時候，不去啟發他。就像一面桌子，我告訴他一個角，他不能因此推知另外三個角，便不去教他了。

孔子一方面說「誨人不倦」，一方面卻又動輒就不教了。為什麼？教育要教會人思考、教給人思考的習慣以及讓人勤於思考。有些苦口婆心的老師，特別盡職盡責，卻養成了學生的依賴和懶惰。孔子卻恰恰相反。學生不思考，他就不教學生了。孔子不教學生，實際上就是要求學生要學會自己去獲知。

鄧析的兩可之說

其實，在孔子時代，還有另外一些私學也辦得有聲有色、如火如荼。那麼，為什麼對後世有影響的就只有孔子的私學呢？

我們來看看孔子的私學和當時其他人的私學有何不同。

我們現在說孔子是中國歷史上第一個創辦私學的人，這話不夠準確，因為至少在他同時，也有人在辦私學了，只不過，沒辦好，還丟了命。

鄧析[12]在鄭國辦了一所法律培訓學校，兼律師速成班。他自己就是一個名聲赫赫、對法律問題很有研究並出版過法律學著作的律師。

我們都知道，辦學愈是教技術、教專業，來求學的人就愈多，因為學了馬上就能用，這跟現在一樣。所以鄧析的學校辦得很熱鬧。鄧析自己常常幫別人打官司，他的律師費收得也有意思，大的案件，收一件上衣，小的案件，收一條褲子，或者一件短襖。孔子收吃的，他收穿的，這兩個收學費還收得不大一樣。結果是老百姓帶著衣服到他這兒交學費，請他教大家怎麼去打官司。這樣的人不可勝數。

但是，鄧析這個學校辦到最後就辦出問題了。什麼問題呢？「以非為是，以是為非，是非無度。」他不講原則，不講法律精神。他把學生教得不正派了，他教學生打官司的技巧，卻不是教學生對法律的尊重，以及法律的精神。

所以史書上說鄧析「操兩可之說，設無窮之辭」。什麼叫「兩可之說」呢？就是他想說這個人有罪他也有辦法，他想說這個人無罪他也有辦法，他變成訟棍了，他把學生也教成玩弄法律的訟棍了。

12 **鄧析**　（西元前五四五年—西元前五〇一年），河南新鄭人，鄭國大夫，春秋末期思想家，「名辨之學」創始人，名家學派的先驅人物。他的主要思想傾向是「不法先王，不是禮義」，「以非爲是，以是爲非」。

在《呂氏春秋．離謂》之中記載：「（鄧析）與民之有獄者約，大獄一衣（上衣），小獄襦（短衣；短襖）。民之獻衣襦而學訟者不可勝數。以非為是，以是為非。是非無度，而可與不可日變……」。

《列子．力命》和現本《鄧析子》中都說鄧析「操兩可之說，設無窮之辭」。實際上，這就是教人詐。

什麼叫「兩可之說」呢？我們舉一個例子。《呂氏春秋》上記載了這麼一件事：一個富人掉到水裡淹死了，然後被一個人給撈上來了。撈屍的人一看是個有錢的人，要的報酬特別多，想趁機敲詐他一把。這個富人的家人覺得要價太高了，就不服氣，怎麼辦呢？找鄧析。鄧析說：「他撈上來的這個屍體，除了賣給你，他又不能賣給別人，你別著急，你等著。」

富家一聽，有道理。那好吧，他就不著急，沉住氣在家等。

這個撈屍人一看這家人怎麼不要屍體了，著急啊，他也來找鄧析，鄧析卻說：「這個屍體他到別的地方買不到，你也別著急，你等著。」（《呂氏春秋．離謂》）

這就叫「兩可之說」。可是這哪裡是解決問題的辦法呢？他給別人出的都是壞主意。他這種辦法，最後教出來的，一定是刁民。

成人之美與成人之惡

這樣沒有原則，只有權術，玩弄聰明，操縱他人，結果就是自己玩死了自己。根據《呂氏春秋》記載，「所欲勝因勝，所欲罪因罪。鄭國大亂，民口喧嘩。子產患之，於是殺鄧析而戮之。」

只要鄧析願意，有罪也能弄個無罪釋放，無罪他也能讓人把牢底坐穿。結果，就是鄧析自己觸犯法律，觸怒鄭國執政，被殺了。不過，殺他的不是《呂氏春秋》所說的子產，子產那時早已死了，殺他的是繼子產、子大叔之後而任鄭國執政的姬駟歂。[13]（《左傳．定公九年》）

這一年，是魯定公九年，孔子五十一歲，開始出任中都宰。孔子辦了二十多年學，最後出來從政了。鄧析辦了多年學，最後送命了。

為什麼會有這樣的區別？一個成人之美，一個成人之惡。什麼叫成人之美呢？幫別人做好事。什麼叫成人之惡呢？幫別人做壞事。這是孔子的話：

「君子成人之美，不成人之惡；小人反是。」（《論語．顏淵》）

鄧析辦學，變成了幫別人做壞事了。孔子還有一句話是：

13 「歂」音「船」。

「人之生也直，罔之生也幸而免」。（《論語·雍也》）

一個人的生存，依賴於他的正直，可是有那麼多不正直的人為什麼也活著呢？那是他很僥倖地避免了災禍。正直而合乎正道，是生門。邪曲而走上邪道，是死門。在生門中生，是常態。在死門中不死，是僥倖。

所以做人要正派。當老師尤其如此，當老師一定要教人走正道，一定要教人做正派人，這是一個底線。孔子還說：「君子上達，小人下達」。君子往上走，小人往下走。那麼作為老師，也要教人「上達」而不能教人「下達」。

孔子的私學和鄧析的私學做個比較的話，那就是孔子教人往上走，鄧析教人往下走。所以鄧析被殺了，鄧析的這個學校煙消雲散了，鄧析培養出什麼學生來了嗎？無從知曉。孔子一生做出了偉大的事業，被稱為中華民族的聖人，孔子的學生怎麼樣呢？可謂是一代又一代大師輩出，這就是走正道和走邪道的不同。

孔子的學生很雜，什麼人都有，他的學生裡面還有兩個貴族子弟，這兩個貴族子弟很特殊，他們是魯國最有名的三大家族裡面的孟孫氏家族的兩個同胞兄弟。這兩個孟氏大家族的同胞兄弟是怎麼到孔子這兒來學習的？他們在孔子這個地方的學習對孔子又產生了哪些影響呢？

14「薳」音「偉」。

第二節　見賢思齊

孔子門下來了一對貴族兄弟，他們是仲孫何忌（孟懿子）和南宮敬叔。這還要從他們的父親孟僖子說起。昭公七年的時候，楚靈王造章華台，落成時，想請各國諸侯參加典禮，魯昭公就去了，同時帶了大夫孟僖子，以負責外交禮儀。可偏偏孟僖子不懂禮儀，途經鄭國，鄭簡公在國都城門慰勞魯昭公時，孟僖子不知如何答禮。

到了楚國後，楚靈王在城郊舉行郊勞禮歡迎魯昭公時，孟僖子又不知道怎麼做才好。宴席上，楚靈王一時激動，把大屈寶弓送給了魯昭公，以示友好。酒醒了，他又後悔了，想索要回去。這事很難辦。可是他手下的大臣薳[14]啟彊說：「這個好辦，我去要回來就是。」

薳啟彊來到國賓館，見到魯昭公，魯昭公還很高興，告訴啟楚靈王送他寶弓一事。薳啟彊馬上向魯昭公拜賀，說：「齊國和晉國、越國很早就想得到這個寶貝了，我們的國君一直不給他們。現在給了你，你要謹慎地防備這三個大國，好好地保護好這個寶貝啊。」

魯昭公一聽，這哪是什麼寶貝？簡直就是禍根！急忙把大屈寶弓還給了楚靈王。

（《左傳・昭公七年》）

魯昭公這次出國，幾乎丟盡了人！宋國尊敬他，他不知道如何答禮；楚國耍弄他，他又不知道如何反擊。

要知道，魯國的始封君是周公，周公是周禮的制訂者。魯昭公、孟僖子這一趟外交之旅，簡直就是轉著圈子丟人，丟老祖宗的人。好在孟僖子還有羞恥心，回國以後，就下決心研究禮儀，向懂禮的人學習。誰懂得禮，他就向誰學習，等到他臨終之際，就囑咐自己的兩個兒子說：「禮，人之幹也。無禮，無以立。吾聞將有達者曰孔丘，聖人之後也……我若獲沒，必屬說（南宮敬叔）與何忌（孟懿子）于夫子，使事之，而學禮焉，以定其位。」

於是，孟懿子與南宮敬叔師事仲尼。（弟兄二人同生於昭公十二年，可能是雙胞胎。這一年是魯昭公二十四年，孔子三十四歲了，這兩個小兄弟十三歲）。

連這樣的貴族都如此信任他，可見孔子的私學辦得非常成功。孟僖子兩個兒子的到來，還給孔子帶來了一個很好的機會。

孔子問禮於老子

我們知道，孔子如果聽說哪個地方有高人，一定會向他請教。孔子曾經去鄭國向子產學習，曾經到宋國去學習殷代之禮，他在魯國學的主要是周禮，但是周禮的大本營，畢竟是在周啊！周此時在洛邑，就是今天的洛陽附近。而且在那個地方，還有一個高人，誰呢？老子。[15]

孔子早就想到那個地方向他求教，可是距離太遠，沒有人贊助，他自己不能步行去啊。現在貴族來了，機會來了，他就跟南宮敬叔說：「我想訪問周，向老子請教，你能不能夠跟國君說一說，讓他支持我們一下？」南宮敬叔就找到了魯昭公，把孔子的意願跟國君說了。

魯昭公當即決定給他一輛馬車，兩匹馬，還給他派了一個人，除了一路上照顧孔子之外，兼做保鏢，以確保出行安全。然後孔子還帶了一個人，《史記》說帶的就是南宮敬叔，現在有人提出不同的看法，說南宮敬叔當時才十三歲，不大可能，應該是另外一個學生。就這樣，三個人，出發到周向老子求教去了。

魯昭公對孔子的確非常好，他在孔子人生的兩個最關鍵的時刻，都幫了孔子。孔子二十歲生兒子的時候，魯昭公給他送了一條鯉魚。現在，又給他支持，讓他去周問道於老子。

這兩次，都是在孔子特別需要的時候，而魯昭公的兩次出手相助，都有象徵意味：

「一條鯉魚」，象徵著國家、政府對孔子身分、地位的肯定。由此奠定了孔子在魯國的地位，並為他以後的發展鋪平了道路和上升的階梯。

15老子　姓李，名耳，字伯陽，楚國人，做過周朝「守藏室之史」。孔子曾向他問禮，後退隱，著有《老子》。老子是我國古代偉大的哲學家和思想家，也是道家學派創始人。

「一乘車、兩匹馬、一豎子」，象徵著國家、政府對孔子創辦的私學的肯定、承認和支持，孔子所辦，雖為私學，卻獲得了公家的首肯。

更重要的是，孔子得到老子這樣飽經風霜、閱歷豐富的高人指點，對於一個三十而立、雄心勃勃、血氣方剛的年輕人來說，非常重要！非常及時！

魯昭公實際上是一個很軟弱的國君，他後來還被三桓趕出國，在國外待了七年，死在外面，但是此人死後被諡為昭。昭的意思就是明白人。我們看他幫助孔子，說明他在一些事情上還是很明白的，魯昭公被三桓掣肘，實在是他人生的悲劇。

而孔子對魯昭公也很感激，也會報答昭公的。這個以後我們再說。孔子到了周，見到了老子，那麼，老子會給孔子什麼樣的指點呢？孔子在老子那裡，又會有什麼收穫呢？

用行舍藏

《史記．老子韓非列傳》記載：「孔子適周，將問禮於老子。老子曰：『子所言者，其人與骨皆已朽矣，獨其言在耳。且君子得其時則駕，不得其時則蓬累而行。』」

這是什麼意思呢？就是說君子，如果時運好，得到明君的幫助，就可以出來做官，出來做一番事業。可是如果時運不濟，沒有明君，那就不妨隨波逐流，一切聽之於命運。這是老子對孔子講的第一句話。

這話對三十四歲的孔子而言，不啻是醍醐灌頂，又如同當頭棒喝。我們看，此前的孔子，從社會的底層銳意進取，不折不撓地向著既定的目標前行。老子這樣的話，一定是他以前沒有想到的。

老子提醒他：知道進，還要學會退。知道勇，還要學會怯。知道直行，還要學會迂迴。知道堅定，還要學會靈活……。

孔子從小就生活在社會底層，一直努力奮鬥，他能夠有今天，就是靠他那一股精神，不屈不撓的精神。但是到了這個境界，就必須由老子這樣的人，來給他講生活中的另一面，講一個硬幣的另一面。所以這種教導，對孔子來說是非常有益的。從此以後，孔子的思想裡面，就有很多很多老子的痕跡。我們讀《論語》，讀著讀著就會發現老子的影子。

子曰：「……天下有道則見，無道則隱……」（《論語・泰伯》）

子曰：「君子哉蘧伯玉！邦有道則仕，邦無道則可卷而懷之。」（《論語・衛靈公》）

子曰：「邦有道，危言危行；邦無道，危行言孫。」（《論語．憲問》）

老子接著說：「吾聞之，良賈深藏若虛，君子盛德，容貌若愚。」這句話裡，有兩個關鍵字：藏和愚。什麼叫愚？愚就是藏。把智慧藏起來不就像愚了嗎？所以孔子後來對顏回講過一句話就是：

子謂顏淵曰：「用之則行，舍之則藏，唯我與爾有是夫！」（《論語．述而》）

把智慧藏起來，把才華藏起來，把志向藏起來，把理想藏起來。韜光養晦，和光同塵，這是老子的道家的智慧，孔子也有這個智慧。我們不能不說，這個跟老子有關。

例如，《老子》中「愚」字共出現三處三次，全是褒義詞。《論語》裡面，「愚」字出現七處九次，基本上都是否定的貶義詞，但是唯有一處兩次，卻是褒義詞：

子曰：「甯武子，邦有道，則知；邦無道，則愚。其知可及也，其愚不可及也。」（《論語．公冶長》）

孔子說，衛國大夫甯武子這個人啊，在國家有道的時候，就聰明；當國家無道的時候，就愚笨。他那聰明，別人趕得上；他那裝傻的功夫，別人可就趕不上了。

這個世界上，有一種聰明，就是愚笨；有一種愚笨，實際上是一種別人難以企及的聰明——愚不可及。顯然，孔子對「愚」字的褒義用法，與老子有關。

最後，老子教導孔子：「去子之驕氣與多慾，態色（傲慢之色）與淫志，是皆無益於子之身。吾所以告子，若是而已。」

老子的意思就是說，戒除自己身上的驕氣、傲氣，戒除自己身上過多的欲望、過大的志向。欲望太多了不好，志向太大了不好。太驕傲了不好，太傲慢了不好，太鋒芒畢露了不好。

句句都是針對孔子當時的狀態和心態。我們也可以從中想像得到，三十而立的孔子，是何等意氣風發、鬥志昂揚！是何等志向遠大、理想崇高！是何等意志堅定、自信自負……。

這都是一個年輕人的優點，沒有這些，一個人註定不會有所成就。但是，如果僅僅這樣，而缺少適度的彈性、適度的退守、適度的淡泊，也不會成為大才。

一個人，二十來歲時如果不是意氣風發、銳意進取，不會有出息。

一個人，到了三十歲，還只是意氣風發而沒有理性冷靜的頭腦，也不會有出息。

後來，孔子骨子裡的從容淡定，何嘗不是受老子的啟發？

損之又損之道

老子提倡損之又損之道，孔子也一樣贊成。

有一天，孔子帶著他的弟子到魯桓公的廟裡面去參觀，看到這個廟裡面有一個很奇怪的東西，傾斜在那個地方。孔子就問這個管廟的人：「這是什麼東西啊？」

管廟的人告訴孔子：「這是宥坐之器。」

什麼叫宥坐之器？就是國君座位右邊放的一個東西。我們都知道有座右銘，古代除了座右銘之外還有一個是宥坐器，座右銘是通過文字來對我們進行提醒、告誡，宥坐器是一種器具，通過這個器具來對我們進行一種形象的告誡。

當這個看廟的人告訴孔子，這是宥坐之器的時候，孔子說：「哦，既然是宥坐之器，那我知道，當它裡面沒有裝水的時候，它是傾斜的；你把水裝到一半，裝到正中間的時候，它是端正的；裝滿的時候，它就傾覆了。」

孔子轉身對弟子們說：「試驗一下，往裡面裝水。」當水裝到一半的時候，這個宥坐器果然端端正正地立起來了。

孔子說：「再往裡面裝。」等到水滿的時候，這個宥坐之器果然一下就倒了。

於是，孔子對弟子們說：「小心啊，萬物都是這樣，一旦自滿就一定要傾覆，一旦驕傲就一定要倒臺。」

子路說：「老師啊，既然這樣，我們如何才能讓人生完滿並保持完滿而不傾覆呢？」

孔子說：「你記住四句話：聰明睿智，守之以愚；功被天下，守之以讓；勇力振世，守之以怯；富有四海，守之以謙。」

聰明要用愚來守；功勞要用讓來守；勇敢要用怯來守；富有要用謙來守。

孔子說：「這就是損之又損之道。」（《荀子．宥坐》、《孔子家語．三恕》）

什麼叫損？損，就是減損。孔子實際上在告訴我們，人生要學會做減法，我們總是想著往我們的人生中填充什麼，務求填滿，做加法；實際上人生更重要的是做減法。一個完滿的人生，幸福的人生，不是看你有了什麼，更多的是看你沒有了什麼。

一個人有了錢就幸福嗎？有了權就一定幸福嗎？這些東西有了未必就幸福。但是，有一些東西沒有了，我們就會幸福，這些東西就是浮躁、焦慮、貪慾、嗔怪，蠅頭小利的競爭之念，種種庸俗人生的得失之憂，這些東西沒有了，心裡面達到一種平靜，那才是真的幸福。所以我們說人生要學會做減法，這就是損之又損之道，這就是道家告訴我們的，是老子告訴我們的，同時也是孔子告訴我們的。

孔子性格中的彈性，與世周旋，何嘗沒有老子的影響？

孟子至剛，莊子至柔。唯孔子至剛而至柔。其剛，乃自身氣質。其柔，老子有以教之。

孔子要回魯國了，臨走之前向老子辭別，老子給孔子送行。老子說：「我聽說有錢的人就給別人送財產，仁德的人就給別人送教導，我沒錢，那我就冒充一下仁德的人，我就送你幾句話吧。」

聰明深察、博辯廣大

這幾句話還真好，司馬遷把它記到《史記》中了，所以，老子這幾句話也就不僅是送給孔子的了，是送給我們這些所有的後來人的了。我們來看看。

第一句話是：「聰明深察而近於死者，好議人者也。博辯廣大危其身者，發人之惡者也。」

一個人很聰明，明察秋毫很好。我們要費多大的力氣才能讓自己明察秋毫，成為一個聰明的人呢？可是老子說，聰明深察的人，往往比那些笨人更容易招來殺身之禍。為什麼？他喜歡議論人。

為什麼聰明人好議論人呢？因為他聰明，他明察秋毫，別人一點毛病，他就看見了，看見了忍不住要說，說了就得罪人，得罪人，別人就要收拾他，他不就很危險嗎？

我們看，老子看問題是不是跟我們不一樣？我們總是希望通過肯定的方式去看問題。而老子卻是用否定的方式來看問題。所以我們往往看到正面，老子總是能看到它的反面。人確實需要有這樣的教導啊，孔子後來稱為聖人是有原因的，韓愈說聖人無常師，他有這麼多的高人教導他。

一個人知識廣博，能言善辯，胸襟開闊，知識豐富，很好。可是老子又說，這其實不好，「危其身」，它會經常讓你處在危險之中。為什麼呢？因為這樣的人，喜歡揭發別人的隱私啊。

所以我們看，老子對孔子的這個臨別贈言：「聰明深察、博辯廣大」，這八個字講的就是孔子。

可以說，孔子十有五而志於學，到三十而立，在這一個過程裡面，孔子就是讓自己成為一個聰明深察、博辯廣大的人。

所以我們說，人生需要有這麼幾個過程：首先要讓自己聰明起來，接著就是要善於把這個聰明藏起來。

三十歲以前，孔子就是讓自己做成了八個字：聰明深察、博辯廣大，然後到這個時候老子告訴他，做到這一點很了不起、很不錯，但是要注意，它背後隱藏的危險。因此，此時千萬不要議論別人，千萬不要揭發別人的隱私。

接著老子又對孔子講了兩句話：「為人子者毋以有己，為人臣者毋以有己。」（《史記・孔子世家》）

什麼意思呢？不要太堅持自己，做兒子，要學會聽父親的。做臣子，要學會聽國君的。

這都是老子對孔子的教導。孔子後來也把同樣的話教給他的弟子。孔子有一個學生叫子貢，子貢就特別聰明，老子看到的孔子是聰明深察的人，孔子看子貢也是一個聰明深察的人，子貢就有「聰明深察好議人」的毛病。

子貢方人。子曰：「賜也賢乎哉？夫我則不暇。」（《論語．憲問》）

子貢批評別人。孔子說：「你端木賜天天說這個人不好，那個人不好，你就那麼好？我可沒有時間盯住別人的缺點，我自己改正自己的缺點還來不及呢。」

在孔子對子貢的教導裡，我們是不是看到了老子的影子？所以，孔子要求我們修養自己，對別人私德上的缺點，一般不做過分的批評。公德不好要批評，私德有缺要寬容。比如孔子還說過：

「見賢思齊焉，見不賢而內自省也。」（《論語．里仁》）

看到比自己強的人應該想著跟他一樣，跟他學；看到比自己差的人，不是去指責他，而是要趕緊反省自己：自己會不會也有這樣的毛病？矛頭對自己，不要對別人。

實際上，這還是老子的思想。老子說：「善人者，不善人之師；不善人者，善人之資。」什麼意思呢？善人是不善人的老師，那不善人是什麼呢？不善人不是我們批評的物件，而是我們用來照的鏡子。在鏡子中看到的正是自己。

老子其猶龍邪

孔子離開老子以後，深有感觸，他的學生問他：「老師，你這次見了老子，你覺得老子到底是個什麼樣的人啊？」

孔子說，天上的鳥會飛，地上的獸會跑，水中的魚會游。飛的鳥，我知道怎麼辦，用箭射；游的魚，我知道怎麼辦，用鉤去釣；跑的野獸，我也知道怎麼辦，用網。可是對老子，我真的沒辦法，因為他既不是天上的飛鳥，又不是地上的走獸，還不是水中的游魚，他是什麼呢？他是一條龍。

「至於龍，吾不能知其乘風雲而上天。吾今日見老子，其猶龍邪！」（《史記·老子韓非列傳》）這就是孔子對老子的評價，老子是一條龍。

孔子在周，不僅見到了老子這樣的高人，虛心受教，據說，他還看到一個金人，也讓他大為感慨。

孔子觀周，遂入太祖后稷之廟，廟堂右階之前，有金人焉，三緘其口，而銘其背

曰：「古之慎言人也，戒之哉。無多言，多言多敗。無多事，多事多患。」（《孔子家語・觀周》）

孔子從老子那地方學完歸來以後，有什麼樣的變化呢？司馬遷很有意思，他說：「弟子稍益進焉。」

孔子的私學就辦得更好了，來求學的人更多了。這就說明孔子學問提高了，境界高了，名聲更大了，因此，私學的規模也大了。

可是，也就在這時魯國發生了一件大事。這件大事直接跟孔子特別親近的人魯昭公有關。剛剛看過三緘其口的金人的孔子，卻並沒有沉默。

魯國第十五任國君魯桓公姬允有四個兒子，桓公死後，長子姬同繼承國君的寶座，是為魯莊公。次子、三子、四子都是庶子，做了卿大夫。因為姬允被尊稱為桓公，所以他的三位庶子，被稱為「三桓」。三桓的後裔，分別改姓，次子姬慶父的後裔改姓仲孫（也稱孟孫或孟），三子姬牙的後裔改姓叔孫，四子姬友的後裔改姓季孫。

三大家族輪流掌握政權，並在自己的封地上建築都城，世代相傳，魯國便開始了長達四百年之久的三桓政治。魯國國君反而被冷落在一旁。

我們看看孔子和季氏的關係。當時季氏的家長是季孫意如，謚號平子，所以，史稱季平子。十七歲的時候，季氏宴請全國的士，孔子被拒之門外。

二十歲的時候，孔子終於可以在季氏手下任職，從事比較下層的具體的事務性的工作。

接著，在季氏支援下，他可以從事較高層次的祭祀相禮之類的工作。甚至可以參與接待外賓。而此時，孔子三十而立了，他已經從季氏那裡辭職了。

這是他和季氏、季平子之間的關係。

魯昭公二十五年（西元前五一七年），也就是孔子三十五歲，他剛從周回來的時候，魯國就發生了讓孔子非常憤怒、又非常悲哀的大事，這個大事偏偏就是和季平子有關，又和魯昭公有關——這兩個人徹底鬧翻了。

按說，這兩個人都待孔子不錯，都有提攜之力，而且，從功利的角度看，這樣的兩個人，也是孔子不能得罪的。

第三節　苛政猛於虎

魯昭公二十五年，孔子三十五歲了。魯國發生了讓孔子非常憤怒又非常悲哀的大事。

這一年，魯昭公要祭祖。那個時代，祭祀是一國政治中最大的事，《左傳．成公十三年》中記載：「國之大事，在祀與戎。」其實，戰爭並不年年發生，而祭祀卻是常規的事務，所以，其重要性還排在戰爭之前。

我們知道禮樂文化，「禮」和「樂」是結合在一起的，「禮」一定要有「樂」，而這個「樂」往往是和舞蹈結合在一起的。按照周禮的規定，不同的身分級別，祭祀時萬舞樂隊的規模是有區別的。天子是八佾（六十四人），諸侯六佾（四十八人），大夫四佾（三十二人），士兩佾（十六人），這個禮是不能夠逾越的。

而且，祭祀時間也有規定：「禮，君祭孟月（四季的第一個月，即農曆正月、四月、七月、十月），臣祭仲月（每季的第二個月，即農曆二、五、八、十一月）。」（楊伯峻《春秋左傳注・昭公二十五年》）

魯昭公要祭祀祖先了，祭他的父親魯襄公，他要舉行萬舞來祭祖時，發現他的樂隊只剩下十六個人了。他是諸侯，公室的樂隊應該是六佾。還有四佾到哪兒去了呢？這個時候孟孫、季孫、叔孫三家也在祭祖。「季氏與君同日祭，又矯用樂舞。」（楊伯峻《春秋左傳注・昭公二十五年》）

季平子家裡的樂隊有四佾，他把魯昭公公室的樂隊調去了四佾，變成了八佾。魯國的國君祭祖的時候，只剩下兩佾，季平子自己卻變成了八佾。季平子是天子的規格，而魯昭公成了士的規格。季平子把自己連升兩級的同時，還把魯昭公連降兩級。

魯昭公氣昏了。他太沒有面子啦。一個國君祭祖，大夫不來陪祭，已經很出格，還把樂隊調走，讓國君無法完成祭祀大典，魯昭公總不能用士的二佾來對付一下啊，即使他能對付，他父親的神靈也不會答應。而魯昭公手下的大夫則用八佾在那兒鑼鼓喧天。這樣的事，魯昭公作為國君能容忍嗎？

忍無可忍，就無需再忍。

魯昭公與季平子之爭

季平子無禮僭越，逼得魯昭公忍無可忍，發兵攻打季平子。季平子不會束手就擒。他躲到高臺上，與魯昭公討價還價。

季平子說：「君王沒有查明我的罪行，就派人用武力討伐我。我請求到沂水岸邊等待君王調查清楚我的罪狀。」

魯昭公不答應。

季平子又說：「那就請求將我囚禁在費邑，等待調查。」費邑是季氏的封地，城高水深。到了他的封地，無異於放虎歸山，所以魯昭公還是不答應。

季平子無奈，提出流亡國外：「請允許我帶五輛車子流亡他國。」

按說，季平子只是專權、傲慢、目中無人，他還真沒有篡位的想法。剝奪他的權力，甚至讓他流亡國外，應該是很好的結果。一來，季平子罪不至死；二來，魯昭公見好就收，既驅逐季平子，又震懾其他兩家，從此收回大權，樹立國君權威，是個完美的結局。

所以，昭公身邊的大夫子家羈勸昭公接受條件，並提醒昭公，如果逼人太甚，可能會激起季平子黨羽的反抗。季平子執政多年，有他的黨羽和勢力。

而且，三桓的另外兩家，也不會坐山觀虎鬥，他們和季平子是一損俱損，一榮俱榮。如果季平子贏了，魯昭公將更加威權掃地，他們將更加肆無忌憚，作威作福；如果季平子死了，他們也將從此風光不再。

所以，現在雙方僵持，一方在臺上，負隅頑抗，不願束手就擒；一方在台下，卻攻不上去。在這樣的僵持中，時間在一分一秒地流逝。子家羈提醒魯昭公：如果白天不能解決這個事端，等到夜晚來臨，很難預料會出現什麼情況。

但這個昭公此時還真的較上了勁，與季平子有積怨的郈[16]昭伯也鼓動魯昭公說：「必殺之！」讓魯昭公一定要殺了季平子。

孟孫氏與叔孫氏的動向

一時攻不下來，昭公就要找增援。他派郈昭伯去請孟孫氏。此時的孟孫氏的家長就是孟僖子臨終囑咐跟隨孔子學禮的仲孫何忌（孟懿子）。他一定知道老師孔子的一貫政治立場，那麼，他會和老師一樣，站在魯昭公一邊，發兵幫助魯昭公嗎？

這個郈昭伯為什麼也這麼起勁呢？他可不是出於公義，而是與季平子有私仇。這

16 「郈」音「厚」。

個仇，說起來可笑。季平子與郈昭伯鬥雞，季平子給雞穿上護甲，而郈昭伯給雞裝上金屬爪子。結果，季平子的雞敗了，季平子破口大罵，並強占了郈昭伯的房子。

看看這一幫貴族，平時都玩些什麼沒名堂的事。

郈昭伯來請孟孫氏，孟孫氏猶豫不決，他拿不定主意，要看看事態發展。

這時候，三桓的另一家叔孫氏那邊行動了。

叔孫氏家私家軍隊的首領叫鬷[17]戾。他問手下的人：「我們怎麼辦？」

沒有人回答。

於是他又問了第二個問題：「我只是一個家臣，只管家好不好，不管國好不好。你們告訴我，有季孫氏和沒有季孫氏，哪一種情況對我們叔孫氏家有利？」

部下都說：「沒有季孫氏，就沒有叔孫氏。」

鬷戾說：「既然這樣，我們還不趕緊去救他！」鬷戾急忙帶著自己的軍隊，趕走了魯昭公的軍隊。

孟懿子呢？郈昭伯帶著魯昭公的命令，要他發兵助戰，他卻在那裡磨蹭，並派人登上家裡西北角的高牆，觀察季孫氏那邊的情況。現在，一看叔孫氏已經發動，形勢已經如此明朗，也把臉一翻，當即殺掉郈昭伯，與叔孫氏一起都幫季氏，共同對付魯昭公。最後是誰被打敗了呢？魯昭公被打敗了。

這一敗，就不好收拾了。魯昭公和季平子撕破了臉，並且弄得你死我活，如何共

17「鬷」音「蹤」。

事呢？

還是那個子家羈，出了個主意：「這事弄砸了。只能由身邊的大臣來承擔罪責，這樣才可以保住面子。」

具體怎麼辦呢？就是魯昭公把責任推給身邊的大臣，就說這次攻擊季平子乃是這些大臣挾持魯昭公幹的，讓這些大臣帶著罪名逃亡國外去。這樣，季平子也就不能對魯昭公怎麼樣，魯昭公的位子還可以保住。

魯昭公流亡國外

但是，魯昭公說：「這樣卸責於人，讓他們流離失所，我不忍心啊。還是我自己流亡國外吧。」於是，就自己逃亡齊國。

昭公還是很厚道啊。

當然，昭公也受夠了這個窩囊氣，這個無權的窩囊國君不當也罷，他寧願出奔他國，他與這個季平子真是不共戴天。

昭公出奔他國，三桓控制了局面，還控制了輿論，把這次大政變的責任全部推給魯昭公，輿論一致譴責魯昭公。就是一些本來同情魯昭公的人，也埋怨魯昭公太魯莽，以至於不可收拾。

就在這樣的大氣候下，孔子敢於冒天下之大不韙，說了一句話：

「八佾舞於庭，是可忍也，孰不可忍也？」（《論語．八佾》）

這是一句為魯昭公辯護的話，就是說，你們都在說魯昭公做事莽撞，說魯昭公怎麼樣怎麼樣，你們有沒有想到，魯昭公這樣做乃是由於忍無可忍？所以，責任不在魯昭公，而在於季平子。

對於三桓在這次祭祀過程中的僭越，孔子還有這樣的批評：

三家者以《雍》徹，子曰：「『相維辟公，天子穆穆』，奚取於三家之堂？」（《論語．八佾》）

《雍》是《詩經．周頌》中的一篇。周天子祭祀宗廟的儀式舉行完畢後，在撤去祭品收拾禮器的時候，專門唱這首詩。魯國孟孫、叔孫、季孫三家，他們祭祀祖先時，也用天子之禮唱著《雍》這篇詩撤下祭品。

《雍》詩中「相維辟公，天子穆穆」是什麼意思呢？翻譯過來，就是各路諸侯來助祭，天子莊嚴又肅穆。孔子嘲笑三家道：「這兩句話，用在三家祭祖的大堂上，有哪一點兒合適呢？哪個是天子呢？哪個是助祭的諸侯呢？不過是一個裝模作樣的家主，幾個小丑一般的家奴罷了！」

這是年輕的孔子，不惜犧牲自己的未來政治前途，堅定地站在失敗者一邊，堅定地反對專斷弄權的三桓勢力。

孔子的選擇

孔子對魯昭公很有感情，因為魯昭公兩次幫助過孔子。孔子也是個知恩圖報之人，聖人也是有常人的感情的。

孔子對魯昭公的回報，至少有三次：

第一次就是這一次，在魯昭公和季平子徹底決裂，雙方你死我活的時候，孔子堅決站到了失敗者魯昭公一邊，給予他道義上和輿論上的支持。這對一個一直受氣，最終甚至被趕出國門的魯昭公來說，是一個極大的精神安慰。

第二次是在魯昭公死後，季平子嫉恨舊仇，把魯昭公葬在魯國國君墓地的南邊，用一條大路把魯昭公的墓和道北的魯國歷代國君墓地分開。這就等於把魯昭公逐出國君的行列。

此時，孔子無權無勢，當然無法反對。但是，他把這一切默默記在心裡，等到有機會，他一定會為魯昭公做點事。

後來，孔子做了魯國的小司空，掌管一切水土工程。此時，季平子也死了，季平子的兒子季孫斯（季桓子）當政，孔子就對季孫斯說：「當初您的父親把魯昭公的墓用一條大路與道北的魯國歷代國君墓分開。這樣做，確實是貶低了國君，卻不也彰顯了自己的不臣之罪嗎？這樣做，不合乎禮。如果您同意，我就在魯昭公墓的南邊再挖一條溝，把它框進來，與其他國君墓地合為一體。這樣可以幫您父親遮掩他曾經的不臣之罪。」（《孔子家語·相魯》）

孔子這樣說，季孫斯沒有不同意的道理。魯昭公若地下有知，當會感激孔子的吧。

第三次是在陳國，陳司敗因為魯昭公娶了同姓的吳國女子為夫人，認定魯昭公不知禮，孔子卻堅定地回答：「魯昭公知禮。」

這就是孔子的溫情。

最後魯昭公在國外流亡了整整七年，先到齊國，後到晉國，最後死在晉國的乾侯。在這七年裡，魯國沒有立國君。執政的就是季平子，魯國的大權全在季氏為代表的三桓手裡。

等到魯昭公死了以後，三桓再重新立了國君，卻又因為嫉恨魯昭公，排除了魯昭公的兒子，而是立了魯昭公的兄弟公子宋，即魯定公。這是後話了。

孔子在齊國

魯昭公流亡國外，「其後頃之，魯亂。孔子適齊。」（《孔子世家》）魯國亂了，不像個樣子。所以，孔子離開魯國，到了齊國。

但他為什麼去齊國呢？因為他和齊國的齊景公和晏嬰認識。彼此應該印象還不錯。但是，齊國怎麼樣呢？齊國的這君臣二人，會如何對待孔子呢？

沒想到，孔子一進入齊國，就對齊國產生了很不好的印象。這個東方大國，對外虎視眈眈，沒想到，對內卻比老虎還要厲害。齊國，簡直就是虎穴龍潭！而齊國的百姓，幾乎就是虎口餘生。

在泰山腳下，孔子就碰到了一件事。這件事，促成了一篇文章的誕生。

孔子過泰山側，有婦人哭於墓者而哀。夫子式而聽之，使子路問之曰：「子之哭也，壹似重有憂者。」而曰：「然。昔者吾舅死於虎，吾夫又死焉，今吾子又死焉。」夫子曰：「何為不去也？」曰：「無苛政。」夫子曰：「小子識之，苛政猛於虎也！」（《禮記．檀弓下》）

一家三代都被老虎吃了，卻捨不得離開這個「無苛政」的地方。這樣的人間慘劇，誰不為之悲傷？

這是孔子進入齊國以後所碰到的第一件事。我們想一想，孔子對齊國的政治會產生什麼樣的印象？齊國的老百姓寧願選擇與老虎為鄰，也不願意選擇齊國的政治，也不願意選擇齊國的君臣，這說明什麼？說明齊國當時的各級官員、各級官僚比老虎還要可怕。正如後來孟子對梁惠王說的，殘暴的統治者，就是「率獸食人」的獸王啊！

從三十五歲到三十七歲，孔子在齊國。（時間大約在昭公二十五年年底至昭公二十七年春，時間約一年有半）在這個時期裡，孔子主要和齊景公和晏子打交道。

我們知道，孔子一進入齊國，就對齊國「苛政猛於虎」產生了很壞的印象。當他進入齊國上層，瞭解了齊景公以後，他對這位臨近大國國君的印象就更壞了。

齊景公與晏子

我們先從幾件事來看看齊景公是怎樣的一個國君。

有一年冬天，下暴雪，三天不停，人民飢寒交迫。齊景公卻穿著狐狸腋下的白毛製成的輕暖皮衣，暖洋洋地坐在堂前。看著外面的漫天大雪，他很奇怪為什麼下這樣大的雪，卻感覺不到天氣的寒冷呢？

晏子來了，他對晏子說：「奇怪啊，大雪三天卻天氣不寒。」

晏子沒好氣，反問：「天不寒嗎？」

齊景公傻笑。

晏子說：「我聽說，古代的賢君，飽而知人之飢，溫而知人之寒，逸而知人之勞。現在，你不知道呢。」（《晏子春秋．內篇諫上》）

那你是什麼？暴君！

晏子是齊景公手下的老臣，所以齊景公對晏子還是很尊重的。晏子的家住在靠近市場的附近，房子很小，又很嘈雜。

齊景公出於對老臣的關心，就跟晏子說：「你的家裡房子又很小，又住在市場的附近，那麼吵鬧，不安靜，你搬過來吧，搬到貴族住的地方。」

晏子說：「不行啊，我家裡窮，離市場近一點，買菜方便，還能買到便宜菜呢。」

齊景公覺得很好笑，說：「你是齊國的大夫，是國相，不至於要到市場撿便宜菜吧？」

於是，齊景公跟晏子開玩笑：「你既然家裡住得離市場那麼近，你對市場行情瞭解嗎？」

晏子說：「我當然瞭解啊。」

齊景公說：「那你說一說，市場有什麼行情啊？」

晏子說：「市場的行情啊，踊貴而屨[18]賤。」

18 「**屨**」音「**劇**」。

踊貴而屨賤

什麼叫踊貴而屨賤？踊是被砍了腳，受過刖刑的人穿的一種特製的鞋子。正常人穿的鞋子叫屨。晏子告訴齊景公，現在齊國的市場是踊很貴，屨很賤。正常人穿的鞋子賣得很便宜，為砍掉腳的人特製的鞋子賣得很貴。

齊景公奇怪，說：「為什麼？」

晏子說：「因為現在砍掉腳的人比有腳的人還多嘛。」

齊景公一聽，自己都覺得不好意思：「我這麼殘暴嗎？」

晏子反問：「你以為你怎麼樣啊？」（《韓非子．難二》）

齊景公弄得齊國老百姓都不能穿鞋而穿踊了，那麼，他自己穿什麼鞋子？齊景公從魯國請來一個鞋匠，為他特製一雙鞋子。這雙特製的鞋子，非常漂亮，鞋帶是用黃金做的，用白銀鑲邊，再綴上珠寶，用美玉裝飾鞋頭，鞋的長度足有一尺。穿上了，他就不能走動了。

齊景公覺得這雙特製的鞋夠派頭。在一個冷天的早晨，他穿著這雙特製的鞋上朝處理政事。宰相晏嬰上朝來了，齊景公想起身去迎接。他站起來了，但他邁不開步子。晏子看到了齊景公穿的這雙絕世無雙的鞋子，說：「這雙鞋是誰為君侯製作的？」

齊景公說：「一個從魯國請來的鞋匠。」

晏子說：「他該死！」

齊景公說：「他該獎！」

晏子給齊景公分析魯國鞋匠有三大罪狀：「不知道季節的寒暖變化，不知道腳的承受能力，這是他的一大罪狀；做出這雙不倫不類的鞋，使我們的君侯受到天下各國的嘲笑，這是他的第二大罪狀；耗費錢財，對國家沒有功效，招致老百姓的怨恨，這是他的第三大罪狀。臣請求主上立即下令，把他逮捕，交給司法官員按罪論處！」

齊景公覺得魯國鞋匠製作這雙鞋很不容易，堅決要求放過他。晏子也很堅持自己的態度，堅決不肯放過他。

這個齊景公也有忠厚的一面，說：「寡人真的不明白他究竟錯在哪裡，這鞋是寡人讓他做的，你要處罰就處罰寡人吧，但請相父饒了那個無辜的鞋匠。」

晏子堅持說：「不可以。我聽說，為做善事而使自身受苦的人，他應該受重賞；為做壞事而使自身受苦的人，他的罪惡更重。」

齊景公無話可說了。

晏子命令官員立刻將魯國的鞋匠逮捕，派人把他押解出境，永遠不准他進入齊國境內。

從此，齊景公脫下了這雙鞋，再也不穿它了。

齊景公愛馬

瞭解了這些，我們才能理解《孔子世家》裡下面的記載：「（齊景公）他日又複問政於孔子，孔子曰：『政在節財。』景公說，[19]將欲以尼谿田封孔子。」

孔子為什麼要告誡齊景公節財呢？因為齊景公是個奢靡之人。景公是否如司馬遷記載的那樣，聽了孔子勸他節財的話，「悅」呢？很難說。至少，「悅」了以後，他的奢靡作風並沒有改變。

據歷史的記載，齊景公「好治宮室，聚狗馬，奢侈，厚賦重刑」。他喜歡造很多的宮殿，喜歡裝修宮殿，喜歡狗，喜歡馬，而且是重刑、厚賦，為什麼？喜歡這麼多東西要錢，那就給老百姓的賦稅加得很重，老百姓不交稅怎麼辦？就用重刑，嚴刑峻法。

齊景公養了一條狗，狗死了以後他要給它做棺材。古代葬狗，一般是用車蓋把狗包起來埋葬。齊景公竟然用棺材來葬狗。

好在他狗養得不多，馬可是養了很多。他特別喜歡馬，《論語》上面記載：「齊景公有馬千駟」，千駟就是四千匹馬。他的宮中有專門給他養馬的人，他的愛馬死了還要肢解養馬的人。他有一匹特別喜歡的馬，交給這個人養，養到最後這個馬死了，

19 「說」通「悅」，喜悅。

齊景公一氣之下就要把他殺了，不僅要殺，還要把他肢解掉，夠殘忍的！行刑隊來了，晏子正好碰見，瞭解到情況後，晏子說：「你們等一下，我來問一下我們偉大的國君，您告訴我，堯和舜的時代，肢解人是從人的身體哪個地方先開始動刀子的？」

齊景公頓時就明白了：堯舜的時候從來都不肢解人，肢解人只是殘暴的人才幹的。那好，不肢解了，就直接殺。晏子說：「行，不過就這樣糊裡糊塗地殺了，他都不知道自己什麼罪。讓我先宣布他三樁罪行再殺他。」

齊景公一聽，說：「很好，這樣就好。」

晏子就很嚴肅地宣布這個養馬人三樁罪行：第一樁罪，給國君養馬沒養好。第二樁罪，死掉的是國君最喜歡的馬。第三樁罪，讓國君因為一匹馬而殺人，導致老百姓怨恨國君，諸侯各國笑話國君。讓國君成了怨恨和笑話的對象。有此三樁罪，殺。

齊景公一聽，忙不迭地說：「趕緊放了，趕緊放了。」（《晏子春秋．內篇諫上》）

可是，這樣一個愛馬的人，死時，卻要讓那些馬為他殉葬。

現在，我們已經找到了齊景公的殉馬坑。景公殉馬坑位於齊國故城東北部，今臨淄區齊都鎮河崖頭村。

據專家考證，殉馬多數是六至七歲的壯年馬，是人為處死後，按照一定的葬式排列而成，馬分兩行，排列整齊，昂首側臥，四足蜷曲，呈臨戰姿態，好像只要聽到戰鼓擂動就會四蹄騰空。全部殉葬的馬當在六百匹以上。

齊景公這是愛馬嗎？這是愛他自己。

齊景公為政時間極長，長達五十八年。可是，這位國君愈老愈怕死，竟然幻想著再活五百年。有一天他和晏子、艾孔、梁丘據，君臣四人在臨淄城外的牛山上遊玩兒，齊景公站在山上，看到下面的城池繁華，突然就哭了，說：「城池繁華，人世美好，可是我為什麼要死呢？」艾孔和梁丘據一看國君哭，也就假裝著哭。

晏子在後面冷笑。

齊景公很生氣。對晏子說：「我很傷心才哭，他們兩個陪著我哭，你在旁邊冷笑，你什麼意思啊？」

晏子說：「國君啊，人如果都不死，哪能輪到你呢？世界就是這樣，有人坐在這個位子上，然後又有人讓出來，他騰出來以後你就來了，他不騰出來哪有你呢？你現在坐上了，你不想騰出來了，你不是不仁嗎？所以我為什麼笑啊，我今天看到一個不仁的國君，還看到兩個阿諛奉承的大臣，我身邊有三個可笑的人，我怎麼能不笑呢？」（《晏子春秋．內篇諫上》）

孔子在齊國碰到的是這樣的國君，他在齊國會不會有所作為？齊國的國君齊景公會不會給孔子機會，讓他來從政，讓他施展一下他的才華呢？

第三章

四十而不惑

孔子自謂「四十而不惑」不是說他什麼都知道，一個人不可能具備所有方面的知識。孔子的高明不是指他的知識多，而是他對自己的人生不再有疑惑，對自己的人生方向不再動搖，並且對世間的林林總總、光怪陸離都能做出價值的判斷。一個人的境界不取決於他知識的廣度，而是取決於他精神的高度和深度。

第一節　智者不惑

我們知道，齊景公奢靡胡鬧，手下還有梁丘據、艾孔這樣的諂諛之臣。那麼，孔子如何面對這樣的君臣呢？

齊景公喜歡聲色犬馬，生活奢靡，經常胡作非為。所以，孔子就覺得這個國君做得實在不像國君的樣子，缺少國君應該有的莊重、威嚴，缺少國君應該有的相應的道德品質。

所以，有一次齊景公問孔子：「好的政治應該是怎樣的呢？」孔子給了他八個字：

「君君臣臣，父父子子。」（《論語．顏淵》）

這八個字這樣排列，實際上有兩種理解，兩種翻譯：

一種就按照字面來說，國君做得像國君的樣子，臣子做得像臣子的樣子，父親做得像父親的樣子，兒子做得像兒子的樣子。這樣的理解沒問題。

但是我們知道古漢語往往非常簡略，往往省略了一些承接的關係，所以這樣的句子還可以理解為前後因果關係。如果加上這樣的因果關係，這八個字的意思就是：首先國君做得像國君的樣子，然後才有資格要求臣子做得像臣子的樣子，國君做好在前，臣子做好在後。父親首先盡到做父親的責任，然後才能有資格得到子女將來的孝順。

我覺得這樣來理解孔子的話可能更準確一點，因為孔子確實在很多地方一直強調強者的道德，而不強調弱者的道德。他總認為在上者應該先做好，然後才有資格要求下面的人做好。

孔子這話，顯然與他當時的感受有關，孔子明顯的是告誡齊景公做國君要像個國君的樣子——也就是說，他現在實在不像個樣子。

但是，齊景公只想到讓別人好好做臣子，自己的國君做得怎樣，他倒不介意。

統治者是百姓的表率

孔子還有一個「七教」理論。

孔子曰：「上敬老則下益孝，上尊齒則下益悌，上樂施則下益寬，上親賢則下擇友，上好德則下不隱，上惡貪則下恥爭，上廉讓則下恥節，此之謂七教。七教者，治民之本也。」（《孔子家語》）

什麼意思呢？就是上面敬老，下面才孝；上面尊長，下面才悌；上面散財樂施，下面才寬厚待人；上面親近賢才，下面才選擇良友；上面愛好德行，下面才不隱瞞實情；上面厭惡貪腐，下面才恥於爭奪；上面廉潔謙讓，下面才講究節操。一切都取決於上面！

所以，孔子下面接著說：

「凡上者，民之表也，表正則何物不正？是故人君先立仁於己，然後大夫忠而士信，民敦俗璞，男慤[1]而女貞，六者，教之致也。」（《孔子家語．王言解》）

上面的人是人民的表率啊！下面好不好，全看上面啊！

孔子晚年時，季康子曾經問孔子一個問題：「我如果把那些無道的人殺了，然後逼著百姓去走正道，怎麼樣？」

孔子的回答是：「子為政，焉用殺？」

你搞政治，怎麼會用得著殺人這種手段呢？「子欲善，而民善矣。」你自己如果做得善，老百姓就會善。

接下來，孔子說出了一個流傳千古的名言：

1 「慤」音「確」，誠實、忠厚。

「君子之德風，小人之德草。草上之風，必偃。」（《論語・顏淵》）

君子的道德就像風一樣，人民的道德就像草一樣，風往哪個方向吹，草就往哪個方向倒。所以草往哪個方向倒，責任不在草，而在於風。

一個國家、一個社會的道德水準怎麼樣，道德水準如何，道德風氣如何，責任不在人民，在於統治階級。

有一次，季康子覺得魯國強盜很多，很憂慮，就問孔子怎麼辦。孔子的回答是：「苟子之不欲，雖賞之不竊。」為什麼有那麼多強盜？是因為你自己骨子裡也是這種人！你也貪婪！你也是侵奪他人、侵奪國家的大盜！假如哪一天你自己不強占人民的財產了，那麼人民也就自然會變好了，責任還在你身上，不在人民身上。

道德是要向統治者說的

孔子曾經講過一句話，非常好，可是我們一般的理解，都理解錯了，或者是理解得很膚淺。哪一句話呢？

「君子喻於義，小人喻於利。」（《論語・里仁》）

這句話講得好，但是我們一般人怎麼理解的呢？很膚淺的理解是：君子講義，小人講利。

好像這句話是孔子對君子的表揚，對小人的批評。甚至作為一種標籤，講利的都是小人，講義的才是君子。

實際上，孔子的原話不是這個意思。

首先，「君子」在這裡不是指道德上的好人，而是指地位高的人；「小人」在這裡也不是指道德上的壞人，而是指下層人。[2]

「喻於」就是告知、說服的意思。

孔子這句話的意思是，對君子，要用義來說服他、要求他；對小人，要用利來引導他、鼓勵他。對君子，告訴他義在哪裡；對小人，告訴他利在哪裡。以義要求責難君子，以利鼓勵誘導小人。[3]

道德出了問題，責任在哪裡？在上層。要和誰講道德？要對誰要求道德？對上層。和普通老百姓，應該告訴他，利在哪裡就可以了。

上層人要承擔道義，下層人要關注權利。

不對普通百姓講仁義道德的大道理，這是一個讀書人的良知。

實際上——

2 依據蕭公權《中國政治思想史》（聯經出版）的見解：「孔子言君子，就論語所記觀之，則有純指地位者，有純指品性者，有兼指地位與品性者」。

3 李零也在《喪家狗》（山西人民出版社）一書中，將此句解釋爲，「君子方可曉之以義，小人只能曉之以利」。

苛上不責下，孔孟之政道。
律己而寬人，孔孟之友道。

孔子對齊景公印象非常不好，但是很有意思的是，齊景公對孔子的印象倒是相當的好，甚至準備把齊國的一塊土地分封給孔子。這對孔子來說確實是一個好消息，在魯國那邊已經不好待了，跑到這兒來，如果有這樣的結局當然很好，至少可以安身立命。可是，齊景公的這個想法卻遭到了一個人的反對，這個人是誰呢？

我們絕對想不到，竟然就是大名鼎鼎的晏嬰。

晏嬰不喜歡孔子

晏嬰這個人，孔子對他的印象是相當好，可是晏嬰對孔子的印象又非常不好。孔子喜歡的人不喜歡孔子，孔子不喜歡的人倒挺喜歡孔子。

晏子去世以後，孔子還說過一句話：「晏子這個人善與人交，久而敬之。」孔子跟晏嬰打交道也就是兩次：一次是晏嬰到魯國去，孔子參與接見，這個時間應該很短，不會交往很久。第二次就是在齊國這一段時間。在這一段時間裡面，他對晏嬰是愈交往愈尊敬他。但是，不幸的是，偏偏晏嬰對孔子印象不好。

所以當齊景公準備把一塊土地分封給孔子的時候，晏嬰首先起來反對。他說：「像孔子這樣的儒家，能言善辯，這種人不是法律能管得住的。他們傲慢、自大，這也不是一個做下屬的好人選。他們講究厚葬，靡費錢財，這也不能成為齊國的風俗。他們周遊列國，追求做官，這樣的人也不大靠得住。」

他跟齊景公講了這麼一番儒者的壞話。實際上，晏嬰講的這些，確實是那個時代一般儒者的基本特點。在孔子之前，甚至在孔子的同時，一般的儒者給別人的印象就是這樣：知識很瑣碎，禮節很瑣碎，然後人就很委瑣。所以儒者整體的形象不好。

但是晏嬰沒有明白，孔子的儒者已經是新儒者了，已經不是此前的「小人儒」，而是「君子儒」了。以孔子為代表的新儒者，是鐵肩擔道義，泛愛眾而親仁，完全是新的社會面貌了。

但是，我們無法要求晏嬰意識到這一點。由於晏嬰的反對，齊景公也就只好取消他封賞孔子的計畫。

晏子是齊國的老臣，相傳個子很矮，身高不足六尺。孔子個子很高，九尺六寸，所以晏子站在孔子的身邊，差距太大了，孔子比晏子高了三分之一還多。所以這一高一矮的兩個人，高的倒是挺喜歡矮的，矮的偏偏不喜歡高的。用孔子的話說，這也是命吧！

從此以後，齊景公對孔子也就比較冷淡，甚至到最後暗示孔子：「我老了，不能再用你了。」這話說白了，就是讓孔子走吧。

孔子就只好離開了齊國，回到魯國。而且據說，這一次離開齊國還走得非常緊急，本來米都已經淘好下鍋準備煮飯了，突然之間決定要走，把米從水裡面撈起來，稍微晾乾一點，帶上就走。有人說很可能是在齊國遇到了緊急情況，齊國的一些大夫要謀害孔子。

孔子三十五歲到齊國，在齊國待了一年多的時間，又回到了魯國。

不惑是有判斷力

此時，孔子三十七歲，他的不惑之年就要來了。

孔子三十七歲回到魯國後，接下來的十四年裡，他就只做一件事：教書育人，很多人也登門來向他請教問題，他幾乎快成了有問必答的「百科全書」，一般人不知道的事情，很多他都知道。那麼，他說的四十不惑，是指他什麼都知道嗎？

顯然不是。因為，孔子不可能回答那個時代人們的所有問題。

那麼「不惑」，是什麼意思呢？

不惑不是說什麼都知道，什麼知識都難不倒他。一個人，不可能什麼都知道，不可能具備所有方面的知識。

孔子比我們高明，不是指他知識比我們多，而是他判斷力比我們強。一個人的境界，不取決於他知識的面有多大，而是取決於他認知的能力有多強。也就是說，不取決於他知識的寬度，而是取決於他精神的高度和深度。

所以，不惑的意思——

一是對自己的人生不再有疑惑，對自己的人生方向不再動搖。

二是對世間的林林總總、光怪陸離都能做出價值的判斷。判斷其是非、善惡、美醜。

在《論語》及漢代編纂的各類有關先秦的典籍裡，孔子幾乎是一個百事通的角色。各位學生、各路諸侯、各家貴族以及其他一些莫名其妙各色人等，有了各種莫名其妙的問題，都來向他討教。

而孔子既然成了聖人，也就承擔起了釋疑解難的社會責任。孔子也確實有本事，也很自覺，一般情況下，他還真是做到了有問必答，就像他自己說的：「未嘗無誨也」。哪怕一時「空空如也」，手頭並無現成答案，他也會儘量使問者滿意。

季桓子在家裡面挖井，從土裡面挖出來一隻羊。這挺奇怪，土裡面怎麼挖出一隻羊來？他就派人問孔子這是什麼東西。並且，季桓子還耍了一個小心眼，他讓使者去問孔子的時候別說是羊，說是狗。這個人跑去跟孔子說：「我們家主人挖井，竟然從井裡面挖出一條狗來，那是什麼動物啊？」孔子說：「那應該是羊，不應該是狗。」

這就讓大家很佩服：騙都騙不了孔子。

吳國進攻越國，把越國打敗以後，在拆會稽城牆的時候，發現了一截非常巨大的骨頭，這個骨頭放到車裡面，正好裝滿了一個車廂，什麼動物有這麼大的骨頭呢？他們搞不明白，就專門派人去問孔子。問者說：「什麼骨頭最大啊？」

孔子說：「防風氏的骨頭最大吧。當初大禹在會稽山上大會諸侯，防風氏遲到，大禹生氣就把他殺了，他的骨頭有多大呢？能夠裝滿一節車廂。」

這個吳國的使者又對孔子佩服得五體投地。孔子說的地點和大小都和吳國在越國城牆裡發現的正好吻合。

孔子在陳國。有一天，天上一隻大鳥掉下來了，這隻鳥的身上中了一支箭，一尺八寸長，木做的箭桿，石頭做的箭簇，陳國的國君陳惠公就拿著這支箭來問孔子：「這是怎麼回事啊？」

孔子一看，說：「這隻鳥是從很遠很遠的地方飛來的啊。周武王滅商，打通了通往各地少數民族的通道，於是很多邊遠地區的少數民族都給周武王進貢。黑龍江這個地方有一個民族叫肅慎氏，他們進貢的特產就是用木桿做箭桿，用石頭做箭頭的箭。周武王把這種箭送給他自己的長女，作為陪嫁帶到了陳國。你們到國庫裡面去找一找，應該還有。」

陳惠公馬上讓手下的人到國庫裡去找，還真找到了。（《孔子家語．辨物》）

看了這些，我們一定覺得孔子很厲害，什麼都知道。其實不然，也不可能。《左傳》也好，《史記》也好，《孔子家語》也好，記下來的，當然是孔子回答出來的，回答不出來的，也就不會記了。

知識的可貴在於形成判斷

當然，也有記載的。比如《列子》上就有這麼一則，當然是編造的，但也能說明問題：

孔子東遊，見兩小兒辯鬥。問其故。
一兒曰：「我以日始出時去人近，而日中時遠也。」
一兒以日初出遠，而日中時近也。
一兒曰：「日初出大如車蓋，及日中則如盤盂，此不為遠者小而近者大乎？」
一兒曰：「日初出滄滄涼涼，及其日中如探湯，此不為近者熱而遠者涼乎？」
孔子不能決也。
兩小兒笑曰：「孰為汝多知乎？」

兩小兒爭辯太陽的遠近，一個說太陽早晨離我們近，一個說太陽中午離我們近，還各自都有相關經驗的證據。正好孔子碰著了，他們就來問孔子，讓孔子來做裁決。孔子怎麼樣？孔子不能決也。然後兩個小孩就嘲笑孔子：「孰為汝多知乎？」——誰說你知識多啊？

《列子》用這句話來嘲笑孔子，實際上，這句話非常好，好在哪裡？好在它讓我們明白一個道理：一個人的思想境界跟知識的多少往往沒有多大關係。孔子確實多知，但那也只是相對的。

不知道太陽何時離我們近，何時離我們遠，根本不能說明孔子不厲害。孔子如果放到今天，他的知識總量未必比得過一個國中畢業生。但我們能說今天的國中生比孔子強嗎？不能。既然如此，我們就要反思：知識面大一些，小一些，真的那麼重要嗎？

可見，一個人厲害不厲害，不是看你有多少知識。有很多知識，是無聊的、瑣碎的，知之無益，不知無害。

荀子曾經講過一句非常好的話，他說有一些知識「不知無害為君子，知之無損為小人」。（《荀子·儒效》）就是說有些東西一個人不知道不妨害他成為君子，知道也不減損他仍是小人。

我們在很多方面無知，這很正常。我們每一個人的知識都是有限的，孔子的知識也是有限的。甚至，他的知識還不及現代人那麼多，但是我們現代人哪一個敢說他的境界比孔子高？這說明一個問題：知識的可貴不在於層面有多大，知識的可貴在於它能否形成我們的判斷力；不在於廣度，而在於高度和深度。

所以，孔子講四十不惑，四十不惑是指什麼？就是指判斷力，尤其是指價值判斷力。什麼叫價值判斷力？價值判斷力就是判斷好壞、是非、對錯、善惡等等的能力。所以我們讀《論語》，重要的不是學知識，甚至也不是接受某一些觀念，最重要的是什麼？是我們能不能像孔子一樣，學會對事物作出應有的判斷。

有些話不能說

現在，我們就從《論語》中來看看孔子的價值判斷力。

如上所述，孔子是有問必答。孔子自己也說過，他無所隱瞞。但是，有意思的是，孔子有時也會拒絕就某些問題作出明確的回答。比如，《論語·述而》上說，「子不語：怪、力、亂、神」，這可能是弟子們總結出來的，也可能是孔子明確宣布的，這幾個東西是禁區，不要問，問也不說。

子貢曾無奈地歎息：

「夫子之文章，可得而聞也。夫子之言性與天道，不可得而聞也。」（《論語·公冶長》）

子貢在孔子的三千弟子中，絕對在前五名之內。對這樣的弟子，孔子都不說。可見他的固執和堅持，不說的，就是不說，沒得商量。

還有一個前五名之內的學生子路，也遭到了孔子的拒絕，子路向孔子如何侍奉鬼神之事，孔子反問：「未能事人，焉能事鬼？」子路不甘心，期期艾艾，又問什麼是死？孔子還是反問說：「未知生，焉知死？」

那麼，我們要問：為什麼對某些問題，孔子不說呢？

我以為，孔子的不說，第一，是因為他老實，「知之為知之，不知為不知」，確實，比起冷幽幽的老子，笑嘻嘻的莊子，火雜雜的孟子，孔子是個老實人。

第二，是因為孔子懼怕。孔子的不說，不僅僅是老實，更多的，乃是因為懼怕：有些問題說不得。

什麼叫價值判斷力？就是對好壞、對錯、美醜、善惡的判斷力。知道什麼事情該做，什麼事情不該做。知道什麼話該說，什麼話不該說。這就是價值判斷力。

西漢劉向的《說苑・辨物》有這樣一則：

子貢問孔子：「人死之後有知還是無知？」

孔子回答：「不說。」

子貢問：「為什麼不說？」

孔子說：「我要是說死者有知，恐怕孝子賢孫會過分厚葬死者而妨害生者的生活；我要說死者無知，又恐怕不孝子孫丟棄死者遺體不加以安葬。所以我不說。」

孔子的意思是，即使是事實，有些事情也不能說，因為，除了事實判斷，還有價值判斷。

從這個意義上說，言者並非全都無罪：那些傷害他人的言論，歧視或導致歧視的言論，都是要負道義甚至法律責任的。

有些問題必須要說

很多時候，說還是不說，是一個問題。但是，有些問題還是必須說。

孔子不是不言「性與天道」嗎？但是，關於人性，他還是說了一句非常重要的一句話：

「性相近也，習相遠也。」（《論語．陽貨》）

這話為什麼重要？我們看看孔子以後，關於人性的爭論就知道了。

根據《孟子．告子上》的記載，關於人性問題，主要出現了四種觀點：

第一，告子的「無善無不善」——人性無善惡，善惡是後天環境的影響；

第二，有子的「有性善，有性不善」——有的人性善，有的人性惡；

第三，孟子的「性善」；

第四，荀子的「性惡」。

我們來做一個判斷：在這四種觀點裡，哪一種最不可取呢？當然是「有性善，有性不善」。因為，這種觀點從人性的角度肯定了人是生而不平等的。並且，更糟糕的是，誰才能說自己善而別人不善呢？當然是統治階級。

這樣，我們回頭看看孔子的話，就會明白，孔子是多麼偉大。他為這個問題設置了一條底線——人性相同（近）。在此之上，就是善，在此之下，就是惡。

我們看，孟子講「性善」，荀子講「性惡」，兩人針鋒相對。但是，兩人都不違背孔子。

不該說的，不說。該說的，一定說。這就是孔子的價值判斷力。

我們再來看看《論語》中孔子對一些敏感問題的判斷。

子為父隱的是非

葉公語孔子曰：「吾黨有直躬者，其父攘[4]羊而子證之。」孔子曰：「吾黨之直者異於是：父為子隱，子為父隱，直在其中矣。」（《論語．子路》）

這是一個聚訟紛紜的問題，直到今天，法律界還在為此爭論。甚至有一些法學專家批評孔子，說他的觀點影響司法公正，甚至導致司法腐敗。[5]

我們有一些專家，只有專業知識，卻缺少價值判斷力。

4「攘」，偷竊。

5父子相隱　這是孔子最早提出來的，是「爲親者諱」的周禮原則在判斷是非與犯罪問題上的反映。孔子認爲，父子之間應該互相隱瞞犯罪，而不應該互相告發。這一主張是以家族爲本位的宗法制度在司法方面的具體表現，也是後來封建法律允許親屬相隱的張本。

我們來分析一下這個問題。父親偷羊，兒子知情，兒子有兩種選擇：

第一，兒子作證，證明父親偷了別人的羊，羊回到了原主人那裡，公正得以維護。但是，父子之間的天倫親情受到了損害。

第二，兒子沉默，父親偷羊之事不能被揭發。羊的主人受到了損失，公正受到了損害。但是父子的天倫親情得到了維護。

兩種選擇，各有利弊。那麼，且讓我們「兩害相權取其輕，兩利相權取其重」。

假如兒子不作證，對法律則損害不大。理由如下：

第一，法律可以通過其他管道獲取證據，一樣可以判決。

第二，即使由於證據不足，不能得到公正判決，一隻羊失竊，也不是嚴重的案件，社會危害不大。

第三，一兩次案件由於證據不足而不能得到公正判決，對法律也沒有危害，並不會損害法律的權威，也不會損害法律的公正。

嚴格地說，法律不是懲罰犯罪，而是懲罰那些證據確鑿的犯罪。相應的，法律不能懲罰那些沒有證據的犯罪。這樣理解法律，不但不會降低法律的威嚴，恰恰維護了法律的嚴肅。

相反，假如兒子作證，對父子親情則損害很大。理由如下：

第一，鼓勵甚至強迫兒子出來指證父親，就必然嚴重損害這對父子的親情，這種傷害遠遠超過一隻羊的損失。

第二，更重要的是，它還開了一個惡劣的先例，那就是，父子可以互相告發。從而暗示社會，暗示人們：父子之間，也不可相信。這就徹底顛覆了人倫。

第三，父子的天倫親情是人類更原始、更基本的價值，這種價值一旦被破壞，社會的基本細胞都要被破壞。而一兩件案件的錯判或有罪而僥倖脫逃尚不能對法律的整體尊嚴產生威脅。

所以，我們得出這樣的結論：孔子是對的，葉公是錯的。

即使從法律角度而言，也有兩條原則：

第一，不能用違法的手段獲取證據。假如把法律比喻為一條河流，那麼，犯罪只是弄髒了河水；而用違法手段獲取證據，卻是弄髒了水源。所以，用違法手段獲取證據，比犯罪更惡劣。

第二，不能用破壞基本價值的方式和代價獲取證據。舉一個極端的例子：當罪犯把違法證據吞入肚子時，能否當場剖開他的肚子取證？答案當然是否定的。因為，剖開一個嫌疑犯的肚子殺死他，就是破壞了基本的價值。

孔子在葉公這裡碰到的問題，後來孟子也碰到了。

桃應問道：「假如舜做天子，皋陶做司法官，如果瞽叟（舜的父親）殺了人，皋陶該怎麼辦呢？」

孟子說：「把他抓起來就是了。」

桃應問：「那麼舜不阻止嗎？」

孟子回答說：「舜怎麼能阻止呢？皋陶是依法行事的。」

桃應說：「那麼舜怎麼辦呢？」

孟子說：「舜把拋棄自己的天下看成好像拋棄一雙破鞋一樣。他偷偷地背起父親逃跑，沿著海邊找個地方住下來，一輩子高高興興地享受天倫之樂，把曾經做天子的事忘得一乾二淨。」（《孟子・盡心下》）

孟子給舜出的主意是：丟棄天子之職，背上父親逃走。這是避免兩種價值發生衝突。

逃跑是舜的事，追捕是法律的事。因拒捕而犯罪，加刑。但犯罪後逃跑，逃避法律懲罰，不加刑。

我們看，在這樣一個重要的問題前面，孔子、孟子顯然比葉公、桃應看得更遠，看得更深。

以德報怨或以直報怨

再看一件事。

或曰：「以德報怨，何如？」子曰：「何以報德？以直報怨，以德報德。」

（《論語・憲問》）

我們也來分析一下。關於如何報怨，有三種選擇：

第一，以怨報怨；第二，以德報怨；第三，以直報怨。

在《老子》裡面，也有「以德報怨」的話，但是，結合上下文，他是贊成還是反對，學術界卻有不同的看法。我們暫且不提。

我們看孔子，孔子可是明確表示反對的，而且，很可貴的是，他還說出了他反對的理由。

我們來看看孔子的回答：「如果你以德報怨，那你拿什麼來報德呢？正確的作法是：用公平來對待仇怨，用恩德來報答恩德。」

首先，我們看，孔子沒有說「以怨報怨」。這是必須堅決摒除的選項。

其次，孔子不是說「以德報怨」不可以，他只是認為不應該提倡，不應該作為一個道德命題來討論。如果某一個人他願意，他是可以這樣做的，並且能這樣做，還可能是很可貴的。

但孔子作為一個倫理學家，他要考慮的是倫理學中的秩序與平衡，假如一個人對我們做了壞事，我們以恩惠來報答他，那麼，另外一個人對我們做了好事，我們應該怎樣報答他？假如對這兩種人的報答是一樣的，那實際上就是打擊別人做好事的積極性，而慫恿別人做壞事。

一個人做壞事理當受懲罰，付出代價，這才讓人不敢做壞事；一個人做了好事理當有好報，這才會鼓勵人們做好事。社會就應當形成這樣的風氣和大環境。

「以德報怨」還會使道德自身很尷尬，道德自身被置於一個或有或無的危險境地。為什麼呢？

因為，從壞人的角度上講，「以德報怨」，使得人的行為結果相同，做好事也好，做壞事也好，結果一樣。道德的約束力沒有了。

其次，從道德的角度講，當道德要求人們對壞人「以德報怨」時，道德首先就自己放棄了自己的職責。

孔子實際上在提醒我們：道德一旦極端化，會有取消自身的危險。

所以，「以德報怨」，看似「道德」，實際上倒是起了不道德的作用，因為這樣做，使不道德的人可以肆無忌憚，不用擔心承擔什麼後果。這樣，從全社會來講，提倡「以德報怨」不但不能促進道德，反而要「促退」道德。

孔子可能還這樣想：對一個傷害過我們的人，讓我們去對他關心、愛護，會讓我們心情愉快嗎？如果不愉快，我們有必要那麼委屈自己去實行道德嗎？道德難道不是讓我們舒展的，而是讓我們委屈的嗎？難道不是讓我們愉快的，而是讓我們壓抑的嗎？實行道德的過程難道不是一個愉快的過程嗎？

所以，孔子提出了「以直報怨」的觀點。

「以怨報怨」可能是真小人。「以德報怨」可能是偽君子。最好的選擇，就是「以直報怨」——用公正來對待仇怨。即使是壞人，他也應該得到公正的對待。既不特別寬恕他，更不過分報復他，讓他得到他該得到的。

極端的道德不是道德

一個真正的道德行為，或者說，一個真正具有道德價值的道德行為，應該是至少滿足這樣三個條件：

第一，道德行為的實行一定要出自道德主體的自覺自願的情感選擇。因為一切強制的「道德行為」都不是真正的道德行為。這是一個必要條件。

第二，道德標準不能傷害道德主體（自願的除外）。

第三，道德標準和道德要求應該人人平等，人人能行。反對單方面權利與義務。

至此，我們發現，孔子是一個非常重視道德的思想家，但是，他不是一個絕對的道德主義者，不是一個道德的原教旨主義者。他堅決反對極端道德。

極端道德有兩種表現形式：

一是要好人極端的好；二是對壞人極端的壞。

要好人極端的好，結果是不道德，我們已經作了說明。

那麼，對壞人極端的壞，又是怎麼樣呢？

第二節　極端就是惡

對壞人極端的痛恨，用極端的手段去對付壞人，結果會怎麼樣呢？

孔子有一句非常重要的話：

「人而不仁，疾之已甚，亂也。」（《論語．泰伯》）

對不仁的人，恨得太過分，也是禍亂——我們可以理解為：天下的很多禍亂，是由絕對道德主義者惹出來的。

因為，我們把道德絕對化，就會用絕對化的手段去懲戒那些不道德的人，而絕對化的手段本身即是不道德的。

用不道德的手段去推行道德，就如同抱薪救火。用不道德的手段去懲罰不道德，又如同以暴易暴。

孔子有一個學生，叫公伯寮，這是孔子學生裡面最差的一個，後人把他稱之為

「聖門蟊螣」，[6]就是孔子門下的害蟲。他竟然在孔子隳三都的關鍵時刻，在季氏的身邊說子路的壞話，導致子路丟了職務，對隳三都的失敗以及孔子的離魯出走都負有相當大的責任。

魯國有一個大夫叫子服景伯，對孔子說：「你的這個學生實在太不像話了，如果你允許的話，我有力量殺了他，讓他暴屍大街。」

我們說對這樣的學生，孔子難道不恨他嗎？不想讓他受到一點懲罰嗎？可是當子服景伯提出要把他殺了的時候，孔子怎麼說呢？

> 子曰：「道之將行也與？命也；道之將廢也與？命也；公伯寮其如命何！」
> （《論語・憲問》）

孔子說：「我的道如果能夠行得通，那是命；如果我的道行不通，那也是命。公孫寮能把我的命怎麼樣呢？。」

孔子嘉許子服景伯的忠心，但斷然不聽他的殺人建議。這就是所謂的是非判斷力。

公伯寮是不好，但是假如我們用殺掉他的方法來對待這樣的人，那我們就更不好了，因為如果用極端的手段，用殺人的手法來清除異己，這就是恐怖主義行為了。

6「蟊」音「毛」，「螣」音「騰」，「蟊螣」即害蟲。

恐怖主義就是極端道德主義的產物。恐怖主義、恐怖行為，可能有自以為是的道德基礎和道德目標，但是比起一般的不道德行為危害更大，結果更不道德。所以人類有識之士永遠都會反對一切形式、一切藉口的恐怖主義。

從這個意義上說，孔子不是一個極端道德主義者，這一點非常重要！

為什麼孔子不贊成人們用極端方式來履行道德？為什麼孔子反對用極端的手段來實現正義、維護道德？因為一切極端手段必然隱含著對另一種價值的破壞。而且，極端手段所蘊含的破壞性往往指向更原始、更基本的價值。

道德必須採取中間標準

我們來看他如何評價一個人。

此人也是一個名人。但是，就是太極端了，極端地想對人好，極端地堅持一些東西，極端地堅持小節，結果卻送了命，還被孔子批評。

這個人就是尾生高，《論語》裡叫微生高。

在《莊子・盜蹠》中記載：「尾生與女子期於梁下，女子不來，水至不去，抱梁柱而死。」

《史記・蘇秦列傳》裡講：「信如尾生，與女子期於梁下，女子不來，水至不去，抱柱而死。」

尾生高，魯國人，以直爽、守信著稱。傳說他與一女子相約在橋下見面，女子沒按時來，尾生高一直在約會處等候。後來，河水暴漲，尾生高不願離開橋下，抱住橋柱子死守，終被淹死。[7]

這樣的極端守信，實在可怕。

因為事實情況會變化，女孩子約會沒來肯定有情況，即使來了，橋下都是水了，那女孩子難道會潛水到下面去約會嗎？所以這就是拘泥的人，太拘泥、太死板、太僵化，沒有一點靈活性。

我們看看孔子在《論語》裡對微生高的批評。

子曰：「孰謂微生高直？或乞醯焉，乞諸其鄰而與之。」（論語・公冶長》）

醯，[8]就是醋。孔子說：「誰說微生高這個人直爽呀？有人向他討點醋，他不直言自己沒有，卻到他的鄰居家去要了點醋給人。」

乍看之下，微生高這個人還真不錯，自己沒有，轉而向鄰居家討來給人。但仔細一想，就不對了：有就說有，沒有就說沒有，何必如此曲意討好別人？何必如此拖泥帶水、小心翼翼？是不是有意去做好人，讓人家感謝他呢？所以，孔子說他不直爽。

做人做事，不能太刻意，刻意會顯得太有心機。也不能太曲意，曲意會變得很繁

7 抱柱之信　相傳尾生高與女子約定在橋下相會，久候女子不到，水漲，乃抱橋柱而死。典出《莊子・盜蹠》。後用以比喻堅守信約。

8 「醯」音「西」。

瑣。長期繁瑣，人必委瑣。人一委瑣，便不足觀。做人乾淨俐落一點，灑脫一點，直率一點，是近乎君子的。人生當然要有道德原則，但是，任何真理，推到極端，就是謬誤。

再看他如何對待自己的兒子。

伯魚之喪母也，期而猶哭。夫子聞之曰：「誰也？」門人曰：「鯉也。」孔子曰：「嘻！其甚也，非禮也。」伯魚聞之，遂除之。（《孔子家語．曲禮．子貢問》）

孔鯉的母親去世了，孔鯉守喪。伯魚對母親感情特別深，守喪期過了，他還在那兒哭。有一天孔子聽到有人在哭，就問：「誰在哭啊？」別人就告訴他：「是伯魚在哭，他在哭他的母親。」孔子就說：「太過分了，沒必要了，喪期已經過了，你應該回歸正常生活了，你天天這麼哭哭啼啼的怎麼回事啊？」

伯魚聽到父親這樣的話，就不再哭了。所以即使對於母親的哀悼之情也要適可而止。

子路也碰到過這樣的情況，子路的姐姐去世了，子路穿著喪服，喪期已過，子路還把喪服穿在身上。孔子告訴他：「你可以把喪服脫下來了，回歸正常生活了。」

子路說：「我的兄弟姐妹少，我不忍心啊。」

孔子說：「這樣不好，你說誰一定會忍心呢？但做事要有分寸。」

接著，孔子告訴子路：「先王制禮，過之者俯而就之，不至者企而及之。」

子路聞之，遂除之。（《孔子家語．曲禮．子貢問》）

「過之者俯而就之，不至者企而及之」——非常精彩！它說出了道德標準的確立原則。

道德標準太高，一般人做不到，道德失效。道德標準太低，德行很差的人都像道德模範，道德可笑。

顯然，先王的禮，不是按最高標準制定的，也不是按最低標準制定的，而是按中間的標準。境界高的人，俯就一些，境界低的人，努力一點。

這就是中庸之道。

曾參與二十四孝

還有一個故事：

孔子的學生曾參在瓜地裡除草，一不小心把瓜苗的根鋤斷了。他的父親曾皙[9]大怒，操起一根大棒，狠狠擊打曾參的背。曾參倒在地上，昏死過去，很久才甦醒過

9 曾點　字皙，孔子早期弟子之一，是曾參的父親。

來。醒來後，他馬上高高興興地站起來，上前對父親說：「剛才我得罪了父親大人，父親大人用大棒來教育我。大棒太重了，你沒累著吧？」

曾參回到自己的房子後，還拿起琴邊彈邊唱，想讓他父親知道，他身體沒事，好讓父親寬心、放心。

這個曾參，是中國歷史上有名的大孝子，據說《孝經》就是他寫的。這個來源於《韓詩外傳》[10]和《說苑．建本》[11]中的故事，真是非常典型。

孔子聽到這事是什麼態度呢？孔老夫子發怒了。

他告訴弟子們說：「曾參來時，不准他進來見我！」

曾參糊塗了。他很委屈：「老師您不是教導我們要孝順嗎？為什麼我這樣孝順，您還生氣呢？」

他求人向孔子請求接見。他要問問老師。

孔子告訴他說：「你沒有聽到過嗎？從前那個瞽叟有個兒子叫舜，舜在侍奉父親時，父親要使喚他時，總在身旁；父親要殺掉他時，卻總也找不到他。父親用小棍子打他，他就忍受著；用大棒子揍他，他馬上逃走。你以為他是怕死嗎？你以為他是不孝嗎？不是啊，正因為他這樣，才保住了自己的性命。正因為他保全了自己的性命，才使得他的父親沒有因為打死兒子而犯下不慈的罪過，而他自己也沒有喪失那真摯的孝心啊！」

10《韓詩外傳》 爲漢朝韓嬰所著，由三百六十則故事構成，每則故事都以一句《詩經》的引文作結。

11《說苑》 漢朝劉向撰，由先秦至西漢的歷史故事與傳說編輯而成，並夾有作者議論。全書共二十卷，《建本》爲其中一卷。

「可你呢？拿身體去承受父親的雷霆之怒，打死也不躲避。你有沒有想過，你一旦被打死了，不是讓你父親陷於不義之地嗎？還有比這更大的不孝嗎？」

一番話，讓曾參醍醐灌頂，冷汗直流。

我們看孔子的這個故事，便知道，後來《二十四孝圖》[12]中的那些極端的孝道，像王祥臥冰求鯉、郭巨埋兒奉母、庾黔婁嘗糞憂心等等，一定為孔子所反對。因為孔子堅決反對用極端的手段去實行道德。用極端的手段去實行道德，本身即為不道德，並且會引起更大的不道德。

後來魯迅先生寫了一篇文章，題目就叫《二十四孝圖》。魯迅寫道：

「我請人講完了二十四個故事之後，才知道「孝」有如此之難，對於先前癡心妄想，想做孝子的計畫，完全絕望了。

……我幼小時候實未嘗蓄意忤逆，對於父母，倒是極願意孝順的。不過年幼無知，只用了私見來解釋「孝順」的作法，以為無非是「聽話」，「從命」，以及長大之後，給年老的父母好好地吃飯罷了。自從得了這一本孝子的教科書以後，才知道並不然，而且還要難到幾十幾百倍……。

我最初實在替這孩子捏一把汗，待到掘出黃金一釜，這才覺得輕鬆。然而我已經不但自己不敢再想做孝子，並且怕我父親去做孝子了。家境正在壞下去，常聽到父母愁柴米；祖母又老了，倘使我的父親竟學了郭巨，那麼，該埋的不正是我嗎？如果一

12 二十四孝　《二十四孝》全名《全相二十四孝詩選》，由歷代二十四個孝子從不同角度、不同環境、不同遭遇行孝的故事集結而成。由於後來的印本大都配以圖畫，故又稱《二十四孝圖》，是中國古代宣揚儒家思想及孝道的通俗讀物。

絲不走樣，也掘出一釜黃金來，那自然是如天之福，但是，那時我雖然年紀小，似乎也明白天下未必有這樣的巧事。」

《二十四孝圖》中，與孔子弟子有關的就有三位：子路百里負米、曾參嚙指痛心、閔損[13]蘆衣順母，都不算過分。過分的絕不屬於孔子。

子路原來家裡很窮，自己吃野菜，但是跑一百多里以外背米給父母吃，這個不算過分。

在《二十四孝圖》裡所講的曾參孝順的故事，就是曾參在外，家裡來了人，為了把兒子叫回來，母親咬了一下自己的手指頭，那邊曾參心靈感應，就趕緊趕回來了。母子之間有心靈感應，這個也挺好，沒有過分的地方。

閔子騫母親去世以後，他父親又給他娶了一個繼母，繼母又生了兩個孩子，一家三個孩子。他的繼母給自己的兩個孩子穿的是棉衣，給閔子騫穿的裡面卻是蘆花。他的父親發現以後，想趕走這個繼母，閔子騫就說：「不行的，你把這個母親趕走了，三個兒子都要受苦，這個母親在，最多一個兒子受苦。」所以這個也不算過分，都是可以理解的。

所以，孔子不是極端的道德主義者，極端的道德主義者就是道德的原教旨主義者，他們往往由出發點的道德蛻化為終點的不道德。甚至，一些奸詐之徒正是通過宣傳極端道德蠱惑人心，以達到他們自己的極端不道德的目的。

13 **閔損** 字子騫，春秋末期魯國人。爲孔門十哲之一，以德行著稱。

子貢之失與子路之得

《呂氏春秋．察微》上記載了這樣兩件事。

一件是，魯國有一條規定，魯國人在國外淪為奴隸，如果有人碰見了，把他們贖出來，可以到國庫中報銷贖金。

這是一條很好的政策，很人道。

孔子的弟子子貢在國外就贖回了一個魯國人，可是他回國後卻拒絕去國庫報銷他花費的贖金。他可能認為，這樣才顯得道德。

可是孔子不這麼看。他對子貢說：

「賜呀，你採取的不是好辦法。從今以後，就不會再有人替淪為奴隸的魯國人贖身了。你如果收下國家的補償金，並不會損害你的行為的價值；而你不肯拿回你抵付的錢，別人就不肯再贖人了。」

為什麼呢？

因為，作為一個人，子貢願意放棄贖金，這是他的自由，無可厚非，更何況他還以此顯示了他的高尚。但他的這個作法使得別人相形見絀，且置別人於尷尬的境地。向他學習就意味著自己要作出犧牲；不向他學習，又顯得沒有人家境界高。

我們知道，子貢是一個很有錢的人，他可以不在乎這些贖金。但其他人未必就不在乎。

最後的結論就是，只有索性不救，才可以避開這種尷尬局面。

這麼一來，不僅魯國的贖人法令成了一紙空文，那些在外國成為奴隸的人也失去了被救贖的機會。

因此，道德不能過分。

另一件事恰巧和它相反。子路救起一名落水者，那人感謝他，送了一頭牛，子路收下了。孔子說：「這樣魯國人一定會勇於救落水者了。」

明白了子貢的作法失在哪裡，就自然明白子路的作法得在哪裡了。我們樂於做好事，尤其樂於做惠而不費的好事；我們樂於做好事，並且不求報答，但對做好事的人給予適當報答，不一定是金錢和財物，也可以是精神上的獎勵，可以促成更多的人做好事。

聖人，確實是明察秋毫，正如《呂氏春秋．察微》評價所說：「孔子見之以細，觀化遠也。」

孔子就在細微之處，見出了大問題。

在我們認為正確的地方，看出了潛在的巨大的危險。

這樣的明察秋毫，就是不惑啊！

第三節　孔顏樂處

孔子從三十七歲回到魯國，一直到五十歲，這中間有十四年的時間，不惑之年的他只做了一件事情——教學生。

《莊子．漁父》曾經描述過這樣動人的場景：「孔子遊乎緇幃之林，休坐乎杏壇之上，弟子讀書，孔子弦歌鼓琴。」

莊子是詩人。我們看他筆下的孔子及其弟子——這是多麼令人心儀的場景！這是孔子個人的生活，卻也是人類的心靈生活；這是孔子個人的場景，卻也是一個民族的場景；這是一個發生在春秋後期的某一瞬間的場景，卻也是存在於歷史的、永恆的場景……。杏壇未必實有，但孔子與弟子這樣的弦歌讀書的場景卻是實實在在地存在的，甚至在他們周遊列國的路上，他們都是這樣的。

這樣的情景，是亂世中的瀟灑與沉著，是那個黑暗世界裡突然出現的光芒，這個光芒，就是孔子以及圍繞在他周圍的弟子們。

天不生仲尼，萬古長如夜。孔子，幾乎是以他一個人的力量，就把一個民族帶出了蒙昧，帶進了文明。

這一段時間，孔子好像忘了世界，從三十七歲至五十歲，他只是和他的學生們廝守，一直優哉遊哉，聊以卒歲。這段時間是他私學蓬勃發展的時期，一大批傑出的學生都圍繞在他的周圍。他和學生天天在一起，討論「道」，討論「仁」，討論「德」，討論這些修齊治平的大問題，他就這麼坐而論道。

這個時候，他一生中最重要的學生大多數都來到身邊了。仲由（子路或季路）、冉耕（伯牛）、閔損（子騫）、冉雍（仲弓）、冉求（子有）、宰予（子我）、顏回（子淵）、端木賜（子貢）。

孔門十哲裡面，除了文學科的言偃（子游）和卜商（子夏），其他德行科的四位：顏淵、閔子騫、冉伯牛、仲弓；言語科的宰予、子貢；政事科的冉有、季路，這八位學生，都到齊了。

在天下無道之時，他們「休坐乎杏壇之上，弟子讀書，孔子弦歌鼓琴」。

他們以自己的快樂，向這個殘酷的世道送去輕蔑的眼神；

他們以自己的從容，向這個混亂的世道展示靜穆的偉大；

他們以自己的言論，向這個刀劍的世道呈現思想的力量。

孟子說人生有三大快樂，其中之一，即是「得天下英才而教育之」。孔子此時，正是處在這樣的快樂人生之中！

據《宋史．道學傳》記載，周敦頤讓受學於他的二程「尋孔顏樂處，所樂何事」，「二程之學亦由此而發源。」

周敦頤讓二程去體會孔子和他的高徒顏回的「快樂」，並尋找他們快樂的祕密，從而進入聖人的內心世界。這果然是通往孔子道德最高境界的方便之門。

孔子的憂與樂

《論語》裡面，不見一個「苦」字，與「樂」相對的，是「憂」字。而「憂」，比如「君子憂道不憂貧」之「憂」，並不是「憂愁」之類的形容詞，而是一個「憂慮」之類的動詞，是一種道義的承擔。

所以，孔子又說，「仁者不憂」，仁者只有憂國憂民，而不會因為自己的得失有什麼憂愁。

實際上，《論語》開篇第一則，就是他「不惑」的宣言：

子曰：「學而時習之，不亦說乎？有朋自遠方來，不亦樂乎？人不知而不慍，不亦君子乎？」（《論語．學而》）

勤奮學習，又能有時間、有心情、有興趣去時時溫習與複習，把所學的東西默記在心，並在心中不斷琢磨、切磋，甚至有所發明，我們怎能不愉快？朋友自遠方來，契闊談宴，真是無比快樂。這快樂不僅在於聚會時的互敘衷腸，還證明了自己的價值與德行。一個人唯其具有了忠誠，有了信義，有了德行，有了能力，才會有真朋友，才會有朋友自遠方來拜望。這又怎能不快樂？

當然，這個「朋」，還可以理解為學生。

《史記．孔子世家》中記載：「定公五年，魯自大夫以下皆僭離於正道。故孔子不仕，退而詩書禮樂，弟子彌眾，至自遠方，莫不受業焉。」

弟子至遠方來，即有朋自遠方來也。朋，即指弟子。

此時的孔子，德高望重，他的教育水準聲譽遠播，愈來愈多的弟子負笈遠來，聚集在他的門下，天下英才，得而教之，那是何等的快樂！

讀書學習快樂，有朋（學生）自遠方來，快樂。但天下不僅僅是快樂事，還有不如意事，不快樂事。比如，自己學問精深、道德深厚、志向遠大，卻無人瞭解，從而得不到相應的尊重與任用，還能快樂嗎？

孔子的回答是肯定的，並且，在這種肯定的回答中，他給我們指出了人內在的快樂。他的思路是這樣的：當我們面對委屈、誤解時，當我們被褐懷玉時，假如能始終保持平靜，不怨天不尤人，豈不是真正的君子！一旦我們在自己平靜的內心中，發現自己是真正的君子，驗證了自己修養的境界，心裡是何等的快樂！何等的自豪！何等的自信！

這三句話，說的不是宗教信仰，不是哲學玄想，也不是後來的理學家、道學家所講的道德上的心性應證。他講的就是我們日常生活中普通人都可以領受的、卻又常常被我們疏忽的快樂。句中描繪的三種情景：學習、朋友來、被人誤解，每個人都會經歷。

孔子告訴我們，這些都會給我們帶來快樂。讀書提升自己，快樂；朋友來了，契闊談宴，快樂；受了委屈，被人誤解，本來不快樂，但是，當突然發現自己已經可以坦然面對這種委屈誤解時，就會為自己有這麼高的境界而快樂！

因為我們能超越一般的人生計較，看穿人生的得失，我們為自己的境界而快樂，我們為自己快樂。這時，我們關注的就不再是生活中的種種不如意，我們是返回了自身：在不如意中，我們非常釋然，我們如此超脫！我們在自己的道德境界中體會到快樂。我們的快樂來自於在不如意時自己的平和心態！

不得不說，孔子這十四年的快樂，與他的學生有關。

孔子不是一個人在那裡孤獨探求，他有眾多的學生，他與他的學生一起探求學問、追尋真理，這是何等快樂的生活！

各言爾志

孔子教學生學什麼呢？

學詩——「不學詩，無以言。」

學禮——「不學禮，無以立。」（《論語．季氏》）

而且還學《易》，學道，學文，學干祿，[14]甚至還有人要向他學稼，學為圃……。

而這一切，都是為了修身，為了齊家，為了治國平天下。

所以，孔子和弟子們在一起，談的都是事關天下蒼生的大事，他們不會求田問舍，[15]不會蠅營狗苟，他們是胸懷天下而又洞穿未來的大丈夫。

顏淵、季路侍。子曰：「盍各言爾志？」子路曰：「願車馬衣裘，與朋友共，敝之而無憾。」顏淵曰：「願無伐善，無施勞。」子路曰：「願聞子之志。」子曰：「老者安之，朋友信之，少者懷之。」（《論語．公冶長》）

顏淵、子路在孔子身邊侍立。孔子要他們談談志向。

子路說：「願意把車馬皮衣拿出來與朋友共同使用，用壞也不後悔。」

顏淵說：「願意不誇耀自己的才能，不張揚自己的功勞。」[16]

子路說：「願意聽聽老師的志向。」

孔子說：「安養老人、誠待朋友、關懷少年。」

子路豪放慷慨，顏回謙虛恭敬，孔子仁慈博愛。天下人，都在他仁慈的注視之中，都在他仁慈的胸懷之內。

14 干，求取。干祿就是求取功名利祿。

15 求田問舍　買田置屋。典出自《三國志．陳登傳》記載劉備批評許汜說：「君有國士之名，今天下大亂，帝王失所，望君憂國忘家，有救世之意；而君求田問舍，言無可采。」

16 「無施勞」除解釋爲「不張揚自己的功勞」之外，另有一說爲「不將煩難的事推到別人身上」，參見《論語今註今譯》（台灣商務）。

子路問君子。子曰：「修己以敬。」曰：「如斯而已乎？」曰：「修己以安人。」曰：「如斯而已乎？」曰：「修己以安百姓。修己以安百姓，堯舜其猶病諸？」（《論語．憲問》）

道德的起點是什麼？是修養自己的身心，提高自己的道德境界，道德的最高理想和最後目標是什麼？是能夠為人民帶來幸福。沒有空洞的道德境界。沒有不關涉他人的獨自的道德修養。一切道德修養最終都要從是否有益於人民那裡受到檢驗。

「修己以敬」，修養好自己，用一顆恭敬心來面對世界。這個恭敬心不僅是指對人恭敬，不僅是指對地位高的人尊敬，不僅是對長輩尊敬。恭敬是全方位的，對整個世界都要有一顆恭敬心，對動物也要有恭敬心，對植物也要有恭敬心。所以古人看到一棵老樹，要鞠個躬，拱拱手，這就是敬。

「敬」是一種氣質，一種心靈的狀態，心靈永在「敬」的狀態之中，這種心就是恭敬心。我們有了恭敬心，對誰都會有一個敬意，對世界萬物都有一個敬意。看到一朵花在那個地方開放，我們就不會隨便把它折下來，而是讓它在那個地方自由開放。我們看到花上有一隻蝴蝶，就不要打擾它，而要讓它做夢。這就是敬，人有這樣的一個「敬」的時候，整個氣質都變了，就是個文明人。這是第一層境界。

「修己以安人」，修養好自己，安頓好他人。這個人是指什麼？是指所有跟我們有直接和間接關係的人，這就是人生的責任。一個人總得要安頓好自己的父母，給他們一個幸福的晚年。一個人總得安頓好自己的愛人，讓他（她）有一個幸福的生活。一個人總得要安頓好自己的子女，給他們一個光明的未來。一個人對親戚、朋友也應該有所交代，有所關照，有所幫助。其他的社會關係也是一樣的。

人是一切社會關係的總和，所以每一個跟我們有社會關係的人，我們都得有所安頓。作為上司，要把下屬安頓好，作為一個企業家，要把所屬職工安頓好。作為產品生產者，要對消費者負責，要保證產品的品質。這就叫「修己以安人」。

一個人做到這一點，那是多好的境界！帶著這樣一顆心胸去做人，那會做得多好！人生在世，就是要安頓他人。

「修己以安百姓」，修養自己，把天下都安頓好。這個境界很高，可能我們做不到。不在其位，不謀其政。《論語》裡面，沒有一個學生問老師將來怎麼找工作，沒有一個學生問老師如何升官發財。也有人問，怎麼樣做官，但是，他們關心的不是要把官做得多大，而是要把官做得多好。整天想著把官做大的人，往往不是好人。常常想著把官做好的人，那才是好人。

快樂的根源

孔子周遊列國的時候，他到過楚國北方的邊境城鎮負函，負函的長官叫葉公沈諸梁。這位葉公有一天問子路：「你們的老師是個什麼樣的人啊？」子路一時倉促，不知如何回答。回來告知老師，孔子埋怨他怎麼不這麼回答：

「其為人也，發憤忘食，樂以忘憂，不知老之將至云爾。」（《論語・述而》）

用功讀書時，便忘記吃飯；興奮快樂時，便忘記憂愁，不知道衰老快要來了。孔子的個性，是一個謎：這個時代苦難太多，孔子卻是從容的；這個時代一片混亂，他卻是淡定的；這個世界處處都是黑暗，他卻是光明的；這個世界一派陰冷，他卻是陽光的。

面對這個世界的無邊苦難，他當然沉重，但他不失快樂！這個世界的眼淚太多，他不免唏噓，但他仍在微笑，在開心地笑！

比較一下老子，我們就能看得出來孔子和老子的時代的反差：《道德經》的晦澀、灰色、陰冷，和這個時代是同一個色調。而《論語》的暢達、明朗、陽光，幾乎成了這個時代的一抹亮色。孔子用他個性的光和熱，照亮了一個灰暗的時代，讓這個時代具有了永遠的溫度。

是的，沒有什麼能讓孔子這樣的聖人消沉。沒有什麼東西能夠剝奪他內心的高貴，有了這份高貴，他就有優勢，可以俯瞰一切挫折，甚至俯瞰一切人間苦難。那是悲憫的眼光，是輕蔑的目光，也是超脫的眼光。

孔子是救世的，但他不是狂者，狂者太急切，易折。

孔子是出世的，但他不是狷者，狷者太純潔，皎皎易污。

這兩類人都不大快樂。孔子是中庸者，他平和而又熱情，執著而又灑脫，堅定而又隨和，這樣的人，當然是快樂的。對孔子而言，讓他快樂的事太多了。由於他具有強健的體格、偉大的人格與健全的精神、完美的人性，他可以感知並領受這世界上的無窮快樂。

孔子為什麼那麼快樂？而且已經六十多歲了，還不知老之將至嗎？我想有兩個原因。

第一，孔子有健康的身體，這一點很重要。所以我們說孔子這個人天賦很高，這個天賦很高，不僅是指智力，還指體力，孔子身體也非常好。孔子活那麼大的歲數，一直在周遊列國，孔子出國周遊時已經五十五歲，天天坐在木輪馬車上，在坎坷的路上顛顛簸簸，一直顛簸到六十八歲才回來，身體不好，誰受得了啊！所以他身體一定很好。人身體好的時候，心情就會好，就會快樂，身體好是快樂的生理基礎。

第二，精神健全。孔子精神很健全，不偏執，不孤僻，不陰冷，很陽光。他內心裡面充滿的不是對別人的怨和恨，是什麼？是寬容和愛。所以漢代有一個學者叫揚雄，他曾經講過孔子，他說：「仲尼多愛。」孔子這個人內心裡有太多的愛，因為有太多的愛，所以他才有太多的快樂，沒有愛不會有快樂。一個人只有有了愛的對象，才會產生相應的快樂。快樂的根源是什麼？是愛。孔子就是一個骨子裡特別有愛的人。

愛好自然

孔子愛自然，自然也就給他帶來快樂。

子曰：「知者樂水，仁者樂山。知者動，仁者靜。知者樂，仁者壽。」（《論語・雍也》）[17]

原來，智者也好，仁者也好，他們都是有情懷的人，有喜愛的人。有喜歡，就有快樂，有愛，就有快樂。我們喜歡山水，山水就會給我們帶來快樂。一個什麼東西也不喜歡的人，也就沒有什麼東西能給他帶來快樂。一個缺少對他人、對世界的愛心的人，他人、世界也就很難給他快樂。所以，孔子在暗示我們，要想得到快樂，就要多

17 知者樂水，仁者樂山　智者喜愛水，仁者喜愛山。聰明人明白事理，反應敏捷而又思想活躍，性情好動就像水不停地流一樣，所以用水來進行比擬。仁厚的人安於義理，仁慈寬容而不易衝動，性情好靜就像山一樣穩重不遷，所以用山來進行比擬。

多建立愛心！

聖人，就是愛心多多的人！就是快樂多多的人！

在孔子眼裡，大自然的一切都是我們快樂的源泉，當然，也是我們道德的源泉。天人合一，是極致的快樂，是快樂的極致。他為什麼要說這樣的話？一方面是告訴我們，他很快樂，一方面也是告誡我們，熱愛自然吧！山水之中，有我們的德性！

孔子喜歡登山。「孔子登東山而小魯，登泰山而小天下。」（《孟子．盡心上》）自然的地理高度，竟然轉化為心靈的心理高度，這種轉化雖然我們還不大了然其原理，但卻是實實在在的。劉勰在《文心雕龍．神思篇》說，「登山則情滿於山，觀海則意溢於海」，我想，一定是人心先有了丘壑，然後才能呼應自然的山水！

登山與臨海往往對稱，孔子有沒有臨海，我們不得而知了，但他是說過：

「道不行，乘桴浮於海。從我者，其由與！」（《論語．公冶長》）

可見，他對大海很嚮往，而且是很浪漫的嚮往，大海何其大？他卻只以一桴浮其上。我們想一想，這是什麼場景啊？煙波蒼茫之中，萬頃茫然之上，一桴二人，何等苦難，何等風流，何等偉大！

子貢問曰：君子見大水必觀焉，何也？
孔子曰：
夫水者，君子比德焉。
遍予而無私，似德；
所及者生，似仁；
其流卑下，裾拘（曲曲折折）皆循其理，似義；
淺者流行，深者不測，似智；
其赴百仞之榖不疑，似勇；
綿弱而微達，似察；
受惡不讓，似包；
蒙不清以入，鮮潔以出，似善化；
至量必平，似正；
盈不求概，似度；
其萬折必東，似意。
是以君子見大水必觀焉爾也。
（《孔子家語》引《說苑・雜言》，《荀子・宥坐》小有異）

孔子從水中看到了什麼呢？他看到了德、仁、義、智……。難怪揚雄說：「仲尼多愛，愛義也！」（《法言·君子篇》）

愛好藝術與好古

孔子不僅愛好自然，他更愛好人類的藝術。誰讓藝術是自然的最高體現呢？

子在齊聞《韶》，三月不知肉味，曰：「不圖為樂之至於斯也。」（《論語·述而》）

這個《韶》樂，那可是帝舜時代的樂曲。孔子對它的評價是「盡善盡美」。現代的古典音樂發燒友，可曾發燒到像孔子這樣？聽到一首好的音樂，竟然三個月吃肉都沒有味道。孔子一輩子愛吃肉，而且，那個時代，肉食不像現在這樣普通啊。

「三月不知肉味」，不是三個月不吃肉，而是三個月肉吃到嘴裡沒感覺，因為他沉浸在音樂裡面。「不圖為樂之至於斯也」，真沒有想到，音樂能把人感動到這樣的程度啊！他常常被音樂感動，感慨萬端。一個人有沒有藝術的細胞，有沒有藝術的鑑賞力，就看他是否能被藝術所感動。

他在魯國聽魯國的樂師演奏音樂，他說：「洋洋乎盈耳哉！」（《論語·泰伯》）滿耳朵都洋溢著美妙的音樂啊。他常常被音樂感動。他如果聽到一個人唱歌唱得很好，就一定會把那個人攔住，求人家再唱一遍，然後他跟著唱。

嗨！人生天地間，滿眼山水，滿耳音樂。我有雙眼，天地便有山水；我有雙耳，人間便有音樂。

這是孟子的「萬物皆備於我」，又是莊子的「天地與我並生，萬物與我為一」！這是多麼圓融純粹的人生啊！這就是聖人的人生！哪裡用得著爭名奪利，鈎心鬥角；哪裡用得著甘脆肥膿，錦衣玉食；哪裡用得著紫袍玉帶，高樓大廈；哪裡用得著鐘鳴鼎食，聲色犬馬；造化創造的一切，足以讓我們享受合乎道德的快樂人生！

根據司馬遷《史記·孔子世家》記載，孔子晚年回魯，整理《詩經》，「三百五篇孔子皆弦歌之」，這是多麼宏大的樂章！這是多麼豐盛的藝術盛宴！

孔子還有一個愛好，那就是在《論語》裡，兩次記載的，他自己說的「好古」。

子曰：「述而不作，信而好古，竊比於我老彭。」[18]（《論語·述而》）

子曰：「我非生而知之者，好古，敏以求之者也。」（《論語·述而》）

18 **老彭**　即彭祖，殷商時賢大夫。

孔子說：「傳述而不創作，信守並喜愛古代文獻，我把自己比作我的老彭。」

孔子一直把自己當作古代文化的傳承者，所以他說自己在「述」。但實際上，他還是一種文化的開創者，所以他決非「不作」。「不作」只是聖人的謙虛。他如同這樣一個池子：上面的水都流進他這個池子，而下面的水又都從他這個池子流出。孔子之前的文化，賴他而傳；孔子之後的文明，賴他而開。

大哉！孔子！

好學與德行的追求

孔子一生，愛自然，愛藝術，好古，但他最大的愛好，乃是好學。而好學，給他帶來了隨時隨地的快樂。

子曰：「知之者不如好之者，好之者不如樂之者。」（《論語．雍也》）

人要快樂，先要培養正當有益的愛好。好學是一種愛好，好學更是一種素質，好學才能有所成就。而且，好學才能夠給我們帶來快樂。讀書不僅僅是長知識，它能夠讓我們度過一些無聊寂寞的時光。很多快樂都需要有別人在場，有一種快樂只要有書就行，那就是讀書！所以好學之人，等於說是給自己找到一條不需要外在條件的快樂之道。

還有，孔子的快樂，最終來自於自己的德行，來自於自己對於德行的愛好和追求。在普遍的「好色不好德」的世道裡，孔子發現，只有好德，才能給人帶來一生的快樂。

有一次，子路問孔子：「君子也有憂愁嗎？」

孔子回答：「沒有。君子修行大道，在還沒有修成的時候，享受修行的過程；等到終於達到了大道，又享受修行的結果。所以，君子享有終生的快樂，而沒有一日的憂愁。小人則不然。他在沒有得到所求之物時，為不能得到苦惱；等到終於達到了自己的目的，又擔心會失去所有。所以，小人有終生的憂愁，卻沒有一日的快樂。」（《孔子家語．在厄》）

難怪孔子說：

「君子坦蕩蕩，小人長戚戚！」（《論語．述而》）

在孔子的學生中，子夏有他的嚴肅卻沒有他的快樂，曾參有他的沉重卻沒有他的快樂，子路有他的勇敢卻沒有他的快樂，子貢有他的智慧卻沒有他的快樂。冉求多才多藝卻失之於算計，算計就不快樂了；子張才高志大卻失之於自負，自負就不快樂了。能夠得孔子快樂之旨的，大約有兩個人，他們都受到了老師的特別誇獎：一個是曾皙，一個是顏回。

孔子有一次要子路、冉求、公西華和曾皙談談志向。前三位個個都雄心勃勃，對自己的能力和專長進行了演繹。輪到曾皙，他卻出人意料地說出一番和治國平天下毫無關係的話來：

曰：「莫春者，春服既成，冠者五六人，童子六七人，浴乎沂，風乎舞雩，詠而歸。」

有人把這幾句翻譯為：

二月過，三月三，
穿上新縫的大布衫。
大的大，小的小，
一同到南河洗個澡。
洗罷澡，乘晚涼，

回來唱個山坡羊。

沒想到，這樣的逍遙自在，卻得到了孔子的由衷讚揚：

夫子喟然歎曰：「吾與點也！」（《論語．先進》）

孔子是一個有情懷的人，他被曾皙感動了。以至於完全忘了這次談話的主題，忘記了什麼治國平天下，這就是「樂以忘憂」啊！

他說他的弟子顏回，是一個貧窮而快樂的人：

子曰：「賢哉，回也！一簞食，一瓢飲，在陋巷，人不堪其憂，回也不改其樂。賢哉，回也！」（《論語．雍也》）

而對於他自己：

子曰：「飯疏食，飲水，曲肱而枕之，樂亦在其中矣。不義而富且貴，於我如浮雲。」（《論語．述而》）

吃粗糙的食物，喝一瓢涼水，枕頭都不要，人生下來，枕頭自帶，快樂自有！不義而來的富貴，就像天邊的浮雲一樣，揮揮手，兩無猜。我們看孔子有多瀟灑？誰能夠把富貴看成浮雲，誰就真的徹底解放了，誰就真的徹底解脫了，誰就真的徹底瀟灑了。

所以，「不義而富且貴，於我如浮雲」這一句是大瀟灑，有這個大瀟灑，才能有大快樂，才能放得下、拿得起，才能捨得出、得著來。

難怪他最欣賞顏回，他們都是大瀟灑人，大捨得人，他們都是天生的大快樂人！

但是，這樣的大哲，在亂世之中，獨守杏林，心如止水，倒讓別人非常疑惑起來。

而孔子本人，在經過不惑之年以後，迎來了他的知天命之年。

第四章

五十知天命

孔子說的「知天命」包括：一、我們必須認知天命，認識到天命確實存在；二、我們必須敬畏天命，敬畏這些命定的先天的一切；三、我們必須履行天命，這個天命就是：人有道德的使命，負有建設道德世界的責任。知天命的人有超越常人的精神力量，這個力量來自對天命的認知、敬畏和履行。

第一節　人就是天命

孔子在和弟子們切磋學問、暢談人生中，不知不覺，迎來了他的天命之年。

《論語》裡，孔子兩次直接談到「天命」。並且把它和君子的基本修養結合在一起。

孔子曰：「不知命，無以為君子也；不知禮，無以立也；不知言，無以知人也。」（《論語．堯曰》）

子曰：「君子有三畏：畏天命，畏大人，畏聖人之言。小人不知天命而不畏也，狎大人，侮聖人之言。」（《論語．季氏》）

我們曾經有一種觀點，認為天命是不存在的，是迷信。其實，孔子所說的天命，第一，它客觀存在；第二，它不但不是迷信，還是正信。

那麼，孔子的「天命」，到底有什麼內涵，我們現在不能確切地知道。但是，大致應當包括客觀和主觀兩個方面：

客觀方面是指，天命包括人與自然的關係、人與社會的關係、人與人的關係、人的命運……等等。這些都是先我們而存在，是不以我們的主觀意志而改變的。比如，我們生在地球上，生在我們的國家，這就是天命。我們生而為人，這也是天命。

我們生在這樣的家庭裡，有這樣的父母、兄弟、姐妹，這也是天命。這一切，都是我們必須認知和認同的，必須無條件接受的。

接受了這些之後，我們還得盡相應的責任，這就要講到天命的主觀方面了。主觀方面是指，天命包括人的道德責任、為人的準則、人的出處窮通等豐富的含義。

也就是說，能認識到人是有道德使命的，即，人不僅是一個道德的存在，從而區別於一般動物；而且，人還負有建設道德世界的責任。

認知、敬畏、履行天命

所以，按照孔子的理解，他的「知天命」的「知」，不僅是指「知曉」，「認知」，更是「履行」，是「知行」的合一。

具體地講，就是以下三點：

第一點，我們必須認知天命。

認識到天命確實存在。人總是在一定的條件下生存，在一定的背景下寄託，在一定的憑藉中發展。而且，生而為人，必須有所承擔，這樣的承擔，無從推卸，因為是我們與生俱來的天命。

第二點，我們必須敬畏天命。

敬畏這些命定的、先天的一切，而不是嫌棄這些。這是敬畏心。

那麼，敬畏天命，會不會導致我們隨波逐流、得過且過、聽之任之、無所作為呢？不會。因為天命本身包含了我們主觀上的努力，尤其是包含了我們必須承擔的道德責任。

第三點，我們必須履行天命。

知天命即是知「使命」。在認識到並敬畏這既定的人生依託的前提下，也能認識到人作為萬物之長，這也是天命力量的一部分，天意表現在個體身上，就是個體的歷史使命，知天命、知天意、知天道，也就是知道自己的歷史使命，即歷史使命感。

從而順應既定的條件、背景和憑藉，乘勢而為，百折不撓向著命定的方向前行，完成自己的歷史使命。所以，敬畏天命可以使我們擁有一個更加積極和義無反顧的人生。也就是說，知天命不僅使我們有敬畏心，還賦予我們進取心。

認知天命，是仁；

敬畏天命，是禮；

履行天命，是義。

所以，孟子說：「居天下之廣居，立天下之正位，行天下之大道。得志，與民由之，不得志，獨行其道。」（《孟子・滕文公下》）

什麼叫「由之」？什麼叫「行」？就是順應天道、履行天道。

如果說，《論語》開篇第一則是孔子不惑之年的宣言，那麼，下面這一則就是他知天命之年的宣言。

子曰：「莫我知也夫！」子貢曰：「何為其莫知子也？」子曰：「不怨天，不尤人，下學而上達。知我者其天乎！」（《論語・憲問》）

孔子感慨：「沒有人瞭解我啊！」好像有一絲寂寞，其實是大欣喜。

「莫我知也」者，不是遺憾之言，而是得意之言。為什麼？因為後面回答「知我者其天乎！」

孔子上達天命，下行天道（也是自身人間使命），此種境界之上，只有與天地相對了。

孔子知天，天知孔子。

只能與天地相對，當然有寂寞。能與天地相對，才是人生的大境界！

一個知天命的人，具有超越常人的精神力量。

說得極端一點，人的精神力量的來源，就是對天命的認知、敬畏與自覺履行。

一個只有自我功利盤算和追求的人，只有慾望的力量，而不可能具有百折不撓的精神力量。

一個民族也是如此。

我們來看看，知天命的孔子，有著哪些精神力量。

孔子的精神力量

第一，天命賦予孔子義無反顧的使命感，是孔子精神力量的來源。

子路宿於石門。晨門曰：「奚自？」子路曰：「自孔氏。」曰：「是知其不可而為之者與？」（《論語．憲問》）

子路在石門（曲阜外城的城門）住了一夜。早晨負責開啟城門的人問：「從哪裡來？」子路說：「從孔氏那兒。」這人說：「是那個明知不可能成功而仍要堅持去做的孔氏嗎？」

錢穆在《論語新解》書中釋此章曰：「孔子之知其不可為而為，正是一種知命之學。世不可為是天意，而我之不可不為則仍是天意。道之行不行屬命，而人之無行而不可不於道亦是命。孔子下學上達，下學，即行道。上達，斯知命矣。然晨門一言而聖心一生若揭……。」

人接受自己的命運，不是消極和被動的，更不是指一切聽從命運安排，自己袖手旁觀，束手無策，隨波逐流。恰恰相反，是指對於自身命運的義無反顧的擔當：既然這份重擔是自己的命，那就無怨無悔擔當它，任勞任怨完成它！

俗人常常以「知其不可而為之」為愚蠢。其實，孔子已經「知其不可」何來愚蠢？已經「知其不可」卻又「一意孤行」的「為之」，這就顯示出一種偉大的、絕不平庸的、孤絕的人格與精神。這是一種古典的、悲劇式的崇高，是人類精神超絕一切生物之上的證明。有此精神，人才可能由凡入聖、優入聖域。

現在很多人一定要證明孔子其實不過是個凡人，沒錯。但是，孔子已經由凡而聖，終究是個聖人！有幾個凡人能夠「知其不可而為之」？就憑著這一點，孔子就把絕大多數「凡人」——包括那些力證孔子「不過如此」、對孔子缺少足夠敬意的學者——遠遠拋在後面。

「知其不可而為之」是孔子精神的定評。

第二，不怨天，不尤人。

此前我們說過，孔子的學生公伯寮對季孫斯說子路的壞話，導致子路失去職務，導致季孫斯對孔子失去信任，對孔子在魯國的失敗負有一定的責任。但是，當子服景伯把這事告知孔子，並說憑他的力量可以把公伯寮的屍首擺到大街上示眾的時候，孔子說：「我的道能得到實現，是天命；我的道將被廢掉，也是天命。公伯寮能把天命怎麼樣？」

孔子的意思是：既然人有天命，人在人生旅途中所碰到的一切，無非是天命的一部分。公伯寮何嘗不是我命中註定要碰上的呢？既然如此，我又何必怨他呢？他是我的命啊。

天命讓孔子通達、寬容、善待一切，包括自己的對手。

第三，淡泊寧靜。

子曰：「飯疏食，飲水，曲肱而枕之，樂亦在其中矣。不義而富且貴，於我如浮雲。」（《論語·述而》）

子曰：「富與貴，是人之所欲也；不以其道得之，不處也。貧與賤，是人之所惡

也；不以其道得之，不去也。君子去仁，惡乎成名？君子無終食之間違仁，造次必於是，顛沛必於是！」（《論語．里仁》）

什麼叫「不義而富且貴」？就是無視天命強取富貴；什麼叫「不以其道得之」？就是不合天命非法得之。

富貴如果是我們的命，得之，好。貧賤如果是我們的命，受之，也是好。粗茶淡飯喝涼水，如果是命，何礙我們的歡樂？

肥馬輕裘享富貴，如果不是命，又何益於我們的歡樂？

用孟子的話來說，君子的天命是：居仁由義。

如果世道好，居仁由義就會富貴，那真是大幸福，我們笑而受之。

如果世道不好，居不仁由不義才能得富貴，那真是大不幸，我們就笑而卻之。

君子有倉促急迫之時，有流離困頓之時，但君子既然承擔了安頓天下的使命，他就必須永遠與「仁」同在。這就是知天命！

孔子告訴我們說：「我的道德使命、歷史使命是『仁』，走在這條道路上，造次也好，顛沛也罷，我義無反顧，奮然前行！」

我待賈者也

奮然前行的他，隨著天命之年的到來，孔子將履行一項新的人間使命。

從三十七歲一直到五十歲，這十四年的時間，孔子在政治上沒有什麼作為，他主要的精力放在辦學上，教學生。當然，教學相長，他自己也在這個過程中不斷地提升自己的境界。孔子後來被稱為「大成至聖先師」。「大成」相對的詞叫「小成」。「小成」就是學會了一門技術、一項技能。什麼叫「大成」？就是人格精神的修養臻於完善的境界。

所以孔子這十四年，「循道彌久，溫溫無所試。莫能己用。」（《史記・孔子世家》）世界把他忘了，他也好像忘了世界，從三十七歲至五十歲，他只是和他的學生們廝守，優哉遊哉，聊以卒歲。

但天下洶洶滔滔，禮壞樂崩。而孔子的名聲愈來愈大，影響愈來愈大，人們對他的期待愈來愈大。孔子不出，於蒼生何？

一般人想不通：

> 或謂孔子曰：「子奚不為政？」子曰：「《書》云：『孝乎惟孝，友於兄弟，施於有政。』是亦為政，奚其為為政？」（《論語・為政》）

有人問孔子：「你老先生為什麼不從政？」

孔子笑著說：「哪裡哪裡，我這樣做，也是為政嘛。」

有根據嗎？有。

《尚書》上說：「孝啊，悌啊，孝順父母，友愛兄弟，把這種風氣推廣到政治上去。」這不就是從政嗎？

孔子後來對中國政治的影響極大，但是，這種影響不是來自於他的從政實踐，而是通過他的思想去影響政治，他最終成了「萬世師表」。[1]中國幾千年的政治都受他的影響，我們說孔子不從政嗎？他不僅在他那個時代從政了，可以說，直到今天他還在從政。

孔子一直沒有離開我們，他一直存在。法國哲學家沙特就講過：「偉大的歷史人物由於他一直在影響歷史，所以他對我們所有的人來說，他不是一個死去的人，他只是一個缺席者。」這話講得非常好。在當今社會中，孔子只是一個缺席的人。

但是，他同一時代的人還是希望他為那個時代做些具體的事，尤其是在禮崩樂壞之際。

他的學生開始著急。

1 萬世師表　其意義最早見於《三國志．魏志．文帝紀》：「昔仲尼大聖之才，懷帝王之器……可謂命世之大聖，億載之師表者也。」稱讚孔子是千秋萬代人們的表率。到清朝時，康熙皇帝親自寫了隸書的匾額「萬世師表」，下詔掛在孔廟大成殿梁上，從此，人們便稱頌孔子是「萬世師表」。

子貢曰：「有美玉於斯，韞櫝而藏諸？求善賈而沽諸？」子曰：「沽之哉！沽之哉！我待賈者也。」（《論語．子罕》）

子貢善於說話，是言語科的高材生，是傑出的外交家。又善於經商，是成功的商人。你看他和老師說話，既像外交辭令，又像商業談判：「有一塊美玉在這裡，是把它放入櫃子裡收藏起來呢？還是找一個識貨的商人賣掉它呢？」

孔子還是笑著說：「賣它啊，賣它啊。我是在等待一個識貨的商人呢。」也是外交辭令加商業用語。師生二人，莫逆於心。但是，識貨的商人在哪裡呢？這個商人馬上就出現了。不過，不是一個正經貨色，雖然開價很高，也還是不能明珠暗投。

陽貨與孔子

什麼貨色呢？說起來有點滑稽，竟然是他最為反感的亂臣賊子，而且，還是三十多年前把他從季氏家門口趕出來的那個陽貨。

此時的陽貨通過控制季氏進而控制了魯國的大權。但作為一名家臣，他這種不擇手段所取得的大權，使他心裡很虛怯。所以，他想培植自己的勢力與群眾基礎。有著極大聲望與影響的孔子便是他首選的拉攏對象。他先放出風聲，想讓孔子去見他。但孔子裝著不知道，不去見，他沒辦法。

但是，詭計多端的他，還是想出了一個辦法。他打聽到孔子不在家，便給孔子家送去了一隻蒸熟的（孟子的說法）小豬。按那時的規矩，大夫給士送禮物，如果士不在家，沒能在家裡接受並拜謝，就要回拜大夫。陽貨就是要用一隻蒸熟的小豬來換得孔子的回拜。

陽貨精於算計，但孔子也不傻。孔子回到家，看到這只小豬，就明白陽貨的意思了。怎麼辦？操斧伐柯，其則不遠，以其人之道還治其人之身。孔子打聽到陽貨不在家時，便假裝去拜見。可不巧得很——也可以說是巧得很——孔子竟在路上遇到了陽貨！

陽貨此時權勢顯赫，說話的口氣也很霸道：「過來！我對你說！——一個人收藏自己的才能而聽任國家混亂，那叫仁嗎？」

——道理很正派，孔子無奈，只好說：「不可。」

——「那麼，一個想要從政的人，卻屢次錯過機會，能叫智嗎？」

——也對。孔子只好又回答：「不可。」

——「那你還等什麼？日月逝矣，歲不我與！」

孔子已經是五十歲的人啦！還不快到他那兒去報到！

陽貨這時已是圖窮匕首現了。

孔子只好虛與周旋：「好吧，我準備去。」（《論語．陽貨》）

由此可見，陽貨一心要逼孔子出來做官，幫他做事，他的每一句話都咄咄逼人，而孔子的每一句話都是在敷衍。一個急切而帶威逼色彩；一個懶洋洋而很無奈，卻又不能公開絕裂。陽貨極剛，孔子極柔，極剛遇極柔，竟讓陽貨的拔山之力無處施放。孔子沒有冒犯他，沒有拒絕他，他還能怎樣？看起來是陽貨處處占上風、得寸進尺，孔子是處處退守、步步為營，但到最後，陽貨大約只能悻悻而退，而孔子則迤迤而還。誰是真正的勝利者呢？

陽貨此時是真的想請孔子出山。但是，他自己可能沒想到，或者不願承認的是：孔子不出山，正是因為他。

陽貨不是一個簡單的人。他的才幹與見識確實在定公、三桓之上。只可惜他的身分只是一個陪臣，不可能有高遠的政治眼光與理想。而孔子又是維護貴族統治並有著偉大的政治理想的，所以兩者無法合作。

陽貨很有膽識，深受季氏信任，逐漸把持了季氏家室的權柄。魯定公五年，季平子死，其子季桓子新立，陽貨發動政變，囚禁季桓子，逼迫他出讓執掌國政的大權。從此，陽貨挾季氏以命魯侯，實際上掌握了魯國大權。

次年，陽貨與魯侯、三桓盟於周社，與國人盟於亳社，詛於五父之衢，[2]又取得了「陪臣執國命」[3]的合法地位。自此，這位出身微賤的季氏家臣，憑藉自己的狡黠

2 五父之衢　魯國曲阜東南的大道，魯人盟誓時，往往在此舉行詛咒儀式，詛咒違背盟誓的人。「衢」音「渠」，四通八達的大道。

3 陪臣執國命　「陪臣」即臣之臣，如諸侯國的卿大夫對諸侯稱臣，對天子則自稱「陪臣」；卿大夫的家臣對諸侯而言，也稱「陪臣」。

與權謀，一時成為魯國的主宰。以至於魯國人都得服從他，違背他就相當於尋死。

孔子很感歎陽貨得志，很惋惜三桓政治勢力的衰落。

孔子曰：「天下有道，則禮樂征伐自天子出；天下無道，則禮樂征伐自諸侯出。」（《論語．季氏》）

春秋後期，周天子已失去了控制天下諸侯的能力，各諸侯國各行其是，還互相攻伐。比如魯定公就不聽周天子的。可這些諸侯怎麼樣呢？也往往大權旁落，比如魯國國君的大權就落到了季氏等大夫手裡。大夫又怎樣呢？也有很多不能自己作主了，因為家臣控制了他們。如季氏就被家臣陽貨控制了。

天子管不了魯君，魯君要聽季氏的，季氏又要聽陽貨的……。在孔子看來，這是國家政治權力秩序極度混亂的表現，其結果便是天下大亂，國破家亡。

陪臣執國命的時代

孔子既痛恨「陪臣執國命」的現象，當然不會阿附陽貨，況且此人在三十年前還侮辱過他。

真是三十年河東，三十年河西。三十年前孔子主動投靠，卻被趕出，三十年後陽貨一心拉攏，孔子卻敬而遠之了。

想起來也很有些黑色幽默的味道：孔子這位最講究正當的政治秩序、最討厭亂臣賊子、最反對陪臣執國命的人，偏偏是陽貨對他最早發出了邀請執政的信號。

後來，陽貨的同黨、擔任季氏費邑宰的公山弗擾，[4]以及晉國大夫范氏、中行氏的家臣佛肸[5]這些亂臣也都向他發出邀請信號，希望他出山。

而真正統治各國的各路諸侯，卻對他視若無睹。

這真是具有諷刺意味啊。

但孔子最終在魯國的出仕卻與陽貨有極大的關係。這是為什麼呢？

因為陽貨權力慾極度膨脹，他要取代「三桓」：殺掉季氏的現任家長季桓子，另立比較聽話的季寤；殺掉叔孫氏的現任家長叔孫武叔（叔孫州仇），換上更聽話的叔孫輒；而孟孫氏，乾脆不用他人，直接殺掉孟懿子。

對權力的慾望如同體內的毒瘤，如果不切除它，它就會在體內瘋長，最後吞噬自己。陽貨就這樣被自己的權力慾吞噬了。陽貨的謀反失敗，逃到齊國。他把魯國的汶陽、鄆、讙、龜陰之地獻給了齊國，算是給齊國的見面禮。

陽貨事變，給了三桓極大的震動，他們的家臣不僅要奪取國家的權力，而且直接要他們的身家性命。他們第一次認識到陪臣執國命，不僅是執了國命，甚至是要他們的命，對國命他們可以不關心，但他們不能不關心自己的命。

4 史記中作公山不狃。

5 「肸」音「細」。

現在陽貨之變僥倖平息了，但誰能保證不再出現第二個陽貨？況且陽貨的同黨公山弗擾、叔孫輒等人仍占據費邑，一旦機會成熟，誰能保證他們不反叛？其他權勢很大的家臣如叔孫氏手下的公若藐、侯犯，還有此次參加平叛的且有大功的孟懿子手下的公斂處父，會不會在羽毛豐滿之後，再變為第二個陽貨？

其時，他們終於認識到反對「陪臣執國命」的孔子，想起了孔子的忠告，意識到孔子的政治頭腦與敏銳眼光對他們治理魯國的重要性，他們終於想借重孔子來緩解政治危機了。

孔子一生中難得的政治機遇終於出現了。

第二節　天下無賊

魯定公九年，孔子五十一歲，剛過知天命之年的孔子，被魯國政府任命為中都宰。

中都是魯國西北部的一個城邑。在今山東汶上縣西約四十里。這是一個小邑。根據《孔子家語．相魯》的記載，孔子用禮的方法來治理中都。一年後，中都的男子在道路右邊行走，女子在道路左邊行走；馬路上丟失的財物，沒有人拾取，所用的生活用具也樸實無華，實用而不講究形式和包裝，人民的日常生活和養生送死都有禮有節。而且，根據人的才能大小，授任不同職務。一年以後，當地的社會風氣為之煥然一新，四方的諸侯都紛紛效仿。

多年以後，孔子的弟子言偃（子游）[6]在魯國的一個小城邑武城任行政長官，孔子去看望，和他開玩笑：

子之武城，聞弦歌之聲。夫子莞爾而笑，曰：「割雞焉用牛刀？」子游對曰：「昔者偃也聞諸夫子曰：『君子學道則愛人，小人學道則易使也。』」子曰：「二三子，偃之言是也。前言戲之耳。」（《論語．陽貨》）

孔子到了武城，聽見彈琴唱歌的聲音。孔子莞爾一笑：「殺雞哪裡用得著宰牛的刀呢？」子游沒有聽出老師的玩笑之意，不服，回答說：「過去我言偃聽老師說：『君子學了道，就能惠愛百姓；老百姓學了道，就容易使喚。』」孔子轉身對身邊的人說：「各位，言偃的話對啊。我剛才是跟他開個玩笑啊。」

孔子為什麼和子游開玩笑呢？因為他的心情特別好。為什麼呢？因為他的弟子、武城的行政長官言偃正在武城實踐著他的以德治國的理論呢。聽著滿城飄來的弦歌之聲，好像他所嚮往的古樸民風又回來了，他能不高興嗎？

說不定，孔子也想到了自己初次仕魯任中都宰的經歷吧。中都也是一個相當於武

6 **言偃** 姓言，名偃，字子游。春秋末年吳國人，在孔門十哲中以文學著名。

城的小邑，而且，他也就是從那小地方著手，做出了大成績。於是，我們就能明白孔子此時和子游開玩笑的深層次原因了——他自己在當時不是一把更大的牛刀嗎？他就用牛刀殺雞，而且，殺的效果很好。

要知道，牛刀殺雞，是委屈了牛刀，而不是牛刀不能殺雞。

實際上，如果追溯起來，孔子在中都宰之前，還從事過更多的低賤的事務：孔子為季氏委吏、乘田，即使這樣的小官，他也認真去做，並且做得比別人好。

這就是一種態度，態度是一個人的素質最為重要的方面。腳踏實地，做一件成一件。這是一種職業道德，是職業操守。

中都治理的成效如此好，魯定公當然很高興，召見孔子，問他：「仿效你治理中都的辦法治理魯國，怎麼樣？」

這句話包含的意思太明顯啦：魯定公要孔子來治理魯國了！

孔子對自己初次出仕取得的成績也很滿意，就很自信地說：「即使用來治理天下也可以吧！何止一個魯國呢？」

這就不但表示了自信，而且是給魯定公信心了。

從小司空到大司寇

魯定公當然對孔子有信心。他升任孔子為大司空的副職小司空，大司空是大夫，小司空是下大夫。我們講，如果大司空是部長，小司空就是部長助理或司長。孔子由地方到朝堂了。

司空又叫司工，掌管水土之事，諸如營城起邑，疏浚溝洫等一切水土工程。郊祀時，還負責掃除、樂器等。

孔子為小司空後，把魯國的土地分為山林、川澤、丘陵、高原、平地，根據其不同土地屬性，指導百姓種植和漁牧，農林漁牧，全面發展。他的工作再次得到魯國政府的肯定。

但是，這個職務有一個尷尬之處。那就是，他是小司空，是部長助理。那麼，部長是誰呢？正是孟懿子。我們知道，孟懿子是孔子的學生，年齡比孔子還要小二十歲。老師給比自己小二十歲的學生做部下和助手，雙方都會有尷尬和不便吧？還好，孔子政績突出，又德高望重，很快就又升遷為大司寇。這樣，孔子終於取得上大夫的地位了。

司寇是國家的最高司法長官，位同卿大夫。一個非貴族出身的人擢升卿大夫，在當時是不多見的。可見魯定公很信任孔子，三桓也樂意。而孔子，也是才堪所任、實至名歸。但是，還是有很多的貴族子弟並不樂意。

《呂氏春秋．先識覽第四．樂成》記載：「孔子始用於魯，魯人鷖[7]誦（諷誦）之曰：『麛裘而韠，[8]投之無戾；韠之麛裘，投之無郵（尤）。』用三年，男子行乎

7「鷖」音「醫」，通「緊」，語氣詞。

8「麛」音「迷」，幼鹿。「韠」音「必」，蔽膝。

途右，女子行乎途左，財物之遺者，民莫之舉，大智之用，固難逾也。」

這些貴族怨恨地唱道：「鹿皮袍子多寒酸？彩繪蔽膝多堂皇！鹿皮哪能佩蔽膝，摘掉下去才像樣！」

蔽膝是古代宮服的一種皮製裝飾，裘是鹿皮做的上衣，是一般人穿的，鹿皮的上衣配上一個蔽膝，不相稱。

這是在諷刺孔子的身分，和他今天所得到的地位、權力是不相稱的，要把他的頭銜剝奪了才解恨。

這是那一幫貴族對於孔子做大司寇的一種反應。

總有一些人，自身不努力，卻一再怨恨別人有所成就。有出息的人，動手做事。沒出息的人，動口罵人。

不過，遭到這些人的風言風語的反對，恰恰可以證明孔子的實力。正是他的實力，使得魯定公和三桓不惜冒犯眾多貴族紈褲子弟，給孔子這麼重要的任命、這麼重要的地位和權力。

還有一些人從另一方面證明了孔子的實力。

有個羊販子，名叫沈猶氏，經常一大早把羊餵飽喝足，增加重量，然後趕到市場上賣，這是一個奸商；有個叫公慎氏的人，其妻淫亂，他卻睜一隻眼閉一隻眼，不加管束，這是一個懦夫；還有個叫慎潰氏的人，平時胡作非為，違法亂紀，這是一個刁民；還有一些牛馬販子，隨意提高售價。

這些人得知孔子當上最高司法官後，都十分緊張。

結果，沈猶氏不敢在出售羊的當天早上把羊肚子灌滿，公慎氏和他老婆離了婚，慎潰氏趕緊離開魯國，牛馬販子也不敢亂漲價。（《荀子‧儒效》；《新序‧雜事》）

這就說明：第一，魯國的治安不好；第二，魯國當時的民風也不是很好；第三，孔子的威望與道德人格，具有極大的號召力與震懾力。孔子不怒而威，並沒有用嚴刑峻法，他就是用自己的威望讓這些人自覺地收斂了自己的行為。這也是不戰而屈人之兵啊。

統治者的責任

孔子為魯司寇，斷獄訟皆進眾議者而問之，曰：「子以為奚若？某以為何若？」皆曰云云如是，然後夫子曰：「當從某子幾是。」（《孔子家語‧好生》）

作為魯國的最高大法官，每一件案子，他都非常慎重地與同事和下屬商量，甚至把不同意見的人都請進去，聽取他們的處理意見，然後擇善而從之。

這已經有了現代陪審團的味道了。他是何等慎重啊。

所以，他後來揶揄子路：

「片言可以折獄者，其由也與！」（《論語．堯曰》）

僅根據（原、被告雙方之中）一方的言辭就可以斷案的，大概只有仲由吧！

片言折獄，大約有兩種情況：

一是子路特別聰明，所以能片言折獄；二是子路特別忠直，別人不願欺騙他，原告也好，被告也好，都能老老實實說實情。

但這兩種情況都不大靠得住。那就還有第三種情況：子路性急，先判了再說。那就難保不糊塗判案了。

中國古代，有很多官員為了顯示自己的明察秋毫，也常常玩弄片言折獄的把戲。他們難道比孔子還明察嗎？

判案不是為了顯示自己的聰明，而是為了審慎對待別人的命運。即使這樣認真慎重地對待案子，孔子仍然很感慨，他認為大多數人犯罪，都有迫不得已的原因，且大多數是由於統治階級逼迫而成的，或者是失於教導而成的。

有一次，他的弟子子張問他如何才能從政，他就提到了要摒除四種惡政，其中前三條都與法律問題有關：

「不教而殺謂之虐；不戒視成謂之暴；慢令致期謂之賊；猶之與人也，出納之吝謂之有司。」（《論語・堯曰》）

不加教育就殺戮，這叫虐；事先不告誡，等他做成壞事（再隨後去懲罰他），這叫暴；很晚才下令制止，故意等待百姓觸犯律條，這叫賊；同樣是給人東西，出手時顯得很吝嗇，這叫小家子氣。

《荀子・宥坐》和《孔子家語》記載：「孔子為魯司寇，有父子訟者，孔子拘之，三月不別。其父請止，孔子舍之。」

父親告兒子不孝，孔子把兒子拘留，卻三個月不加判決。後來父親要求撤訴，孔子就放了這個不孝之子。

季桓子很不高興，更不理解。說：「孔司寇騙我啊，以前他曾經告訴我，治理國家一定以孝為先。現在，我正要懲罰一個不孝的傢伙，以此教導人民孝道，他卻把他放了。為什麼啊？」

季桓子的不解和不滿是可以理解的，我們也想不通。孝，在孔子那裡，是何等重要？這可是「人之本」啊。人之本都喪失的人，我們為什麼不好好教訓他？

孔子的理由是：

「上失其道而殺其下，非理也。不教以孝而聽其獄，是殺不辜。」（《孔子家語．始誅》引《荀子．宥坐》）

原來，在他的眼裡，即便是不孝這樣的大罪，只要是由於統治階級失於教化造成的，罪也在統治階級，而不孝之人，則是「無辜」的。

那麼，誰要承擔其罪呢？正是統治者！

不判決父子訴訟案，而是經過調解，使之撤訴，這符合他的慎刑思想，也是他仁愛的表現。而且，這顯示出他傾向於調解而不隨便訴諸法律。

必也使無訟

所以，孔子這個大司寇不喜歡把人民都看成什麼「寇」，他也不想用刑律的手段來對付這些人，他更想用教化。他曾講到：

「道之以政，齊之以刑，民免而無恥。道之以德，齊之以禮，有恥且格。」（《論語．為政》）

對於民眾，用政策去引導，用刑罰去整頓，雖然能使他們暫時倖免罪過，但是他們還是沒有羞恥之心。反之，若用道德去引導，用禮節去整頓，他們不但會有羞恥之心，而且還會自覺地走正路。

有一天，在審案之後，孔子感歎道：

「聽訟，吾猶人也。必也使無訟乎！」（《論語・顏淵》）

如果僅僅是去審理案件，孔子還如同別人一樣。孔子的理想是要讓天下沒有訴訟啊！

什麼叫無訟？就是無人犯罪，無人受罰。看到有人犯罪了、受罰了，孔子心裡不舒服，審案以後，判決以後，孔子感受到的，不是工作結束後的輕鬆感，不是案件得以判決的成就感，而是一種悲憫感：又有人觸犯法網，遭受懲罰了！

所以，孔子的理想不是去做一個好法官。他的理想是做一個導師，引導人民有仁德，講信義，從而徹底消除訴訟，無人犯罪並受罰。

我們看，孔子這個魯國的大司寇，他的理想裡，是一個國家沒有刑律，沒有監獄，不需要什麼人來司寇——因為，假如一個國家充滿仁愛，假如統治階級都能同情人民，哪裡會有寇呢？寇，原來都是良民，是不良的政治與統治者逼良成寇啊！

我們來看看他對於法律的理解。

古代有所謂的「五刑」[9]——針對五種犯罪類型制定的相應刑罰，但是，在孔子的理解裡，五刑的制定，目的不是為了「施刑」，而是為了「設防」，讓人民有所顧忌而不犯。

上有制度，則民知所止，民知所止，則不犯。

故雖有奸邪賊盜，靡法妄行之獄，而無陷刑之民。

故雖有不孝之獄，而無陷刑之民。

故雖有殺上之獄，而無陷刑之民。

故雖有鬥變之獄，而無陷刑之民。

故雖有淫亂之獄，而無陷刑之民。

更為可貴的是，他認為之所以有這五種類型的犯罪，都是有源頭的，這個源頭就是制度的缺陷。

此五者，刑罰之所以生，各有源焉。不豫塞其源，而輒繩之以刑，是謂為民設阱而陷之。（《孔子家語．五刑解》）

9 五刑　五刑是指墨、劓、刖、宮、大辟。墨刑，又稱黥，在受刑者額頭上刺字塗墨；劓刑，割去鼻子；刖刑，砍去腳；宮刑，毀壞生殖器；大辟，死刑。漢以後，五刑逐步演變爲笞、杖、徒、流、死。

這樣說話，孔司寇是什麼意思？孔司寇是在為統治者說話，還是為人民說話？孔司寇的意思是——人民犯罪，有其原因。而根源往往在於統治階級，在於制度的漏洞。不堵住這些漏洞，動輒對人民繩之以法，是設陷阱陷害人民。

於是，孔子用三種方法來實行他的「無訟」主張：

第一，具體的案件，儘量用調解法解決，而不訴諸法律；

第二，統治者不要官逼民反；

第三，對人民進行道德教化，使其不犯罪。

反對嚴刑峻法

他尤其反對用嚴刑峻法鎮壓人民。

《漢書・刑法志》上引述孔子的話：「今之聽獄者，求所以殺之。古之聽獄者，求所以生之。」孔子對「求所以殺之」的司法制度及當政者提出嚴正批評。他最痛恨的就是動輒殺人的野蠻政治。

季康子問政於孔子曰：「如殺無道，以就有道，何如？」孔子對曰：「子為政，焉用殺？子欲善而民善矣。君子之德風，小人之德草，草上之風，必偃。」（《論

語・顏淵》）

季康子向孔子詢問如何為政，說：「如果通過殺戮無道的壞人來迫使人民走上正道，如何呢？」孔子回答說：「您執政，哪裡用得著殺人呢？您要從善，百姓也會從善的。君子的德行就像風，小人的德行如同草。風吹過草上，草自然會彎下身軀。」

我們講，殺人的政治是最原始、最野蠻的政治了。用殺戮來強制人民行善，手段和目的正好背道而馳：因為殺戮的政治，就是惡的政治。惡的政治，怎麼能引導人民從善呢？

有一次，魯哀公問了孔子一個很無聊的問題：「昔者舜冠何冠乎？」舜戴什麼樣的帽子啊？

孔子對這種無聊的問題，態度很簡單——不予理睬。

這弄得魯哀公很不滿也很不解：我向您詢問，你為什麼不說話呢？

孔子含蓄地揶揄道：「你問這麼一個無聊的小問題，而對真正的大問題卻不聞不問，我在想著如何回答你。」

魯哀公說：「什麼是真正的問題呢？」

孔子告訴魯哀公：「舜的時候，德若天地，化若四時，四海承風，暢於異類，鳳翔麟至，鳥獸馴德，你知道為什麼嗎？」

然後，孔子自己回答：「無他也，好生故也。」沒有別的什麼訣竅，就是兩個字：好生。所以啊，「舜之為君也，其政好生而惡殺，其任授賢而替不肖。」這樣的大道你不問，卻要問他戴什麼帽子這樣的無聊問題，所以，我懶得回答你。（《孔子家語・好生》）

古今中外，都有這樣以殺戮為手段，建立所謂道德國家、強盛國家的例子。中國戰國時代的秦國，歐洲的「法西斯」德國……。但最終，他們所建立的，不是幸福的樂園，而是人間的地獄。

殺戮和嚴刑峻法可以建立起一時強大的國家，卻無法建設一個幸福的國家。

受刑而無怨

孔子的行為，首先影響了他的學生。

有兩件事非常感人，值得我們說一說。

孔子弟子高柴[10]在衛國做士師，士師也是掌管刑獄的官。他曾經依法判決砍了一個人的腳。後來衛國發生了蒯聵之亂，高柴被人追捕，趕緊逃跑，可是逃到城門口，他卻嚇壞了：看守城門的正是那個被他砍了腳的人。

這個人當然不會開門放他逃走。但是，這個人顯然想救他。對他說：「那邊城牆有一個缺口。」

10 高柴　字子羔。春秋時期齊文公十八世孫，在孔子門下受業，從未違反過禮節。

高柴說：「君子不跳牆。」

那人又說：「那邊城牆有一個洞。」

高柴說：「君子不鑽洞。」

生死關頭，高柴還這樣計較，真有高柴的。難怪孔子說他「愚」。

《孔子家語》說他：「足不履影，啟蟄不殺，方長不折，執親之喪，未嘗見齒。」走路不踩別人的影子，驚蟄那天不殺生，春天不折斷草木，為父母守喪期間，沒見過他因笑露齒。

跟著孔子學習的人，學到一定境界了，就是這個樣子：有所堅持，有所不為。跟著孔子學習的人，還沒有學到最高境界，就是這個樣子：拘泥而不知變通。高柴此時，就是在這樣的境界上，是一個有原則卻又有些拘泥的人。不過他運氣好。那人又給他指出了一條生路：「這裡有間房子。」

高柴於是躲了進去。

追捕高柴的人走了，高柴走出來，對那人說：「過去，我不能損害國君的法令而判決砍斷了你的腳，現在我正處在危難中，這正是你報仇雪恨的時候，但你三次讓我逃命，到底是什麼原因呢？」

那人說：「砍斷我的腳，本來是我罪有應得，這是沒辦法的事。過去您用法令來治我的罪時，先將別人治罪，而把我放在最後，目的就是緩一緩，看看我還能不能免於刑罰，這我是知道的。當判決確定我有罪，即將行刑時，您臉色憂愁不樂。看到您這樣的臉色，我就又知道了您的心思：你是同情我。但您哪是偏愛我？您是天生的君子，這樣的表現完全是出於自然本性。這就是我之所以讓您逃脫的原因。」

孔子聽說了這件事，說：「高柴做官做得多麼好啊！他在使用刑罰時，對任何人都是一個標準。心懷仁義寬恕則樹立恩德，嚴刑峻法就與人結下仇怨。公正地執行法令，大概就只有高柴吧。」（《孔子家語．致思》）

高柴依法砍了此人的腳，卻沒有違背仁慈之道。他沒有濫用刑罰。恰恰相反，他在看到有人受到法律懲罰時，內心非常痛苦。此人受刑而無怨，因為他感受到了司法官的仁慈和公正。

法律，在有情人那裡，是有情的法。有情的法不僅使人心服口服，且能使人受到震撼，受到教化，得到提升！

哀矜勿喜之情

另一個故事是有關孔子的弟子曾參[11]的。

孟氏使陽膚為士師。問於曾子。曾子曰：「上失其道，民散久矣。如得其情，則哀矜而勿喜！」（《論語．子張》）

11曾子（西元前五〇五年—西元前四三六），名參，字子輿。春秋末年魯國南武城人，十六歲拜孔子爲師，他勤奮好學，頗得孔子眞傳。後世儒家尊他爲「宗聖」。

曾子的弟子陽膚受命擔任士師，臨上任前，來向老師曾子請教如何做好這樣的官。曾子告訴他說：「當政的人失去道義，百姓的人心也離散很久了。你作為司法官，如果偵察到了百姓犯罪的事實，你應當是哀傷憐憫他們，而決不要因為自己破了案而沾沾自喜！」（《論語．子張》）面對破獲的案情與捕獲的罪犯，曾子要求他的司法官弟子是什麼感情？是悲哀，是憐憫，而不是什麼成就感！

是的，當一個國家混亂到人民無法按正道來生存，無法合法守法地生存時，他們的犯罪，引起我們的可不就是這悲天憫人之情嗎？而有這種情感的人，豈不就是真正的君子？

當曾子說這樣的話時，他的內心，一定是充滿博大的悲憫吧？這種情懷顯然深受他老師孔子的影響，而此時，就一定傳染給了他的學生。一脈溫情，滿腹仁愛，就這樣代代相傳！

孔子在司法上的「仁道」思想，在中國歷史上產生了很大影響。雖然在孔子之前，《尚書》中就有「罪疑唯輕，功疑唯重」，「與其殺不辜，寧失不經」的說法，但孔子對中國古代司法的影響才是最值得我們關注的，這種「仁道」，在古代中國的黑暗司法裡，是人民的喘息。

歐陽修在《瀧岡阡表》中，寫到他的先父在為吏時，夜裡審讀案件卷宗，屢次停下來歎息。妻子問他為什麼歎息，他說：「這是一件死刑案，我一直在為他找一線生機，卻實在找不到啊。」妻子說：「能從案卷中為他找到生路嗎？」他說：「尋求生路而不得，那麼，死刑犯和我都沒有遺憾啊。假如真的從中找到一兩點理由可以使他免死，那就正好證明了不去尋求為他求生，這個死者就死而有恨啊。唉，像我這樣常常想辦法讓犯人活下來，卻常常只能看著他的死去，更何況一般人辦案，是只求早點判他死呢。」

後來，歐陽修主持科考，出的題目就是：《刑賞忠厚之至論》。在收上來的卷子裡，他看到有一份卷子，寫著這樣的話：「可以賞，可以無賞，賞之，過乎仁。可以罰，可以無罰，罰之，過乎義。過乎仁，不失為君子；過乎義，則流而入於忍人。故仁可過也，義不可過也。」

歐陽修想判這個卷子為第一名，因為懷疑這份卷子可能是好友曾鞏的，為避嫌疑，改為第二名。拆封以後發現，這個考生的名字叫蘇軾。

更有意思的是，蘇軾在這篇文章裡還杜撰了一個典故：「當堯之時，皋陶為士，將殺人。皋陶曰殺之三，堯曰宥之三。」

文字鏗鏘，言之鑿鑿，以至同樣博學的文章泰斗歐陽修都被他蒙蔽了。後來歐陽修問蘇東坡這個掌故的出處，東坡笑云：「以理推之，應該是有的吧。」東坡先生以什麼「理」來推導的呢？就是孔子的理。歐陽修為什麼懷疑這個典故，卻又為什麼承認這個杜撰的故事中包含的道理呢？也是因為，在孔子那裡，就是這個道理！

孔子在魯國做司寇，前後不過四個年頭。他不僅取得了現實的成功，他最偉大的貢獻，是為幾千年的封建司法，提供了一種偉大的人道傳統，那就是，「無訟」與「仁道」！

第三節　攘外安內

在孔子出仕魯國的那一年，也就是魯定公九年，齊師攻占了晉國的夷儀（今河北邢臺市西），這看起來是其他國家發生的事，卻對魯國產生了很大的影響。

我們知道，在列國紛爭的春秋戰國，弱小國家沒有自己的外交：它必須聽命於一個能夠保護它或者能夠傷害它的強國。

更糟糕的情況是，這樣的國家不止一個，至少，有能力傷害它的國家不止一個。所以，小國就如同小兒子：最幸福的時光就是童年。父親當權，父親的權勢可以保護他。

假如父親老了，眾位大哥中最好是一個人當權。這樣哪怕供奉也好，巴結也罷，只要討好一個大哥，就萬事大吉。

最慘的是眾位大哥互相不服，而作為最小的他卻必須對人人都服，人人都可以欺負他。

最終，在飽受長期的欺淩之後，他被其中一個大哥幹掉。

周朝七百年，就是這樣的一個過程：

先是父親——周天子當權。那是小兒子的黃金時代，雖然也會受到大哥們的欺負，但是，一來有控訴的地方，有做主的人，二來大哥們由於害怕父親的權威也不至於太過分。

後來父親垂垂老矣，又昏聵，於是，大哥當了家。這就是五霸時代。什麼叫「霸」啊？霸就是伯，就是老大。

大家一時聽齊桓公，一時聽晉文公，總之，還有一個當家主持的，小兒子的日子還能對付。這也就可以說明，為什麼會出現霸主：一國獨大比群魔亂舞好。

不過，五霸時代實際上真能當好老大的，只有一個齊桓公，晉文公就不怎麼樣，孔子鄙夷地說他「譎而不正」——詭詐而不正派，小兒子跟著他，頗委屈。而且，時間短。

在齊桓公、晉文公之後，大家互相見面時，劍拔弩張，小兒子在一旁乾著急，不知該聽誰的。

聽誰的都不行，不聽誰的更不行。

魯國此時，就是這樣的小兒子。

齊魯夾谷之會

此前，魯國西邊的晉國強大，魯國實行一邊倒外交政策，依附晉國。此時齊國東山再起了，它與晉國爭雄之時，也對魯國丟過眼色來：你看著辦。

看著辦就不好辦了。現在，雙方對峙，兩個都滅不掉對方，可兩個都能滅掉魯國，雙方誰也得罪不起。於是，魯國改變一邊倒的政策，採取首鼠兩端之道，在不得罪晉國的前提下，打算與齊國媾和，以換取本國安全。

可是，齊國答應嗎？答案是肯定的，齊國也想這樣。為什麼呢？

第一，它也沒有取得對晉國的絕對優勢，所以，獨霸魯國，力所不及。

第二，此時的魯國因為任用孔子，也在小國崛起，一派蒸蒸日上的景象。所以，齊國也不想太過分，能用外交手段迫使魯國臣服於它，削弱晉國在東方的勢力範圍，也是最好的選擇。

於是，齊國首先提出，兩國舉行友好會談，建立戰略夥伴關係。齊大夫黎鉏[12]（即犁彌）言於景公曰：「魯用孔丘，其勢危齊。」乃使使告魯為好會，會於夾谷。（《史記．孔子世家》）

雙方訂於魯定公十年兩國國君會於夾谷。

夾谷，在今山東萊蕪市南，是齊國南境的一個地區，與魯之北境相距不遠。齊靈

12「鉏」音「除」。

公時，齊滅萊（今山東昌邑東南），遷萊人於此。

魯定公要去赴會，三桓當然得有人陪同前往。魯自三桓專國以來，魯君歷次出席諸侯盟會均由三桓為相輔行。但是，這次他們三家都不去了，為什麼呢？

根據錢穆先生的推測，大概因為他們覺得這次事關重要的會談恐怕無很大成功把握，如果他們陪同國君赴會而會談失敗，將很不體面，勢必損害自己在人們心目中的形象。（錢穆《孔子傳》）

那怎麼辦呢？三家集體後退一步，把孔子推到前面，讓孔子去！

孔子剛剛當上大司寇，位居大夫，諳習禮儀；早年到過齊國，與齊國君臣有過交往，對對方的情況比較瞭解。

可見，讓孔子去，倒也確實合適。國難當頭，孔子也自會挺身而出。

於是，魯國決定由孔子擔任禮相（禮儀總指揮），陪同魯定公赴會。

沒想到齊國人也覺得孔子來比較合適。為什麼呢？——他們覺得孔子比較容易對付。

有文事者必有武備

孔子將陪同魯侯赴會的消息傳到齊國後，齊大夫黎鉏對齊景公說：「孔丘其人，不過是個讀書人，只懂得禮儀而不懂得軍事。如果兩君相會時，派附近的萊人以武力劫持魯侯，必定能達到我們的目的。」

這本來是下三濫的手法，為爭取霸權的人所不取，但是，沒想到，昏聵的齊景公竟然聽從了他的意見。

黎鉏大概不知道，孔子曾經說過一句話：「仁者必有勇。」（《論語・憲問》）而且，孔子出身於武人之家，身長九尺六寸，精通射御。孔子哪裡只是一個書呆子呢？這個黎鉏，不僅不瞭解孔子，看來也不瞭解孔子的家世。

孔子恰恰相反，他對對手很是瞭解，知道齊景公雖是大國之君，卻很有無賴之氣，何況他手下還有黎鉏這樣的下流之臣，一定會使下流的招數。既然確定對方要使陰招，那就針鋒相對。

所以，孔子在出行前對魯定公說：「有文事者必有武備，有武事者必有文備。古時候諸侯出國，一定帶領文武官員隨從。我請求你這次一定帶上左右兩司馬同行。」古時諸侯盟會可以隨帶兵車士卒護送，定公聽從孔子建議，又加派了軍隊和軍事長官。

我們來看看孔子在這場「鴻門宴」中的表現吧。

會場設在一處較空闊的地帶。地面上臨時搭起有三級臺階的土台作為會場。齊景公和魯定公見面禮畢，相互揖讓登臺就席，雙方隨行人員依次列於下階。獻禮後，齊國執事者馬上提議表演當地舞樂助興，於是附近一群萊人手持矛、戟、劍、盾等兵器鼓噪而至。

項莊舞劍、意在沛公，這些人一旦衝到定公旁邊，一定會挾持定公。

孔子見此情景，顧不得登壇禮節，三級臺階一兩步就跨上去了，擋在魯定公前面。萊人突然看到一個巨無霸一樣的大漢橫空而至，一時愣住了。

孔子一面威逼萊人，一面大喊魯國衛隊：「趕緊上來保衛國君！」

魯國衛隊上來後，護住定公，孔子轉過頭來，嚴厲責問齊景公說：「兩國君主友好相會，而外族俘虜用武力來搗亂，您齊君決不會用這種手段對待諸侯吧？」

齊景公一時語塞，孔子繼續嚴詞斥責：「按照周禮，邊鄙荒蠻之地不能謀害中原，四夷野蠻之人不能擾亂華人，俘虜囚犯不可侵犯盟會，武力暴行不可威脅友好。你今天的所作所為，對神靈是不祥，在德行是失義，對人是無禮，您堂堂大國之君，不會這樣做吧？」

這正是孔子：依乎禮，合乎理，勇敢、智慧、道義，集於一身。

齊景公理虧心愧，不能作答，連忙擺手，命萊人離開。

魯國獲得實質勝利

黎鉏等人見劫持魯侯未遂，於是在兩國盟誓時，在盟書上加進了一句話：「齊師出國征伐，而魯國不派出三百輛兵車相隨，就會像盟書所要求的那樣受到懲罰！」

這實際上就是要從條約上確定魯國是齊國的小弟，就是齊國的附庸。這是齊國此次召集兩國友好會議的主要目的。

而魯國顯然不能拒絕。不然就面臨著齊國的巨大軍事壓力甚至是軍事打擊。春秋列國時代，小國順服於大國，是不可避免的常態。在晉國的影響日益削弱的形勢下，魯從服於齊，也是比較明智的外交策略。

這些，都在魯國的心理承受限度以內。但孔子還要利用這一籌碼，為魯國爭取最大的利益。

孔子立即派魯大夫茲無還答道：「你們齊國如果不歸還我魯國汶陽之田，也要像盟書所要求的那樣受到懲罰！」

汶陽之田，本是魯國領土，陽貨奔齊時，把這塊土地送給齊國，齊國軍隊就占領了這裡。孔子要利用這次會議，把這塊土地收回來。

陽貨是魯國亂臣，接收別國亂臣，還順便侵吞別國土地，已然不義。

現在雙方既然訂立友好條約，成為戰略夥伴關係，理當歸還這塊土地。

孔子的要求，合情合理。

結果，齊景公不得不把汶陽之田歸還魯國。夾谷之會，魯國取得實質性的勝利。

在敵我雙方實力懸殊的情況下，孔子先得眼前之利，最大限度地維護了魯國的尊嚴和利益。

我們要思考的是，在齊魯之間的角力中，魯國有什麼憑藉？它靠什麼在這樣重要的雙邊會談中取得如此重要的成果，最大限度地維護了國家的利益與尊嚴？

很顯然，魯國依靠的就是孔子個人的智慧、勇敢和道義的力量。

首先，在會談之前，齊國君臣就認識到，有孔子的魯國是一個有了力量的魯國，是一個需要認真對待的國家。這次會談，就是這種認識的結果。按司馬遷的說法，這次會議，是齊國提出來召開的。

其次，孔子這次會盟中，有禮有理，針鋒相對，挫敗了齊國的預謀。從而使魯國在強齊面前保持自己的獨立與尊嚴。

第三，正是齊國君臣對孔子此前的認識以及此次會談中的切身體會，使得他們認識到，有孔子的魯國，是不好輕率對待的國家，與魯國搞好關係，符合齊國的利益，齊國這才歸還了侵占的魯國土地。

這場看不見烽煙的戰爭，幾乎是孔子一個人的戰爭，夾谷之會的勝利，幾乎可以說是孔子一個人的勝利。他在別人看不到勝利希望的地方，建立了自己的功勳。[13]

士見危致命

當三桓面對這樣幾乎一邊倒的雙邊會談，悲觀消極，避之唯恐不及時，孔子挺身而出。這就是「見義勇為」，就是他所說的「事君能致其身」。（《論語・學而》）

13孔子曾回答子貢，真正的士是「行己有恥，使於四方，不辱君命」。孔子在夾谷之會中的表現正是如此。

這就是他的學生子張說的：「士見危致命。」（《論語・子張》）也是他的學生曾子說的：「可以托六尺之孤，可以寄百里之命，臨大節而不可奪也！」（《論語・泰伯》）

所以，我們說，經過孔子重新塑造的儒者，已經不再是唯唯諾諾的民間相士的形象了，而是既可以憲章文武、祖述堯舜、承擔道統，又可以折衝樽俎、縱橫捭闔，在政治舞臺上一展雄風！

孔子在夾谷之會所取得的成功，顯示了他堅毅、機智的品格和政治才能，大大提高了他的聲望。魯國君臣一定認識到了孔子的重要性。他們又會如何重用孔子呢？

此後不久，大概在夾谷之會的第二年（魯定公十一年），孔子即「行攝相事」。當時，季桓子任魯執政（相），所謂「行攝相事」，就是在季桓子不能行使職責的情況下受其委託臨時代理執政事務或平時協助季氏處理國政。

對此，學術界也有不同觀點，認為此「相」乃是「相禮」之相，僅指孔子以大司寇身分協同魯定公赴夾谷會盟，負責禮儀方面的工作。但《孔子世家》尚有「定公十四年，孔子年五十六，由大司寇行攝相事」的記載。這裡的「相」，顯然是指執政之意。姑存不同意見。

這個時期，孔子資歷最深的學生——子路也受舉用，出任季氏家的總管——也就是當初陽貨的位置。

孔子的從政之途達到巔峰，這對他來說無疑是實行其主張和理想的最好機會。他精神振奮，喜氣洋洋，這正是孔子可愛的一面。

有學生問：「聽說『君子禍至不懼，福至不喜』，現在您得高位而喜，為什麼會這樣呢？」

這句話問得很沒水準。「禍至不懼，福至不喜」，也不是孔子的說法。「禍至不懼」，也許是英雄，「福至不喜」那一定不是正常人的情感。

不過孔子也不願意計較，他回答說：「一個人有權有勢了，想到可以以此造福他人了，這不是很快樂嗎？」

身居高位，不為自己謀利益，而是為普通大眾謀福利，並且謙虛下人，這種快樂的情感，一般人不大體會得到啊。如果掌握國家公共權力的人，都有這樣的情感，那多麼好啊！

但是，就在孔子從夾谷之會勝利歸來不久，這年秋天，魯國又發生了一件大事。

隳三都之議

叔孫氏家又出事了。

前面我們不是說到季孫氏家裡的家臣陽貨反叛嗎？現在叔孫氏家的采邑郈又有人反叛了，反叛者叫侯犯。

郈邑位於魯之北境（今山東汶上縣北四十里），城防堅固，易守難攻。郈邑的邑宰為公若藐。叔孫氏新繼位的宗主武叔懿子與公若藐有舊怨，繼位後指使侯犯殺之。侯犯奉命殺死公若藐以後，又轉而反對武叔，據郈邑叛魯。武叔親自兩度率師圍攻不克，後來費了很大的勁才逼迫侯犯出國逃亡，收復了該邑。

在古代分封制下，各國大夫都有自己的采邑。

魯國不是由三大家族把持政權嗎？他們中央大權在握，同時，他們還狡兔三窟，苦心經營自己的采邑。

叔孫氏的采邑叫郈。季孫氏的采邑叫費。孟孫氏的采邑叫成。

他們自己身居國都，采邑一般委派家臣管理，並在那裡發展武裝，興修城堡，以加強其統治。經過多年的經營，這三處采邑已經發展為規模巨大、防禦堅固的軍事要塞。

三桓經營三邑，本來是為了加強自己的實力，但結果反受其害。陽貨、侯犯之亂就說明，在家臣勢力日漸強大的情況下，這樣的私邑容易被其中的野心家所利用，成為「陪臣執國命」的支柱；或直接成為叛亂的根據地，威脅邑主和國家的安全。因此，解除這種威脅，已勢在必行。

我們知道孔子一直堅決反對「陪臣執國命」的。而這一點恰恰是魯國政治的毒瘤。

現在，「行攝相事」的孔子終於有了機會，試圖解決這樣的政治問題。

首先，夾谷之會的勝利使魯國贏得一時較為安全的外在環境。

其次，他代攝相事，有了這樣的權力。不在其位，不謀其政。在其位，就要謀其政。

第三，陽貨、侯犯連續作亂，公山弗擾又盤踞季氏的采邑費邑，已成獨立王國，拒不聽從季氏，這都給了孔子一個很好的機會。他可以以此說服三桓支持他。

魯定公十二年，孔子「行攝相事」不久，便提出「隳三都」[14]的建議。就是把郈、費、成等三邑的堅固高大的城堡拆除。他援引周禮古制，認為三邑的城牆都超過了規定。拆除三邑的堅固防禦設施，可以防止類似陽貨、侯犯之事再起，並借此清除盤踞在費邑的陽貨餘黨。

隳三都的最終目的是抑私家、強公室，削弱三桓的實力，加強國君的權力，魯定公積極支持是應該的。沒想到，三桓也欣然同意。這幾乎是個奇跡，有點不可思議。這就相當於與虎謀皮，而老虎欣然同意了。

這又是為什麼呢？

我們說，這就是孔子的政治智慧。

14隳三都　魯國的「三桓」掌控國家，違反了大臣家的城牆不得超過十八尺的規定。孔子在魯定公的支持下，開始了「隳三都」的行動，推掉三桓家中城牆多出十八尺的部分。但最終仍失敗，孔子及其弟子因而踏上周遊列國之路。「隳」音「輝」，毀壞。《史記·孔子世家》中作「墮」，亦音「隳」。

與虎謀皮

隳三都有兩個目標。第一，抑家臣，強大夫。第二，抑大夫，強國君。

孔子利用陽貨、侯犯、公山弗擾等家臣作亂，危害大夫之際，提出隳三都的建議，首先，他的作法是有利於三桓的。

從而，趁三桓急於根除自身之患的機會，削弱三桓實力，實現第二個目標。

三桓的利益和國君的利益被孔子綁到了一起。

什麼叫政治？政治就是解決矛盾。什麼叫政治才能？政治才能就是利用矛盾以解決矛盾的才能。

孔子有著非凡的政治才能。他能把利益不同的各方撮合起來，朝著一個方向走。可以說，三桓和國君，意見從來沒有這麼統一過。

當時，子路任季氏家總管，故隳三都的計畫就由他代表季氏安排實施。先隳郈。進行得比較順利，那裡的叛黨侯犯已於兩年前逃亡，故武叔率師隳城時沒有遭到抵抗。再隳費。就不那麼順利了。

盤據在費邑的公山弗擾、叔孫輒等人，不是坐以待斃，而是先發制人：在隳費之前，搶先帶領費人偷襲魯都。魯定公和季桓子、武叔懿子、孟懿子等人都被圍困在季氏家中的高臺上。公山弗擾等人追至台下強攻，有的箭射到魯定公身邊，情況十分危急，公山弗擾幾乎將魯國的統治集團一網打盡。孔子得到戰報，馬上派兵反攻，城內居民也迅速拿起武器，乘勢追擊，公山弗擾、叔孫輒逃到齊國。

於是隳費，子路薦舉孔子的學生高柴（子羔）擔任費宰。

最後隳成邑。成邑也位於魯北境（今山東省甯陽縣北），距齊國邊境不遠。成邑宰公斂處父在陽貨事件中戡亂有功，甚至救過季桓子，並且至少至今沒有反叛的跡象，所以深受孟氏器重。他對孟懿子說：「毀掉成邑，齊人就可以無阻擋地直抵魯國北門；成邑又是孟氏的保障，沒有成邑，也就沒有孟氏。你就假裝不知道，我來應付。」

公斂處父果然是個明白人，他看出了隳三都的最終目的就是抑三家以強公室。孟懿子領悟過來，季孫氏和叔孫氏也開始後悔。孟懿子是孔子的學生，不好直接反對老師，就對公斂處父的反抗佯裝不知，季孫和叔孫也不作干預。

抑家臣，強大夫，對他們有利，他們做。抑大夫，強國君，對他們不利，他們不做。

這只對國君有利，所以，最後只是國君單幹——

隳成邑的計畫拖到這年十二月，最後只好由魯定公單方面行動。結果圍成不克，失敗而歸。

前面我說過，隳三都，實際上是與虎謀皮。孔子抓住稍縱即逝的機會，達到這樣的結果，已經是非常成功了。但是，墮三都引起孟孫的反對和季孫、叔孫疑慮，最後他們的消極對待，說明孔子已失去魯國當權貴族的信賴和支持，子路也在此時因為公伯寮的讒毀而失去職位。

孔子的內憂加重了。

第四節　好德不如好色

孔子「行攝相事」之初，與季桓子關係尚好。史籍稱孔子「行乎季孫，三月不違」，這說明他們合作得還不錯。但季桓子一覺察到墮三都的最後目的乃是削弱自己，便立即警惕起來。他好像此時才明白，孔子歷來的政治觀點，都是要恢復周禮，恢復周禮規定的政治秩序。

於是他明白了，孔子不僅僅是一個有實際才幹的僚屬，更是一個有著自己政治理想的政治家。

這種人，不但不可能被自己所用，搞不好，自己反而會變成他實現政治理想的工具。

我們看，孔子從政以來，從中都宰，到小司空，到大司寇，他的所作所為，都有著一以貫之的政治理念！

而且，這種政治理念，顯然和三桓的政治利益相衝突。

季桓子倒吸一口涼氣。

從此，季桓子對孔子就很冷淡。他們對孔子失望，孔子對他們也失望。

墮三都失敗以及在此過程中三桓的表現，孔子也認識到，一旦觸及到自身利益，三桓是不會支持他的。

三桓是什麼？三桓只有利益，沒有理想。只有利益，沒有理想的政治，必然會墮落。因為，利害主宰一切的地方，是非就沒有了。

孔子說：「政者，正也。」

沒有是非的政治，當然不正。不正的「政治」，不過是既得利益者攫取更大利益的工具罷了。面對這樣的「政治」，身處這樣的「政壇」，孔子很迷茫。

魯定公十三年初，孔子就很落寞，很悵惘，有前路茫茫的感覺。

子曰：「道不行，乘桴浮於海，從我者，其由與？」子路聞之喜。（《論語・公冶長》）

道行不通了，乘上木筏漂流大海吧。能跟隨我的，可能只有仲由吧！

師徒二人，剛剛主持魯國的墮三都大業，又要一起經歷失敗。風風雨雨，其情彌篤。如果流浪，想必也是師徒二人同行。

仲由剛剛丟掉季氏家臣的位子，也正在承受委屈中，聽到老師這樣說，很欣慰，很高興。

不僅有內憂，孔子還有外患。

齊國的美女與良馬

夾谷之會使齊國認識到孔子的分量。他們認識到：孔子為政，魯國必霸。魯國稱霸，齊國距離最近，必然最有壓力。齊國能眼睜睜地看著魯國強大而不加以抑制嗎？對於自己身邊即將崛起一個強盛的國家，他們如何應對？

有人提出送給魯國一些土地，早點搞好關係。

又是那個黎鉏，表示反對：既然魯國稱霸，只在孔子一人，只要阻止孔子執政，不就得了？實在不行，再去搞關係。

一般而言，國與國的關係常常是這樣的：當對方逐漸強大時，有兩種選擇：第一，抑制它；第二，抑制不成，就拉攏它。

齊國的選擇完全符合這樣的邏輯。先試圖抑制魯國的發展壯大。魯國強大的希望在孔子。

要抑制魯國的強大，就必須抑制孔子，就必須阻止孔子在魯國執政。

齊國想了一個辦法。他們抓住魯國「好色不好德」的弱點，挑選了十六名能歌善舞的齊國美女（《史記》和《孔子家語》作八十名，不取）和一百二十匹良馬送給魯國，以示兩國友好親善。實際上，他們的目的，就是要魯國君臣迷戀聲色逸樂，荒廢政事。

美女、良馬停在曲阜城外。為什麼不直接送進城去呢？

收禮的人也要推辭推辭，更何況這次送來的禮物，有點引人注目，魯國的君臣也要面子嘛。齊國送美女來，魯國如果二話不說，急不可耐地照單全收，那名聲不好聽啊，在諸侯圈子裡會招人笑話的。

於是就在曲阜城南的野外停下來。那十六位美女就穿著豔麗的衣服跳豔舞。魯國的老百姓都圍著看。

季桓子待不住了。一定有人看過了告訴他：「美女真美！」

於是他微服往觀，裝扮成老百姓，混跡於老百姓之中去看，一連看了三次，弄得饞涎欲滴，流連忘返。就下定決心要接受下來，面子也不要了。

於是，他又回來，對魯定公報告美女如何如何。魯定公很可能也早就暗中焦急等待，聽季桓子這麼一說，當然把持不住。二人一商量，便假裝到周邊巡迴視察，乘機觀賞女樂。魯定公更丟人，一看，就回不來了，整整看了一整天。朝中有事也不管了。

這種醜事哪裡能瞞得了孔子？事實是，誰也瞞不了。直率的子路更加生氣，對孔子說：「老師，您不是說要乘桴浮於海嗎？我看是時候了！」

孔子捨不得啊，一來到今天的位置不容易；二來這是為自己的父母之國服務；三來自己已經五十五歲了，他一定想起了陽貨的話：「日月逝矣，時不我與。」從頭再來，更待何時？

所以，孔子對子路說：「我們再等一等，馬上就要舉行郊祭了，按照禮節，郊祭完了以後，祭肉祭品要分送給大夫們，我們就等一等，看他們祭祀完了以後，這個祭肉分不分給我。如果分給我，說明他們還把我看作大夫，還願意重用我，我們還可以在這兒做。」

結果怎樣呢？

季桓子終於把齊國送來的女樂照單全收。而且，魯國的郊祭大典舉行了，舉行完了以後，果然沒有分送祭肉給孔子。

這已經是很明確的信號了，孔子實際上是被他們拋棄了，被執政季桓子拋棄了，被國君魯定公拋棄了。於是，孔子收拾好行李，趕了馬車和弟子們決定到衛國去。

離開父母之國

孔子走走停停，拖延遲緩。學生們埋怨老師走得太慢，孔子歎氣說：「我走得慢，是因為這是離別父母之國啊！」

他們來到魯國邊境一個名叫屯的地方，停下來過夜。為什麼要住一晚上？還是捨不得啊，想在自己的國家再多待一晚上。同時可能還有一個意思，看一看他這麼一走，魯國政府會不會來挽留他。

這個時候，孔子的心情可以想像，非常值得同情。聖人不是永遠都是強大的，聖人有的時候也顯得很弱小，甚至顯得比我們還要軟弱。所以，對於聖人，我們不是永遠都是崇拜和仰望，在有些時候，我們甚至要對他產生同情：聖人在很多時候比我們一般人還要弱小。

這時候，一位名叫師己的樂官趕到此地為他送行。

師己說：「事情弄成這個樣子，不是你老人家的過錯啊！」

孔子說：「我唱支歌，好嗎？」

於是他一邊撫琴，一邊唱道：「彼婦之口，可以出走，彼婦之謁，可以死敗。蓋優哉遊哉，維以卒歲。」

美人一張口，可把人逼走；美人一發話，你就敗國家。悠哉復悠哉，聊以度年華。

師己回去後，把見面情況如實報告季桓子。季桓子對孔子離去，有些內疚，自己好德不如好色，也頗羞愧。聽了師己講到孔子唱歌一事，不禁歎了口氣：「夫子是因為那些女人而怪罪我啊！」

孔子去衛國

孔子離開魯國，去了衛國。為什麼首選去衛國呢？

其實，孔子於西元前四九七年春（定公十三年）開始周遊列國，至西元前四八四年（哀公十一年）秋回到魯國，十四年裡，到過衛、曹、宋、鄭、陳、蔡、楚等七個國家。有的國家待的時間極短，曹、宋、鄭、蔡、楚，都只去過一次，甚至僅僅路過，與國君並無交往。主要在衛國和陳國。陳國居住近四年，而在衛國停留的時間最長，居留近十年。

他為什麼對衛國特別留戀？

第一，魯、衛的政治和文化相近，都是文王的後代。魯國始封君周公和衛國始封君康叔不僅同為大姒（文王妃）所生，而且是兄弟情分最深厚的兩位。（《左傳・定公六年》載衛國人公叔文子言：「大姒之子，唯周公、康叔為相睦也。」）

孔子也說過：「魯衛之政，兄弟也。」（《論語・子路》）

第二，衛國與魯國距離也近。

第三，衛靈公是一個不錯的國君。他「修康叔之政」。傳說他出生時，托夢於人說：「我，康叔也。」被人認為是康叔的化身。他在位四十二年，是春秋時代執政最久的衛國國君。在位期間，政治穩固，國家富有，人口眾多。而且，他善於用人。有仲叔圉接待賓客辦理外交，祝鮀主管祭祀，王孫賈統率軍隊。

此外，還有史鰌、蘧伯玉、甯武子等等，衛靈公時代的衛國，還真是一時人才之盛。

晚年的孔子曾經對魯哀公說，當今國君，衛靈公最賢。為什麼？就是衛靈公善於用人。（《孔子家語．賢君》）

第四，此時孔子匆忙離開魯國，去向難定，選擇衛國，是看中了衛國有關係，可以落腳。什麼關係呢？子路的親戚——子路的妻兄顏濁鄒（顏仇由）在衛國做官，而子路的另一位連襟更是厲害：那就是非常得衛靈公寵信的彌子瑕。（《孟子．萬章上》載「彌子之妻與子路之妻，兄弟也。」）

孔子和弟子一進入衛國，他們發現和當初進入齊國大為不同。

孔子驚歎說：「衛國人口眾多啊！」冉有說：「人口已經多了，下一步怎麼做呢？」孔子說：「讓他們富裕起來。」冉有說：「富了以後，又該再做什麼呢？」孔子說：「教育他們。」（《論語．子路》）

看來，孔子到衛國，還是抱著大幹一場的想法和信心的。

衛靈公對孔子也不錯。孔子一到衛國，衛靈公就「致粟六萬」，足以保障孔子一行人的生活所需。這也說明衛國當時很富有——至少君主很富有。

生活問題解決了，但是，政治上的前途卻沒有預想的好。原因是彌子瑕名聲太壞，是個有名的小人，孔子不願投靠他。

《孟子・萬章上》中記載：「彌子謂子路曰：『孔子主我，衛卿可得也。』子路以告。孔子曰：『有命。』」

彌子瑕對子路說：「如果孔子寄居在我家裡，衛國卿位就可以得到。」子路把這話告訴了孔子。孔子說：「一切由命運決定。」（《呂氏春秋・貴因》、《淮南子・泰族訓》、《鹽鐵論・論儒》皆記孔子因彌子瑕見南子，以孔子一貫的立場，不可信。）

既然孔子拒絕了彌子瑕的拉攏，彌子瑕就一定能夠阻止孔子在衛國得到重用。小人的特點是什麼？成事不足，敗事有餘。

他阻斷了孔子的政治道路。

道不同，不相為謀

當然，關鍵原因還在於衛靈公本人。

孔子和衛靈公，二者道不同，不相為謀。衛靈公那時，奉行一邊倒政策，徹底倒向齊國，背離晉國，跟著齊景公，常年在外征戰。他希望孔子能助他一臂之力，但是，孔子哪裡會贊成諸侯之間的爾虞我詐、你砍我殺呢？

有一天，衛靈公向孔子問軍隊怎樣列陣。這既是向孔子討教軍事，也是藉以探測孔子對自己「先軍」政策的態度。

孔子回答說：「禮節儀式方面的事，我曾聽說一些；軍隊作戰方面的事，我沒學過。」

衛靈公明白了，孔子不贊成他的政治。

於是，第二天，和孔子說話時，衛靈公抬頭看著天上的大雁，神色完全不在乎孔子在場。

苦悶之中，孔子就彈琴擊磬，抒發懷抱。

有一天他正敲著磬，有位挑著草筐的人從孔子門口經過。聽了一會，說：「有心思啊，這樣敲磬呢！」

過了一會兒，又說：「鄙陋啊，那樣的聲音，好像在說沒有人瞭解自己啊！既然沒有人瞭解自己，也就索性算了罷。《詩經》上有句比喻的話：『深則厲，淺則揭。』」

這個挑草筐的衛國人還挺有文化，顯然不是一般的「勞動人民」，而是一位隱居的高人。他說的《詩經》中的兩句詩，出自《詩經．邶風．匏有苦葉》：「匏有苦葉，濟有深涉。深則厲，淺則揭。」

大葫蘆兒葉已黃，濟水有個大渡口。水深連衣泅過去，水淺撩衣趟過去。

什麼意思呢？如果世道黑暗已深，不可救藥，就乾脆聽之任之，甚至同流合污；如果世道不好，但還能救，那就保持節操，拯濟風俗。

顯然，這人認為世道已經不可救藥了，所以他暗示孔子不要「知其不可而為之」，還不如與世同沉浮，冷眼看天下。

孔子怎麼想的呢？孔子說：「他真是一位決然忘懷世事的人啊！如果不能決然忘懷世事，要像他那樣心靜也很困難啊！」（《論語・憲問》）

是啊，孔子能夠成為聖人，可不就是他看著天下生靈塗炭，人民苦難深重，無法保持心靈平靜嗎！

孔子見南子

還有比衛靈公的臉色更讓孔子難堪的「色」。那就是衛靈公的年輕、美麗、活潑、妖媚的夫人南子的「色」。

南子是個什麼樣的人呢？

第一，南子是有緋聞的名女人。

她的緋聞出現得很早，在沒有嫁到衛國之前，在宋國做姑娘的時候，就和宋國的一個帥哥，叫公子朝的有染。《左傳》上對此的記載，語焉不詳。但是有一條記載很難聽，說是有一天，南子跟衛靈公說：「我很想公子朝了。」衛靈公竟然把公子朝從宋國招來，讓他和南子相會。

衛靈公的太子蒯聵，到齊國去，中途經過宋國，宋國的老百姓看到衛國的太子經過，他們就故意唱一首很難聽的歌：「你們的小母豬，我們已滿足她。我們的小公豬，何時能歸還？」

蒯聵聽了以後，覺得非常羞恥，回來以後他就想把南子殺了。（《左傳．定公十四年》）

第二，南子是有好奇心的美女。

一聽說孔子來了，她很興奮。這麼一個大名人來了，她一定要見一見。於是放出風聲來，說：「凡是到我們國家來跟我們國君做兄弟的，我都要見一見。」逼著孔子去見他。

按說南子是一個名聲不好的美女，為了避嫌，孔子是不能見也不願見的，但是南子一定要見孔子，孔子是不是可以不見呢？

這就要講到南子的第三個特點了。

第三，南子是有權力的君夫人。

因為南子有好奇心，所以，她一定要見孔子。因為是名聲不好的美女，為避嫌，孔子不能見。但是，因為南子有權力，孔子又不能不見。

結果，孔子推辭，但不得已，只好硬著頭皮去見了。

顯然，孔子對南子這樣的女人期望值不高，覺得她就是一個任性的、我行我素的、不大照顧別人感受的人。去就去吧，應付一下。但是見了以後，竟然感覺還不錯。

南子站在掛簾的後面，孔子也不可能直盯著看，所以看得不是很清楚。他就給她行禮。他感覺到南子跟他還禮了，為什麼呢？因為他聽到對面傳來叮叮噹當的玉石的清脆悅耳的聲音，而且響了兩次。

孔子心裡一下對南子有了好感，還挺懂事的，還知道還禮，而且還了兩次禮。所以回來以後，就跟他的弟子們講：「我是不得已而見之，但是見了以後，她還挺懂禮節的。」

這話裡既是為南子說好話，也是為自己辯護，意思是這件事做得還不是太壞。這是孔子心虛的表現。

子路對老師去見南子非常不悅。孔子回來還說南子的好話，他更是異常不悅，於是，臉拉得很長，給孔子看。

孔子看了衛靈公的臉色，看了南子的美色，現在，他還要看子路的臉色。

孔子本來心就虛，一看到大弟子臉拉這麼長，孔子著急，沒辦法，就趕緊對天發誓：「予所否者，天厭之，天厭之！」（《論語．雍也》）

如果孔子我做了什麼不該做的事情，讓上天來懲罰，讓上天來懲罰我！

子路太認真了。這種事，就怕認真，不認真，就什麼事都沒有。一認真，就有事了。還是說不清的那種事。所以，逼得孔子只好對天發誓沒那個事。

離開衛國的時候到了

其實呢，見一下也沒關係。

第一，合乎禮。

按照《論語》的說法，國君的妻子，國君稱她為「夫人」，夫人自稱為「小童」；國內的人稱她為「君夫人」，在對其他國家的人說到時就稱為「寡小君」；其他國家的人也稱呼她為「君夫人」。那個時候，外國客人見「君夫人」，是可以的。（《論語·季氏》）

第二，無不見之禮。

君夫人一定要見你，而國君也不反對，一個外來客人，哪有拒絕不見之禮呢？所以，子路太認真了。

第三，見了又怎樣？

見一個有緋聞的女人，又不是和她去搞緋聞。這是孔子的思路。但是，孔子可能不明白：緋聞不是搞出來的，而是傳出來的。緋聞緋聞，不聞不緋聞，一聞就緋聞。反正孔子的這件緋聞，傳了兩千多年，是曠古及今第一大緋聞。

其實，孔子真是冤哉枉也。

他剛剛在魯國，被齊國的美人計趕出來。美人被定公、季氏接收了，他卻出國了。美人計、美人計，別人得美人，他中計。

現在，他到衛國，又陷入了美人的溫柔陷阱。

作家林語堂寫過一個獨幕劇《子見南子》，寫南子請孔子辦「六藝研究會」，孔子被南子的美與可愛迷惑，幾乎失智而不能把握自己。出來後，趕緊叫子路駕車，離開衛國。

子路問：「不救國救民了嗎？」

孔子回答：「我要先救自己了。」

林語堂是拿孔子開個歷史玩笑。

南子此時三十多歲，孔子當時已經五十六歲。

南子多情、浪漫，孔子高大健壯。按家族遺傳，他的父親年近七十還能捕獲一個十五歲少女的芳心。此時的孔子，高大健壯，成熟穩重，學識淵博，名聲遠播，這一切對於一個三十多歲的少婦，有吸引力是可以理解的。何況衛靈公此時已經垂垂老矣了呢。

如果女人的魅力來自於單純天真，男人的吸引力往往來自於飽經風霜的磨練。所以，孔子對南子，絕無他意，南子對孔子，未必無意。

但是，雙方懸隔太大，阻礙太多，即使像南子這樣敢於想入非非的女人，也不會對孔子產生非分之想。至多有一些仰慕之意，願意多和孔子見面說說話而已。

但南子對孔子的這分好感，倒讓孔子很困惑，並倍感騷擾。

一個多月後的一天，衛靈公和南子坐在馬車上，旁邊還站著一個宦官雍渠。那時的宦官，不一定閹割，實際上，這個雍渠乃是衛靈公的男寵。這三個人在第一輛車上，讓孔子坐在第二輛車上，一同出行。孔子這下覺得太沒面子了，孔子心想：「你國君身邊，一個女色、一個男色，把我放在後面，這算什麼事？」

司馬遷講：「孔子醜之。」孔子以之為恥，然後說了一句流傳千載的難聽話：

「吾未見好德如好色者也。」（《論語・子罕》）

確實不能再待下去了。只好選擇離開。

但是，他又能去哪裡呢？哪裡能找到舒心之地呢？

第五章

六十而耳順

「耳順」就是將別人的話當作自己的「耳邊風」，也就是：這個耳朵進，那個耳朵出。這類似於莊子所說的「舉世而譽之而不加勸，舉世而非之而不加沮」。也類似於但丁的話：走自己的路，讓別人說去吧。概括而言，就是八個字：理解別人，堅持自己。知道別人為什麼說，知道自己為什麼做，這是六十歲的孔子的境界。

第一節　聖者不避世

孔子離開魯國，第一站就到了衛國。可是在衛國呢，衛靈公的臉色讓他很難看，南子的美色又讓他很難堪，最終，他覺得在衛國待不下去了，離開了衛國。但是離開衛國以後，又能到哪裡呢？轉了一圈，無處可去，又回到了衛國。他曾經講過這麼一段話：

「賢者辟世，其次辟地，其次辟色，其次辟言。」（《論語．憲問》）

賢德的人啊，往往是避世的，次一等的呢？避地。離開一個地方，比如說孔子離開魯國，就叫避地。魯國不適合他了，那他離開它，到衛國，衛國不適合他，他離開它，到曹國，曹國不適合他了，他再離開它，他一直在避地。

地有什麼問題呢？還是人的問題，是國君的問題。國君的問題往往表現在語言和臉色上，所以「其次辟色，其次辟言」。有人因為國君說了難聽的惡言而避開他；但言可能有失，未必國君真的是惡人。而一旦臉色難看，對待自己已經沒有了禮貌，這就說明他真的是厭煩自己，不會聽從自己的主張了，這時要避開他。

更甚者，不僅是一個國君不好，他把一個國家都弄得混亂不堪，在這個國家顯然已經不可能有什麼作為，那還是離開混亂之國，去清明之邦吧。更甚者，是不僅一國混亂，整個天下都一片黑暗，已經無路可走，無國可去，沒有一個地方可以實行自己的主張了，這時就只能徹底心灰意冷，避世而去，做一個隱士。

避言、避色，都是躲開某一特定的、不喜歡的人，可以稱之為「避人」，也就是說，除了這個人，可能還有好國君，所以，「避人」的人還不絕望，因為他認為還有別的國君能實行他的主張。避地比避人進了一層，不僅國君不好了，整個國家都已無可救藥，只好離開這個國家。避世者更絕望，天下無一人、無一地可以實行他的主張，他只能避世而去，與世隔絕了。這就是那些隱士了。所以，隱士是徹底冷了心的人。

而孔子則是終生一副救世的熱心腸。

所以，孔子離開齊國，是避開齊景公；離開魯國，是避開季桓子和魯定公；離開衛國，是避開衛靈公。避言也好，避色也好，避地也好，都是避人。但是有一點我們要注意，賢者避世，孔子怎麼樣？一直堅持不避世，所以，孔子不是賢者，而是聖者！

聖賢聖賢，聖在賢之上啊。

孔子把這一點堅持住了，這就是儒家和道家的區別。這一點堅持住了，他和老子之間就有界限了，儒家和道家就有區別了。所謂儒家，就是糾纏於世道之中，介入當時的紛爭，為正義而戰。這就是孔子的儒家，這就是孔子的儒家的崇高，這就是孔子的儒家的精神，這就是孔子給我們塑造的士的精神。以前的士，就是一種職業，孔子以後的士，就擔當道義了，就志於道了。所以，周遊列國十四年，就是孔子避人的十四年，但是他永遠也不避世。

何為耳順

而且這個過程裡面，孔子還迎來了他人生中的又一個境界：六十耳順。

還有什麼比精神上攀越新的高度而更令人快樂的呢？

講到孔子的「六十耳順」，我們首先要搞明白一個問題，那就是：何為耳順？

說得通俗一點，「耳順」就是別人的話成了自己的「耳邊風」。用民間的說法就是：這個耳朵進，那個耳朵出。歸納一下，至少有三點：

第一，聽到逆耳之言不再大驚小怪——尊重別人的意見；

第二，聽到順耳之言不會沾沾自喜——明白自己的斤兩；

第三，聽完以後仍然我行我素——堅持自己的立場。

這類似於莊子所說的「舉世而譽之而不加勸，舉世而非之而不加沮」。也類似於但丁的話：走自己的路，讓別人說去吧。

概括而言，就是八個字：理解別人，堅持自己。

知道別人為什麼說，知道自己為什麼做。

知道別人說自己實際上是表達他自己──與己無關。

知道自己做事實際上是實現我自己──與人無關。

所以，把別人的話當成「耳邊風」，是一種境界。

第一，不計較別人，不糾纏別人，大度，寬容。

第二，不受別人干擾，不被別人誤導，不在乎別人的看法，不做給別人看，這樣，才能集中精力做成大事，完善自己的人生。

為什麼孔子在這樣的階段領悟到了這樣的境界？因為，周遊列國的過程，是他聽聞別人對他批評和表揚最多的時期。

孔子曾經說過：「自吾得由，惡言不聞於耳。」好像身邊有仲由這個猛人，就可以嚇阻那些不入耳的話。但是，對惡言充耳不聞，或者閉聰塞明，不是正當方法。正當的方法是：惡言聞於耳。──但是，聽到什麼，都沒有忤逆不順之感了。

在孔子周遊列國的過程裡，除了諸侯、政客、小人們排擠他，迫害他，敷衍他，他還受到來自同樣知識階層的嘲弄與誤解。

我們就來看看孔子聽到了哪些逆耳之言，以及他對待這些逆耳之言的態度。

有一次，在一條小河邊，孔子一行找不到渡口在哪裡了。遠處水田裡有兩個人在勞動，一個高個子，一個大塊頭。因為他們都站在水田裡，所以，《論語》後來根據他們的外形特徵，把他們記為「長沮」、「桀溺」。

孔子讓子路去打聽渡口。子路恭敬地向他們問路。

高個子長沮向遠處孔子一行望瞭望，問：「那駕車的人是誰？」

子路說：「是孔丘。」

長沮說：「是魯國孔丘嗎？」可見，孔子的知名度很高。

子路說：「正是。」

長沮說：「嗨，既然是他，他自己就該知道渡口在哪裡。」

這話說得難聽啊。意思是：他應該明白，他這樣顛顛簸簸是不會有什麼結果的！正確的方向不是往前走，而是掉轉車頭，回家！

子路原先是何等暴躁的人物？今天被別人如此挖苦嘲弄，按說會很生氣。但是，我們看到，子路恭恭敬敬。這就是孔子教育的效果了：他能把子路這樣的百煉鋼化為繞指柔。

子路不生氣，子路轉過頭去問大塊頭桀溺。——桀溺也是不回答他的問題，先來個反問：「您是誰？」

子路說：「是仲由。」

桀溺說：「世道紛亂滔滔，禮崩樂壞處處如此。你們和誰去改變這種現狀呢？至於你呢，你與其跟隨孔丘那種避人的人，還不如跟隨我們這些避世的人呢。」

一邊說，一邊還不停地翻土覆蓋播下的種子。

問了半天，這兩個人就是不告訴他渡口在哪裡，反而把子路教訓了一番，甚至要策反他，讓他和他們入夥。大概他們看到子路身體強壯，是個種莊稼的好把式。

子路回來把這些話告訴孔子。孔子悵惘地歎息說：「人是不能與鳥獸生活在一起的，我不與這世上的人在一起，還與什麼在一起呢？不正是由於天下無道，才要我們來努力治理嗎？假若天下有道，我孔丘就不會來改變它。」（《論語·微子》）

孔子的意思是：人怎麼能避世呢？既然是人，我們怎麼能離開人群，和鳥獸在一起呢？這就是知天命。是人，就有人的道德責任；是人，就有人的歷史使命，「天下有道，丘不與易也。」正因為天下無道，所以，我們才要努力去改變這種現狀，這才是我們的道德責任。知天命的人，一定會做這樣的選擇，一定不會把自己身上的擔子卸下來。

知其不可而為之

有一天，孔子的馬車正在楚國的大路上顛簸前進，突然一個人張狂地唱著歌從孔子的車旁經過，他唱道：「鳳凰呀！鳳凰呀！你這個衰人啊！你過去糊塗就算啦，以後你可改了吧！算了吧算了吧，當今從政危險啊！」

孔子一聽，這人是罵他啊！趕緊下車，想同這個人談談。這個人卻快步避開了，根本不願同他交談。（《論語．微子》）

這些人都認為他們比孔子聰明，但是我們要知道，一個人在這個世界上不是靠聰明活著，靠什麼呢？靠責任心。是什麼東西能夠讓我們成功？最重要的是有責任心。聰明不可貴，有責任心才可貴。

還有一位老人家，也是這樣。

子路跟隨孔子周遊列國，掉隊了。遇上一位老人，用木杖挑著鋤草的農具。大概子路有些急，所以，一見到這個老人，就問了一句沒頭沒尾的話：「您看見我老師了嗎？」

老人沒好氣地說：「四肢不勤勞，五穀分不清。誰是你老師？」把木杖插在地上，開始鋤草。

老人對子路沒好氣，大概是因為他不喜歡子路這樣不事生產的人。心想：「我都這樣老了，還親自勞動，養活自己，你們身強力壯，卻顛顛簸簸，周遊列國，傳食諸侯。」

那個時代，人們的社會分工意識還不明確，有這樣的想法也很正常，聽到類似這樣的指責，這就需要「耳順」。

子路拱手站在一旁——他要讓老人看看孔子的教學效果：被人搶白一頓，不但不生氣不發火，還恭恭敬敬拱手而立。

老人被感動了。就留子路住宿，殺雞、做黍米飯給子路吃，還讓兩個孩子出來見了子路。

第二天，子路趕上孔子，把這件事告訴了孔子。

孔子說：「這是隱士啊。」讓子路回去看老人，向他討教討教。子路又到了那裡，老人卻走開了，不願意再見子路。

子路回來，很鬱悶，就說：「不出來做官是不義的。您讓孩子出來見我，可見您還是很重視長幼之間的規矩。長幼之間的禮節不可廢棄，君臣之間的名分為什麼就廢棄了呢？您想潔身自好，卻亂了君臣間大的倫理關係。君子之所以要從政做官，是為了推行義。至於我們的道不能行得通，這是我們早就知道的了。」

可見，孔子對這些逆耳之言，給予了足夠的尊重。或者自己趕緊下車，要與人家交流看法，或者要學生趕回去求教。

他確實是到了耳順的境界了。

一個魯國曲阜外城的門房大爺，用一句頗滑稽的話，本來要嘲弄一下孔子，卻不經意地說出了孔子的偉大：

子路宿於石門。晨門曰：「奚自？」子路曰：「自孔氏。」曰：「是知其不可而

為之者與？」（《論語・憲問》）

我們後人把孔子稱之為「聖人」、「萬世師表」、「素王」等等。可他同時代的人，對他卻有一些不同的說法。

有崇拜他的，也有譏諷他的。也有譏諷而又不得不表示佩服的。

還有不少譏諷的話，本身就包含著對孔子偉大精神的概括。像這一位晨門，他對孔子的評價是：知其不可而為之。

這話說是譏諷也對，但卻出人意料地成為孔子偉大的救世精神的最好表達。

喪家之犬

還有一個人，大概也想諷刺孔子，卻也出人意料地傳達出孔子的精神氣質。

有一次，孔子帶著他的弟子到鄭國去，卻和弟子走散了。孔子一個人呆呆地站在城東門口，一副失魂落魄、惶恐無地的樣子。

子貢到處尋找老師，逢人就問。有一個人就告訴他說：「東門那裡站著一個人，他的額頭像唐堯，後頸像皋陶，肩膀像子產。可是腰以下比禹短了三寸，落魄得像個喪家狗。」

這個鄭國人的口氣真是不可靠。唐堯也好，皋陶也好，大禹也好，又沒有寫真集傳下來，他如何便如此熟悉唐堯、皋陶和大禹的長相和身材？連三寸的差別都能看出來？說子產還有點可信，因為子產是鄭國人，去世也才三十多年，此人見過，也未可知。

他為什麼要這樣陰陽怪氣地說話？很簡單，就是要拿孔子尋開心。

可惜，他這番話對我們瞭解孔子的長相毫無幫助，因為我們也不知道唐堯、皋陶、子產和大禹這四個人是什麼樣的，我估計子貢也不知道。

但是，子貢還是判斷出：這個人所說的，就是他的老師孔子。為什麼呢？因為這個鄭國人最後一句「累累若喪家之狗」的比喻很傳神啊！

子貢一聽，對啊，我的老師，就是這麼一副模樣啊！

他趕緊趕往東門，遠遠地，就看到一個老頭——他個子高啊——在那裡東張西望、失魂落魄，子貢趕過去，師生相見，分外親熱。子貢問老師：「老師，你知道我怎麼找到您的嗎？」

於是，把那些不可信的話全部告訴了孔子。那麼，孔子會如何反應？是生氣還是傷心？都不是，是開心！

他對前面什麼類同古代聖人長相的說法表示謙虛不受，但對於「喪家之狗」的說法卻欣然受之，並連聲稱讚：「說得真像啊，真像啊。」（《史記．孔子世家》）

就在耳順這一年，孔子倒是聽到了順耳的一個好消息，但是最後是空歡喜一場。

在這期間，魯國傳來消息，季桓子死了。此人和孔子有不少恩怨，兩人曾有比較親密的合作與信任，但終於分道揚鑣。人之將死，其言也善，病重的季桓子抱病出遊，望著魯國的山川城郭，感慨萬端。對身邊人說：「這個國家曾經是有希望強大起來的啊。只因為我得罪了孔子，不聽從他的教導，就失去了這樣的歷史機遇了。」在內疚自責之中，他回過頭來，對兒子季孫肥（後謚康子）說：「我死後，你一定要把孔子召回來。」

沒幾天，季桓子就死了。季桓子要兒子季孫肥召回孔子，一是為魯國著想，希望魯國在孔子指引下強盛起來；另一方面，也是出於自己的愧疚：他對孔子，畢竟抱有人格上的巨大尊重。孔子因為他的緣故背井離鄉這麼多年，他是難辭其咎的。他希望他的兒子能予以補償。

孔子聽到這樣的消息，一定是很感慨的吧。他自魯定公十三年（西元前四九七年）離開自己國家到此（魯哀公三年，西元前四九二年）已經五年，孔子聽到季桓子死前留言，大約還要晚一些。當初他離開魯國時，走走停停，徘徊觀望，行動遲緩。學生們埋怨他走得太慢，他說：「我走得這樣緩慢遲疑，這是離開父母之國的正常心情和正當方式啊。」（《孟子．萬章下》）

現在，聽到了這樣的消息，不能不觸動他的歸鄉之思。我們知道，孔子對魯國的感情，是雙重的。因為魯國對他而言，是雙重故鄉：血緣上的故鄉與文化精神上的故鄉。他生於魯國，自他的三世祖孔防叔開始（一說自他的五世祖木金父起），他的家族就在魯國繁衍生息，所以魯國是他名副其實的祖國。

同時，魯國的始祖為周公，魯國的文化是周公禮樂文化的嫡傳，在「禮失而求諸野」的春秋末年，周代禮樂文化的重鎮就在魯國。孔子全心仰慕的古代聖人，第一個就是周公；孔子熱烈讚美並堅決維護的古代文化，就是周王朝的禮樂文化。所以，魯國還是他的精神故鄉、文化故鄉，是他的思想資源。

他雖在外周遊，心卻時時牽掛魯國，眼光也時時在眺望著故鄉。

現在，他似乎看到了回國的希望，看到了回到自己國家一展政治抱負的希望。他興奮地對弟子們說：「回去吧！回去吧！我們家鄉的那些年輕人啊，奮發進取，志向遠大，我還不知道如何去培育修剪他們哩！」（《論語．公冶長》

看來，孔子的心情極好，回到故鄉的心情也很迫切，對未來更充滿了期望。那麼，這次孔子能回到魯國嗎？

第二節　大德容衆

孔子在耳順之年到來之時，還真的聽到了一個順耳的佳音：季桓子臨終留下遺言，要接任的兒子季孫肥召孔子回國。

但是季孫肥並沒有馬上召回孔子，正如司馬遷所說的，孔子的一生，「諸侯害之，大夫雍（障礙）之」。當季孫肥準備聽從父親遺訓要召回孔子時，一個叫公之魚的人阻止了他。

公之魚對季孫肥說：「以前你的父親用孔子，卻不能堅持到底，最終被諸侯嘲笑。現在，你再用孔子，又不能堅持到底，那不是還要被諸侯嘲笑嗎？你一家兩代都要因為孔子而在諸侯那裡丟臉了。」

季孫肥一聽，想：「對啊。這個孔子，罵過我爺爺，傷過我父親，如果我把他召回來，再忤觸了我，我季孫一家三代的英名都要毀在他一個人手裡了。」於是，季孫肥打消了召回孔子的念頭。

問題是，公之魚為什麼如此自信地說季孫肥用孔子，也會如同他父親一樣，會有始無終呢？很簡單，他知道孔子的政治追求、政治立場和三桓不同。三桓不會放棄自己的利益，孔子也不會放棄自己的立場。

大人有大人的思路，小人有小人的心思。小人的心思有他自身的邏輯，從他那個立場看，有他的合理性。小人的說法往往比君子的道理更能打動人，這是因為小人的說法往往更能觸及人內心中的私念，從而一拍即合，暢通無阻。而小人暢通無阻的地方，君子也就雍塞不行了。

孔子此次終於沒能回到魯國。一個小人的一番話，就讓孔子回國的希望破滅了。

魯國召回冉求

但是，不召孔子回國，季孫肥要承擔不順從父親遺命的罪責。所以，他們採用了一個折衷的辦法：召回孔子的弟子冉求。[1]

孔子有那麼多弟子，為什麼一定要召回冉求呢？因為在他們看來，冉求有兩個特點：第一，冉求是財政專家，可以幫助季氏斂財；第二，冉求比較聽話。

雖然魯國政府使者帶來的不是召他回國的消息，而是召冉求回國，孔子不免失望，但是，孔子還是為冉求高興，他對弟子們說：「這次魯國政府召冉求回國，不會是小用，一定是大用。」

子貢知道老師隱含的失望之意，尤其知道老師的歸國之念。他把冉求叫到一邊，叮囑他：「你回國了，一定要找機會，讓魯國政府召老師回國。」

孔子已經在外流浪五年了，古人五十為老，他已經六十多歲了，就像一片樹葉，已經泛黃，就要飄落，但是，根在哪裡呢？

看來，孔子還得在列國之間，周遊更長的時間。

這一年，恰好是孔子的耳順之年。

正如我們所提到的，耳順，是相信自己，堅持自己。而相信自己，堅持自己，是建立在對自己自信的基礎上的，自信，乃是因為知道自己的強大，所以，才不怕別人

1冉求（西元前五二二年—西元前四八九年），字子有，亦稱冉有。春秋末年魯國人，孔門十哲之一。

的批評和嘲弄。

健康的人，不怕風吹日曬，夏熱冬寒。強大的人，不怕風言風語，冷嘲熱諷。這一點，我們前面已經講到了。

同樣，一個強大的人，必是一個寬大的人。孔子，是一個非常有原則的人，但是，他更是一個非常寬大的人。劉向《說苑・君道》言：「大道容下，大德容眾。」孔子這樣的大德，就是一個容眾之人。

有一天，孔子向他的一個極聰明的學生子貢提了一個問題：

子曰：「賜也，女以予為多學而識之者與？」對曰：「然，非與？」曰：「非也，予一以貫之。」（《論語・衛靈公》）

孔子說：「端木賜呀，你以為我是一個有很多知識的人嗎？」子貢就回答說：「是呀，不是這樣嗎？」孔子說：「不是的。我只不過是有一個基本的價值觀罷了。」

這是孔子親自明確告知我們：他不是知識多、記憶力好，而是有一個一以貫之的系統的思想與原則。有了這一基本的思想與原則，他就能對形形色色的人和事作出判斷。

但是，在這裡，孔子並沒有告訴我們，他一以貫之的思想到底是什麼。孔子沒有說，而子貢也沒有再問。師徒之間，莫逆於心，猶如世尊拈花，迦葉微笑。可是我們只有苦笑：這一以貫之的東西，是什麼呢？

忠恕之道

在另一個場合，他對曾子又說了同樣的話：

子曰：「參乎！吾道一以貫之。」曾子曰：「唯。」子出。門人問曰：「何謂也？」曾子曰：「夫子之道，忠恕而已矣。」（《論語．里仁》）

孔子說：「曾參啊！我的道一以貫之啊。」

曾子說：「是。」曾子心領神會、莫逆於心。

孔子出去後，那些一頭霧水的人就問曾子：「你們倆打啞謎啊？夫子的『一以貫之』的道是什麼啊？」

曾子說：「夫子的思想，只是忠和恕罷了。」[2]

孔子曾給「恕」作過解釋，那就是：「己所不欲，勿施於人」。[3]

「忠」呢，就是「恕」的積極的一面：一個人想要的，也要儘量給予別人。用孔

2《中庸》亦云：「忠恕違道不遠。」朱熹在《四書集注》中則以「盡己之謂忠，推己之謂恕」詮釋「忠恕」二字。

3 其意近於《論語．公冶長》：「我不欲人之加諸我也，吾亦欲無加諸人。」

子自己的話說，就是：

「己欲立而立人，己欲達而達人。」（《論語．雍也》）

按說，忠是積極的道德；恕是消極的道德。忠要高於恕。但是，非常有意思的是，在「忠」和「恕」這兩個字中，孔子竟然認為「恕」，更為重要。

子貢問曰：「有一言而可以終身行之者乎？」子曰：「其『恕』乎！己所不欲，勿施於人。」（《論語．衛靈公》）

為什麼在回答子貢提出的這個問題時，在自己的一以貫之的兩個字裡，孔子幾乎是毫不猶豫地剔除了「忠」，而保留了「恕」呢？

要知道，「忠」的含義「己欲立而立人，己欲達而達人」可是他的核心思想「仁」的基本內涵啊。

恕的重要

孔子為什麼認為「恕」比他的「仁」還要重要呢？

第一，「忠」是對別人的幫助（「己欲立而立人，己欲達而達人」）。但幫助別人是需要能力的，沒有能力怎麼「忠」？可見，「忠」並不是人人能做到的，也不是一個人時時能做到的。

而「恕」，則是誰都可以做到的，因為它只講「己所不欲，勿施於人」，不把自己不願意的強加給別人。

簡單地說，「忠」是對別人做有益的事；「恕」是不對別人做有害的事。再簡化一下，「忠」是「做」；「恕」是「不做」。

「做」要能力，要條件，所以不是人人能做，時時能做；「不做」不要能力，不要條件，人人都可以不做，時時都可以不做，所以，我們可以終身行之。

第二，「忠」和「恕」的區別還不僅在此。

「忠」的定義是「己欲立而立人，己欲達而達人」，這裡面暗含著一個前提：那就是，人有共同的愛好與追求，甚至，人的所有愛好與追求都相同，不然，就不能得出「己欲立而立人，己欲達而達人」的結論。但問題是，每個人都是不同的。

人與人之間有相同的欲求，也有不相同的愛好。簡單地以為自己想要的別人也一定想要，從而一定讓別人要，就是強加於人。這是好心辦壞事。生活中這類情景太多了。

莊子就講了這樣一個故事：

一隻海鳥飛到魯國都城郊外停息下來，魯國國君一下子就喜歡上了這隻海鳥，把它當做寵物養起來。

他怎麼養這隻海鳥呢？他讓人把海鳥接到太廟裡供養起來，還給它獻酒，給它演奏「九韶」之樂，供奉「太牢」作為鳥食。結果呢？

海鳥被弄得眼花撩亂、驚恐傷悲，不吃一塊肉，不飲一杯酒，三天就死了。

莊子批評魯國國君說：這是用養人的方法來養鳥，而不是按鳥的習性來養鳥。（《莊子·至樂》）

這個魯國國君對這隻小鳥忠不忠？當然忠。他真的做到了「己欲立而立人，己欲達而達人」，自己喜歡玩的，自己喜歡吃的，自己要的派頭，都給了這隻鳥了。但是，卻害死了這隻鳥。

所以，「忠」是有界限、有實用範圍、應當加以約束和警惕的。實際上，孔門師徒對此是有警惕的。

孔子就勸過子貢：「給朋友忠告並好好引導他。但若對方不聽，就停止，不要自取其辱。」（《論語·顏淵》）

子游說：「對待君主過於殷勤，就會招致侮辱；對待朋友過於殷勤，就會被疏遠。」（《論語·里仁》）

除了對君，對友，孔子甚至提到對父母，也要適可而止。（《論語·里仁》）

第三，更為值得我們警惕的是，忠，只是相對真理。它是一柄雙刃劍，一不小心，它還會被壞人利用。

壞人假冒對我們「忠」，來代替我們選擇和思想，從而奴役了我們的靈魂。

這一點在中國古代太多了。在中國古代，用武力、用暴力來壓服人民，實行專制；但是還有一種專制，不是用武力，不是用壓服的手段，而是用忠的藉口，宣稱代表人民的利益，代表人民整體的利益，代表人民長遠的利益，所以人民都得聽他們的。

前一種專制用的就是法家的法、術、勢，例如，商鞅指導下的秦國，李斯輔佐下的秦王朝。後一種專制用的就是忠，例如，朱元璋時代的明朝，康熙、乾隆時代的清朝，宣稱代表「集體」的利益，然後理所應當地剝奪每一個「個體」權利。

古今中外，哪一個專制君主、獨裁者，不是聲稱代表人民的利益，從而冒充人民的代表，來實行獨裁統治呢？他們總是有壓服與懷柔兩種手段。而「忠」就是專制的最好偽裝。

特別需要指出的，也特別有意思的是，「恕」所包含的「己所不欲，勿施於人」的信念，恰恰是對「忠」的片面性的糾正，是對「忠」有可能導致的嚴重後果的預防，是對「忠」的歷史的、現行的、潛在的罪行的控告、警告與反抗。

恕，是孔子思想中核心的核心，而且，也是我們今天特別要重溫的最重要的價值，是中國傳統文化中最具有現代價值的思想。

去除自己眼中的梁木

講究恕道的孔子要求人們不要總是攻擊別人的不足。

樊遲陪著孔子散步，問老師：「我大膽地問一問，如何才能提高品德、消除邪念、辨清迷惑呢？」

孔子說：「問得好啊！先努力做，後考慮得，不就是提高品德嗎？批判自己的錯誤，不攻擊別人的缺點，不就是消除內心的惡嗎？一時氣憤，就忘掉自身安危，甚至連累自己的父母，不就是迷惑嗎？」（《論語．顏淵》）

總愛盯著別人的缺點而忘記自己的缺點，自己心中的惡也就不能驅除。所以，嚴以律己、寬以待人，即能消除自己內心的惡。

這個樊遲有沒有攻擊別人的缺點，我們不知道。子貢卻是經常攻擊別人的。老子說過，聰明的人因為明察，所以，總是把別人的缺點看得清清楚楚，如果忍不住，還會說出來。子貢非常聰明，這不是嗎，子貢又在議論評價別人了。孔子聽到了，撇撇嘴，說：「賜就那麼好嗎？要叫我呀，可沒有閑功夫去指責別人，我努力自己做好還來不及呢。」（《論語．憲問》）

耶穌也曾批評過類似子貢的人，也曾說過類似的話。在《馬太福音》第七章中，耶穌批評那些老是盯著別人不足的人說：「為什麼看見你兄弟眼中有刺，卻不去想想自己眼中有梁木呢？你自己眼中有梁木，你怎能對你兄弟說：『讓我去掉你眼中的刺』呢？你這假冒偽善的人，先去掉自己眼中的梁木，然後才能夠看清楚，去掉你兄弟眼中的刺。」

孔子說：「多責備自己而少責備別人，就可以避開怨恨了。」（《論語．衛靈公》）

還說：「君子求諸己，小人求諸人。」（《論語．衛靈公》）

這是什麼意思？就是告訴我們：君子總是磨礪自己，小人總是算計別人。

有時不但不要揭發、攻擊別人的不足，而且最好還要幫別人掩蓋他的缺點。

有一次，孔子要出門。可是，天在下雨，而孔子的車上沒有遮雨的車蓋。

弟子告訴他：「卜商有車蓋，向他借。」

老師出門遇雨，向學生借車蓋避雨，很正常。但孔子搖搖頭。不借。為什麼呢？

孔子說：「卜商的為人啊，很吝嗇財產。我聽說啊，與人交往，要把他的優點長處推出來，這樣，大家就都喜歡他了。要把他的缺點短處遮蓋起來，這樣，大家就不會厭棄他了。這樣的交往，才會長久啊。」（《孔子家語．致思》）

孔子想的，不是自己要被雨淋，而是卜商。

一個吝嗇的人，向他借東西，不是讓他為難嗎？借給你，他難受；不借給你，他難看。推人入兩難境界，我不仁。

一借而雙方都有失，那又何必呢？

與人交往，不但不要計較別人的不足，而且要幫助對方遮蓋他的短處。這是孔子對我們的啟發。

這是對學生。

魯昭公知禮乎

陳司敗（陳國司寇）問孔子：「魯昭公知禮嗎？」

孔子說：「知禮。」

孔子出來以後，陳司敗向巫馬期作了個揖，讓他走到跟前，說：「我聽說君子不黨，難道君子也結黨嗎？昭公從吳國娶了夫人，是同姓，為了遮醜，不敢叫她真姓名，只好稱她為『吳孟子』。昭公如果知禮，誰不知禮呢？」

春秋時，國君夫人的稱號，一般是用她出生的國名加上她的姓。魯昭公從吳國娶來夫人，吳國姓姬，便應稱「吳姬」。

但是，這個「姬」字卻萬萬稱呼不得。

因為，魯昭公也姓姬啊！

吳國與魯國都是姬姓，吳國是周文王的伯父太伯的後代，魯國是周文王的兒子周公姬旦的後代。魯昭公娶了吳國女子，就是男的魯姬娶了女的吳姬，娶了自家人了。雖然早就出了五服，但是，按照周禮的規定，同姓是不能通婚的。

於是，為了掩人耳目，魯昭公不稱她為「吳姬」，而稱「吳孟子」。（「孟子」可能是昭公夫人的字，見《左傳．哀公十二年》）

但是，不管你怎麼改換稱呼，吳姬還是吳姬，魯昭公還是做了一件非禮的事。所以陳司敗批評指責孔子：「君而知禮，孰不知禮。」還說他偏袒不公。

巫馬期把這些話告訴孔子。孔子含含糊糊地說：「我真幸運，假如有過錯，人家一定會知道。」（《論語．述而》）

這是自我批評：自己有錯。可是，魯昭公到底知禮不知禮？孔子還是不說。

這是對國君。

一天，魯國舉行練祭。按照周禮的規定，這種祭祀，禮杖不可拿在手中。可是在祭祀過程中，子路卻看見大夫們手上拿了禮杖。他覺得抓住了別人的錯處，就問孔子：「魯國的大夫在練祭時手執哀杖，符合禮嗎？」

孔子回答：「我不懂。」

子路很高興，跑出來就跟子貢說：「我一直以為老師什麼都懂，今天我才知道，老師也有不懂的啊。」跟了老師這麼多年，終於發現老師也有不懂的，他覺得驚喜。

子貢說：「你問了個什麼問題？」子路就把他如何問老師的話告訴了子貢。

子貢很聰明，一聽就明白怎麼回事，就說：「你在這兒待著，我進去幫你再問問。」子貢進去後見到老師，問道：「舉行練祭時手執禮杖是不是符合禮？」

孔子說：「不符合禮。」孔子懂啊。

子路、子貢問的是同樣的問題，而孔子的回答卻不同。為什麼？

其實兩人的問法有個小小的區別：子貢問的是舉行練祭時手執哀杖是否符合禮，而子路問的是「魯國大夫」在練祭時手執哀杖是否符合禮。區別在前面有沒有一個具體的指稱物件。

子貢出來後跟子路說：「不是老師不懂，而是你的問法就不符合禮。你的問題，是讓老師直接說魯國的大夫做得不對。你知道嗎？按照禮的規定，居住在那個國家，就不要隨便非議其大夫。所以老師只好說不知道。不是老師不懂，而是你不會問。」

（《孔子家語．曲禮．子夏問》）

這是對大夫。

人心高於禮儀

魯國有個人，為父（母）守喪，到了喪期結束的當天，就開始在家裡唱歌。子路聽到後就開始嘲笑：「這個傢伙太不像話，喪期一結束，就開始唱歌了。哎喲，你看他急成什麼樣。」

孔子一聽，就批評子路：「仲由啊，你什麼時候才能停止苛責別人呢？三年之喪，他已經夠苦了，做得很不容易了。今天服喪期滿，他唱個歌又有什麼不可以呢？你對人也太苛刻了。」

其實呢，孔子也覺得這個人的表現急了些，所以，子路走後，孔子又說道：「子路批評他，我把他說了一頓，可是這個人也確實做得有點過分了。今天喪期剛結束就唱歌，確實不好，如果再過一個月，就好了。」（《孔子家語．曲禮．子貢問》）

孔子也知道不好，他知道人家是錯的，但問題是，他不願意批評。人家有錯，並不是我們苛責他的理由，恰恰是我們寬容他的原因。別人的缺點，也不是我們指責的對象，不是我們幸災樂禍的對象，是什麼呢？恰恰是我們要加以呵護的對象，呵護別人的缺點，就像呵護別人的傷口一樣。這才是一種境界。

《左傳》上面曾經有一句話，說：「北方之君子，明於知禮義，而陋於知人心。」孔子就是北方君子，孔子不僅明禮儀，而且知人心。禮儀來自於人心，人心高於禮儀。明白這一點，我們才可能真正懂得禮的本質是什麼。

這是對一般人。

還有一則故事也跟子路有關。有個叫叔孫母叔的人，他的母親去世了。在給母親出殯時，他在一些細節上做得不符合禮，又給子路看了出來。子路就在那裡歎息：

「哎喲，這個人失禮了。」

孔子在旁邊冷冷地說：「他的作法合乎於禮。」

直率的子路急忙爭辯：「老師啊，《禮記》上寫得很清楚，他這樣做就是不對的。」

孔子告訴他：「人不是這樣做的，書不是這樣讀的，問題也不是這樣問的。你讓我怎麼回答你呢？你讓我直接說叔孫母叔的不是嗎？」（《孔子家語・曲禮・子夏問》）

不針對具體的人，不打棍子，不扣帽子，這樣的禮，才是可行的，而不是可怕的。

我們知道，孔子提倡「克己復禮」，並且把恢復周禮、嚴格執行周禮不僅看成道德問題，而且看成是政治問題，是他終身追求的——

政治理想：「為國以禮。」（《論語・先進》）

道德理想：「道之以德，齊之以禮，有恥且格。」（《論語・為政》）

社會理想：「禮樂不興則刑罰不中，刑罰不中則民無所錯手足。」（《論語・子路》）

人格理想：「立於禮。」（《論語・泰伯》）

所以他甚至要求人們：「非禮勿視，非禮勿聽，非禮勿言，非禮勿動。」（《論

語·顏淵》）

但是，就是這樣一個原則性的問題，在具體的人那裡，他仍然是通融的。

道德的棉襖

我們來舉一個例子，看看孔子和子路的不同。

有一天，子路問了孔子一個問題：「管仲[4]的為人怎樣？」

孔子回答：「仁也。」

可是子路不服。他說：「管仲遊說齊襄公，齊襄公不聽從，說明管仲沒口才。他想立公子糾為國君卻沒能成功，說明他沒有才智。家人在齊國遭到殺害他沒有憂傷，說明他沒有仁慈心。帶著鐐銬坐在囚車上他毫不羞愧，說明他沒有羞恥心。侍奉自己曾經用箭射過的國君，說明他不堅貞。召忽為公子糾殉死而他不死，說明他不忠誠。這樣的人難道可以稱為仁人嗎？」

言之鑿鑿，在他眼裡，管仲一無是處。

可是，對管仲的上述問題，孔子是怎麼看的呢？

孔子說：「管仲遊說齊襄公，齊襄公不聽從，那是襄公昏聵。他想立公子糾為國君卻沒能成功，那是時運不濟。家人在齊國遭到殺害他沒有憂傷，那是他知道審時度命。帶著鐐銬坐在囚車上他毫不羞愧，那是他能把握自己。侍奉自己曾經用箭射過的

4 管仲（約西元前七二三年—西元前六四五年），齊國潁上人，名夷吾，字仲，史稱管子。春秋時期齊國著名的政治家，有「春秋第一相」之譽，輔佐齊桓公成為春秋時期的第一霸主。

國君，那是他知道隨機應變。召忽為公子糾殉死而他不死，那是他知道輕重。」我們看，同樣的事實，卻有著不同的判斷。

孔子為什麼能當老師？子路為什麼只能做孔子的學生？境界不同啊！人生歷程如同穿過一片荊棘。而偏偏我們穿著道德的棉襖。誰能穿著棉襖穿越荊棘而不被刮得處處破綻？

蓋棺論定之時誰能保證道德上的完璧之身？因此，我們真的需要適度的寬容，甚至最大限度的寬容。艱難的人生，需要慈悲的情懷。

子張向孔子問怎樣才算仁。孔子說：「能在世上做到五點，算是仁了。」子張說：「請問哪五點？」孔子說：「恭、寬、信、敏、惠。」（《論語・陽貨》）這五個字裡，都是善待別人的，沒有一個字是苛刻待人的。

恭敬、寬容、忠信、勤敏、慈惠，善待別人，就是仁！但是，如此講究「恕」道的孔子，是否是一個老好人呢？

第三節　大愛大恨

子張問仁，孔子回答五個字：恭、寬、信、敏、惠。其實，還有五個字，與之很相似，那是子貢對孔子的個性的概括：溫、良、恭、儉、讓。

那是子禽對孔子超強的親和力感到迷惑，向子貢詢問：「先生每到一個國家，必能瞭解到那個國家的政事，是請求人告訴他的呢，還是人家自願告訴他的呢？」子貢說：「先生是以溫、良、恭、儉、讓（溫和、良善、恭敬、檢點、謙遜）的態度得來的。他老人家獲得資訊的方法總是和別人不一樣！」（《論語．學而》）

溫，為人很溫和，不激烈、不尖銳、不尖刻。

良，不僅僅是善良，它是指對萬事萬物有善意。我們在面對這個世界的時候，面對這個世界的人和物的時候，我們是不是有善意？這是良。

恭，就是恭敬，恭敬心、敬畏心。

儉，不能簡單理解為生活節儉，儉是指做事有分寸感，生活有分寸感，那就不奢靡浪費，所以生活節儉是儉的一個方面。

儉是對一切事物的一種約束。比如說，恭敬很好，但是恭敬過頭了那就不好了。所以，孔子反對「足恭」。[5]你在大街上碰到老師了，你說：老師好！打個招呼，很好。你走上前去跟老師握個手也很好，給老師鞠個躬也很好。但是你趴在大街上就給老師磕頭，那就不好了，為什麼？過分了，老師會很尷尬。如果是有意作秀，炒作自己，那是對師長的「綁架」——那就是人品不好了。所以，對這種過分的「恭」，孔子表示「恥之」。

所以，做任何事情，哪怕是該做的正確的事，也得要有分寸感，在哲學上講，這

5「足」音「巨」，「足恭」，過於謙恭。

就是度。差之毫釐，謬以千里，所以這個「儉」，是人生中非常重要的一個概念。最後一個字是「讓」，謙讓。這個社會總有競奪，競奪總不能以力量為唯一勝算，總不能以一切據為己有為唯一目標，那人類社會就變成叢林了。所以，人一定要學會「讓」。

關於孔子的氣質，《論語．鄉黨》有這樣的記錄：

走進朝廷的門，小心而恭敬，好像無地自容一樣。不站在門的中間，走路時腳不踩門檻。經過國君的座位，面色莊重，腳步加快，說話小心翼翼好像氣不足似的。出使外國行禮的時候，面色莊嚴恭恭敬敬，腳步緊張而小心，好像踩著一條看不見的線在走。舉行鄉人飲酒禮後，要等老人都離去，自己才走出去。

我們看，孔子在很多場合都拘謹。什麼叫拘謹？就是拘束自己，恭謹待人。一個人如果在任何一個地方都不拘束，這不是一個好事情。有的時候要有適度的拘束，適度的小心，甚至要有一點適度的緊張。為什麼？因為你對別人有恭敬心。

我跟我的學生說，你們到外面去應徵工作，面對面試官，你不要顯得那麼老練，那麼侃侃而談，好像什麼都不在乎，那未必是好事，人家不一定覺得你這個人很能幹。你適度地緊張，適度地拘謹，別人反而會覺得你很老實，因為適度的緊張和拘謹，可以表明你對面試官的恭敬。

恭敬的人，一定是拘謹的；自愛的人，一定是羞澀的。

「仁」的體現

當然，孔子有他自然放鬆的時候。
獻禮時，便滿臉和悅。以私人身分會見外國君臣時，和悅而又輕鬆。睡覺時不像死屍一樣四肢直挺，平日閑坐，也很放鬆，不像做客人一般拘謹。

《論語．子罕》有這樣的記載：

> 子見齊衰（古代用麻布做的喪服）者，冕衣裳者與瞽者，見之，雖少，必作；過之，必趨。（《論語．子罕》）

孔子遇見穿喪服的人，戴禮帽穿禮服的人和盲人，只要見到他們，即使是少年，孔子也一定站起身來，等他們經過；經過他們面前的時候，一定恭敬地邁小步快快走過。

對待不幸的人或弱勢群體，聖人內心一片仁慈，行為一派恭敬。

再看下面的一則：

師冕見，及階，子曰：「階也。」及席，子曰：「席也。」皆坐，子告之曰：「某在斯，某在斯。」師冕出，子張問曰：「與師言之道與？」子曰：「然，固相師之道也。」（《論語・衛靈公》）

師冕來見孔子，走到臺階邊，孔子說：「臺階到了。」走到坐席邊，孔子說：「這是坐席。」大家都坐下後，孔子告訴他說：「某人在這裡，某人在那裡。」古代的盲人樂師都有「相」，也就是扶持他走路的人，按說不必孔子指點。但是，孔子看見盲人進來，馬上眼睛就不離開他的一舉一動，隨時予以提醒，雖說於對方並不必要，但是，於自己，卻是一種自然的關心與牽掛。

這個盲人樂師，雖然看不見孔子的面容，但是聽著孔子溫和關切的提醒，他的內心，豈不感知到一種溫暖！

就是兩千多年以後，我們讀到這一段孔子對盲人無微不至的關照，一一指點的愛護，那種場景也還是如在眼前，那種聖人的慈祥，也還令我們感動不已！

其實，當場，就有一個學生被感動了。那就是子張。

師冕走了以後，子張問：「老師，您剛才的作法，就是與樂師講話的方式嗎？」孔子說：「是的，這本來就是幫助盲人樂師的方式。」

這就是「仁」在日常舉止中的體現啊。「仁」也就該體現在待人接物的日常舉止中。

對萬物的愛

豈止是對人呢，萬物都沐浴著聖人的仁愛啊！

子釣而不綱，弋不射宿。（《論語．述而》）

孔子只用竹竿釣魚，而不用網捕魚；只射飛著的鳥，不射夜宿的鳥。聖人以人道推及鳥獸之道，愛人而及物，所謂「恩及於禽獸也」。（孟子語）

釣魚，是給魚選擇的機會，是魚兒主動上鈎。且所釣之魚，總是有限的。網魚，是魚別無選擇而置之死地。且往往是一網打盡，趕盡殺絕。

射飛著的鳥，是給鳥以逃生的機會。射夜宿的鳥，則是出其不意。於鳥而言，沒有逃生的機會，於人而言，機心尤其歹毒。

人類為自己的生存，不可能不殺生。但人類有靈魂，有愛心，殺生要有其道，要有節制，有遊戲規則。尤其不能在濫殺、虐殺中培育惡的種子。

人類性情中的殘忍，往往是在被虐殺的動物的鮮血中吸取營養的。因此，反對虐殺，既是保護相對於人類顯得弱小無助的動物，更是保護人類靈魂的善。

商湯網開三面（亦作網開一面），孔子釣而不網，弋不射宿，這正是人類博愛精神的典範。

在今天，在物種不斷因人類活動而滅絕的今天，這種博愛精神，尤其值得我們推崇。

我們今天，很多人捕魚，已經不用網了，用什麼？用雷管、用炸藥！往水邊一站，雷管往水裡一丟，一聲悶響，一應水族，全部漂在水面上！然後，把大的揀起來，往塑膠袋中一扔，轉身再去別的水域。

何等有效率！

什麼是最可怕的人？就是這類只講效率不計其他的人。

什麼是最可怕的文化？就是只講效率功利不計其他的文化。

什麼是沒有未來的民族？就是只講效率，只講利害，只講功利，以成敗論英雄的民族！

因為，這樣的人、這樣的民族、這樣的文化，都是沒有心靈的。

仁慈的力量

孔子到衛國去，在途中遇見以前住過的旅社家主人的喪事。孔子走進去，哭得很悲傷。出來之後，叫子貢解下駕車的馬送給這個人家。子貢說：「老師，僅僅相互認識的人家的喪事，按禮的規定，不能贈送禮物。您現在要解下駕車的馬送給舊時館舍人家，是不是太重了？」孔子說：「我剛才進去弔喪，悲傷得流下了眼淚。我怎麼能光哭而無所表示呢？你去做吧！」

一個如此普通的人，沒有什麼交往的人，他的死亡也能讓孔子如此悲傷。以至於不解駕相送就不足以平復心中的傷痛。

子食於有喪者之側，未嘗飽也。（《論語．述而》）

子於是日哭，則不歌。（《論語．述而》）

孔子在有喪事的人旁邊吃飯，未曾吃飽過。孔子在那一天弔喪哭泣過，就不再唱歌了。對別人的悲傷感同身受，是一個人崇高人格的組成元素之一啊。

這是什麼？這就是慈悲啊！

因為慈，所以悲。因為悲，所以慈。

因為我仁慈，所以我為世上的一切不幸而悲傷。

因為我知道世道的悲涼，所以我內心充滿對世界萬物的仁慈。

再看看孔子如何對待一條死去的狗。

孔子的看門狗死了，孔子很難過，讓子貢去埋掉它。又不放心，交待子貢說：「馬死了，用帷幔裹好了再埋。狗死了，用車蓋裹好了再埋。你去把它埋了吧。我聽說，破舊的帷幔不丟棄，為的是留著埋馬；破舊的車蓋不丟棄，為的是留著埋狗。現在，我沒有車蓋。你埋狗的時候，給它弄張席子吧。不要讓它的頭直接埋在土裡啊。」（《孔子家語·曲禮·子夏問》）

你說子貢這樣的一個人，埋一條狗還不會嗎？還用您老人家囉嗦的交待嗎？這裡體現的是孔子對一條狗的感情啊。他一想到狗的頭直接埋在土裡，他就受不了啊。

為什麼有些人心地純善？就因為他常常受不了。

為什麼有些人心地殘忍？就因為他常常受得了。

什麼叫文明？文明就是對很多東西受不了。

什麼叫野蠻？野蠻就是對很多東西受得了。

什麼叫文化？文化就是軟化，就是把我們的心靈柔軟化。但是，柔軟不是軟弱。仁慈就是一種力量。

講到這裡，我們可能會覺得：像孔子這樣的人，一定是不會攻擊別人的，但是，事實並非如此。

金剛怒目

有愛的人一定有恨。有大愛的人一定有大恨。

孔子，有其慈眉善目的一面，也有金剛怒目的一面。慈眉善目的一面，是「仁」。金剛怒目的一面，就是「義」。

因為這是一個善惡並存的社會，是強弱並存的社會。既然如此，善善惡惡，鋤強扶弱，就是我們的道德，就是我們的正義，就是我們的良知。

而那些毫無原則的老好人，根本就不配作為君子仁人。

孔子反對苛求別人，提倡寬容，那是對於人的個人私德，或僅涉於自己的品格。而對於那些傷害他人、違背公義的人和事，孔子從來都是怒目以對、惡語相加、毫不假以辭色。

所以，孔子極其厭惡的人，就被他稱為「德之賊」的「鄉愿」。

在孔子所罵的人之中，這種人最可惡、最該罵。為什麼「好好先生」是「德之賊」？因為他沒有原則。

其實，孔子之所以成為聖人，就是因為他介入當世紛爭，為正義而戰——為此，他不遺餘力地「攻擊別人」。

比如說他就攻擊魯國的執政季平子：

「八佾舞於庭，是可忍也，孰不可忍也！」（《論語・八佾》）

這就是聖人之怒。聖人為什麼怒？為原則而怒，為公道而怒，為天理良心而怒。

而且，他的這句話，還在邏輯上包含著這樣的意思：一切忍耐——包括聖人的忍耐——都是有限度的。這個限度就是：底線。

世間萬物萬事有底線，本身就說明了：

在這個世界上，總有一些東西我們不能忍，總有一些東西我們不必忍，總有一些東西我們不會忍！

只有毫無道德堅持的人，才會毫無憤怒與攻擊。

孔子攻擊齊景公：「齊景公有四千匹馬，他死的時候，人民找不到他的什麼美德來稱頌，伯夷、叔齊餓死在首陽山下，人民至今還在稱頌他們。」（《論語・季氏》）

他攻擊衛靈公，罵他「無道」。此公對孔子是不錯的。孔子周遊列國十四年，大多數時間都待在衛國，衛靈公參照孔子在魯國當大司寇時的俸祿來安頓孔子，解決了孔子和他的那些弟子們的衣食住行問題。但是，即便如此，孔子還是要罵，為什麼？

君子不為私交害大道也。

《禮記・檀弓上》記載：孔子在宋地居住，看到司馬桓命人為自己做石棺，三年沒有做成。弄得工匠苦不堪言。夫子說：「像這樣奢侈浪費，死了就該快點爛掉。」這是咒人死後早早腐爛。

後來，孔子遭到了司馬桓的嫉恨，在經過宋時，差點遭到他的殺害。

南宮敬叔回國謀求復職，必定用車裝載寶物而賄賂。孔子說：「像這樣賄賂，丟了官就該徹底貧困。」這是咒人早日破產。

要知道，這個南宮敬叔還是他的學生呢。

鳴鼓而攻之

我們看他如何罵樊遲。

樊遲來問他怎麼種白菜、種莊稼，孔子很生氣。在樊遲轉身走了以後，他在後面破口大罵：「小人哉，樊須也！」（《論語・子路》）

這不算嚴重。

我們看孔子罵冉求。冉求在他七十二賢弟子中是出色的，至少能排在前十名。而且，孔子晚年能體面地回國，落葉歸根，還靠了冉求的努力。可是冉求在季氏那裡做官，幫著季氏聚斂財富，剝削百姓。孔子獲悉後非常憤怒，直接宣布與他斷絕師生關係：

「非吾徒也！小子鳴鼓而攻之可也。」（《論語・先進》）

是的，聖人沒有私仇，但有公仇。為了公仇，他毫不猶豫地亮出他攻擊的矛！這還不算嚴重。

罵得最重的是誰？當然是宰予。[6]

宰予大白天睡覺。孔子罵他：「朽木不可雕也，糞土之牆不可杇[7]也。」腐朽的木頭不能再雕刻了，糞土般的牆壁不能再粉刷了。

你說這話罵得過分了？可是孔子說：「對於宰予這個人，還能給他什麼樣的批評呢？」

罵完了，氣還沒消，又說：「開始時，我對於人，是聽了他的話便相信他的行為；現在，我對於人，是聽了他的話還要觀察他的行為。宰予這個人使我改變了觀察人的方法。」

在《論語》裡，孔子張口小人，閉口鄙夫，這都是罵人的話。

「吾未見好德如好色者也」——罵盡天下好色人。

「吾未見剛者」——罵盡天下多慾人。

「吾未見好仁者」——罵盡天下不仁人。

6 宰予　字子我，又名宰我，春秋末年齊國人。孔門十哲之一，以言辭見長。

7 「杇」音「污」，粉刷之意。

「未聞好學者也」——罵盡天下懶惰人。

一部《論語》，罵盡天下人。這樣的罵還算客氣的。

孔子甚至還罵人斷子絕孫。這種近乎潑婦的罵法，竟然也出自孔子之口。

子游問孔子：「喪葬的時候，用泥土做車，用草紮動物來殉葬，自古有之。然而現在有人用木偶人來殉葬，我覺得這對喪事沒有什麼好處。」

孔子說：「用草紮動物很好。用木偶人殉葬，是不仁。這不就近於用活人來殉葬嗎？」（《孔子家語．曲禮．公西赤問》）

於是，孔子罵道：「始作俑者，其無後乎！」（《孟子．梁惠王上》）

我們知道中國在古代有一種非常野蠻的活人殉葬制度。後來，人們漸漸地認識到這個制度是野蠻的，於是就用泥俑替代人，埋在墳墓裡面，算是殉葬。但是就是這樣，孔子還是忍無可忍。

因為雖然泥俑不是真人了，但是這個形式本身，包含著一種罪惡的觀念。這種罪惡而反人道的觀念讓孔子忍無可忍。

君子也有憎惡

事實上，孔子不僅罵人，他還會打人，而且打的還不是一般人，竟然是一位老人！

孔子有一位老朋友，叫原壤，一輩子放蕩不羈，不像樣子。舉一個例子就知道了：原壤的母親去世了，孔子去弔唁。可是原壤一點悲痛的神情也沒有，高高興興的，連喪事都沒有料理。孔子是一個料理喪事方面的行家，對殯葬之禮非常熟悉。於是他就和弟子們留下來幫他料理喪事。孔子親自幫原壤的母親整治棺材，在棺材板上畫圖案。這時候原壤在幹什麼呢？他在旁邊唱歌，唱到最後，甚至跳到棺材板上去唱了。而且唱的還是那種靡靡之音：「你的粉臉好狐媚，你的小手好柔軟。」

弟子們看不下去了，但孔子還是看在原壤死去的母親面上，把這個喪事給辦了。（《禮記．檀弓》）

這一次孔子算是忍了。後來，兩人都到了晚年，有一天孔子拄著拐杖到原壤的家裡。原壤看到孔子來了，是一個什麼樣的態度呢？一屁股坐在地上，兩腿伸得老遠。這是非常傲慢、非常粗野的坐法，孔子對他破口大罵：「你這個人，少年不努力，中年沒建樹，晚年一事無成還老而不死！你就是一個賊！」拿起拐杖就敲打他的腿：「把你的狗腿給我縮回去！」（《論語．憲問》）

孔子這個時候年紀很大了，但是，火氣還是很大。

我們不要以為修養的最後境界是心平氣和。心平氣和當然是一種境界，但未必是最高的境界，更不是唯一的境界。

對個人的得失，心平氣和是一種境界，對公共問題也心平氣和就不是什麼境界。

面對邪惡時有道德憤怒，面對善良遭到邪惡的侵害時有道德痛苦，這才是道德的最高境界。道德的最高境界不是道德感的麻木，相反，是道德感的更加敏銳。一個人的道德憤怒和道德痛苦愈是強烈，他的道德境界就愈高。道德憤怒和道德痛苦的強烈程度是一個人道德意識高低的天然尺度。

很多人，沒有了良知，沒有了正義感，把麻木當成修養，這是自我閹割。這類自我墮落的小文人，在中國歷代都很多，看他們津津樂道、沾沾自喜自己的「心平氣和」，把這看作最高的境界，我在覺得他們可悲的同時，也覺得可笑：難道孔子還沒有他們的境界高嗎！

而更有一些心地險惡之人，總是勸誘別人：面對不平要心平，面對不和要氣和。魯迅先生曾經告誡我們，這類人，千萬不要相信他！

孔子說過這樣的一句話：

「唯仁者能好人，能惡人。」（《論語．里仁》）

「好人」，是喜愛人；「惡人」，是厭惡人。仁德的人一定具有兩個特點：那就是對於正義的、對於善良的，他愛；對於邪惡的、對於殘暴的，他恨。這種愛和恨才是一個人內心高貴的體現。

有愛有恨是正常人，大愛大恨可能就是聖人。

我們要小心什麼樣的人？

子曰：「眾惡之，必察焉；眾好之，必察焉。」（《論語・衛靈公》）

眾人都厭惡他，一定要仔細考察這個人；眾人都喜歡他，一定要仔細考察這個人。

一個人，人人都厭惡他，可能是大惡；
一個人，人人都喜歡他，往往是大奸。

子貢曾經問老師：「君子也有憎惡嗎？」孔子大聲回答說：「有！」（《論語・陽貨》）

第四節　仁者的義務

孔子六十耳順之年，在陳國。本來可以回國，但由於公之魚從中作梗，孔子還得在陳國待下去，並且，一待就是三年。

陳國是個弱小的國家，和吳國交好則楚國來攻，與楚國交好則吳國來逼，這樣的處境，也與魯國相似。孔子曾經說過，「危邦不入，亂邦不居。」（《論語・泰伯》）在陳國待了三年，生活雖然無憂，壯志卻自難酬。怎能在這樣平淡的日子裡目睹自己的雄心付之東流而心安理得？孔子想走了。

恰好此時吳國攻打陳國，楚國來救。楚昭王聽說孔子在陳蔡之間，準備聘請孔子。孔子也對這個南方大國很好奇、很嚮往，便決定冒險以往。

而等待他的，正是他平生最大的一次磨難。

要到楚國去，必須經過原先蔡國的故地。就在陳蔡之間，孔子和他的學生們帶的糧食吃完了。這邊脫離了陳，那邊與楚還沒有接上頭，他們在野外陷入孤絕之境。幾天下來，有些學生已經餓得趴下了，起不來了。

孔子「不怨天，不尤人，知我者其天乎！」他坦然面對一切，並把這一切看成是人生磨練和品行琢磨的機會，他依舊講誦弦歌，撫琴吟唱。但是，此時弟子們的不滿和悲觀的情緒卻在滋長和蔓延。他們已經跟隨老師周遊列國八年了。八年來，他們懷抱理想，追隨理想，艱苦備嘗，顛沛以之。他們砥礪人格，修養品德，如琢如磨，如切如磋。可是，他們卻處處碰壁，迄無成功。

在孔子琴聲悠揚的時候，一些人的內心卻一片煩躁。那個急躁、直率的子路便是最突出的一位。他已經怒形於色了——他想不通為什麼在這種時候老師還這樣不疼不癢，不驕不躁，不急不慢，他對同學們發牢騷：「老師在這種時候還彈琴，還唱歌，難道符合禮嗎？」（《孔子家語．困誓》）於是，他走進老師的住處，開口就問了老師一個有關道德的大問題：

「君子亦有窮乎？」（《論語．衛靈公》）

要瞭解子路這句問話的意義，我們還要稍微瞭解一下有關道德信仰的問題。

道德是人的天命

對道德的信仰，有三種境界：

第一，不信道德有好處，不守道德。

這種人就是我們常常說的壞人，他不相信做好事有好報，不相信道德對我們有好處，所以他就不做好人，做壞人，這是一種境界，最低的一種境界，生活中總有這些人。

第二，相信道德有好處，謹守道德。

生活中，絕大多數都是這樣的人，他們總相信做好人有好報。一般人帶著這樣的信仰非常好，這種信仰能夠讓一般的人在大多數的時間裡面，在大多數的環境裡面，做一個好人。

第三，不信道德有現實的好處，仍然謹守道德。

不相信道德會有一個預期的好結果在等著我們，但是即使如此，我們還要做個好人。做好事不一定是我們的義務（因為好事太多了，不可能每件好事都要做），但是，做好人一定是我們的義務。

在這三種境界裡，前兩種境界好理解，合乎我們一般的邏輯。第一種境界，就是所謂的道德意義上的壞人。第二種境界，就是絕大多數有著純樸的道德信仰的好人。第三種境界不好理解。既然道德沒好處，那麼我們為什麼還要堅持道德？

答案就是：道德是人的天命。認識到這一點，達到這種境界的，就是賢人。實行道德便是在履行自己的天命。於是，履行道德的過程也就是成就自己的過程。所以，道德不能讓我們成功，但是，道德可以讓我們成仁。[8]

那我們對照一下，子路恰恰處於道德信仰的第二個境界上。

子路是一個純樸的人、天真的人、熱情的人。一個內心陽光的人，他對孔子、對道德有著非常純樸的信仰：做好人，有好報。有著這種信仰的人非常可愛，所以，子路是孔子弟子中最可愛的一位——他的思路是：既然我們是君子，是德行高尚、理想純潔、匡世濟民、仁慈博愛的人，我們就應該在這個世界上處處行得通，就應該在這個世界上處處受歡迎、受到追捧！難道我們這樣的人在人世間還會如此困厄而一籌莫展嗎？

8 勞思光在《新編中國哲學史》（三民出版）中，以「義命分立」之說詮釋孔子思想。道之「行」或「不行」，是成敗問題；道之「應行」，是是非問題。人所能負責的是是非問題，而非成敗問題。前者是「義」的觀念，屬於「自由」領域，後者則是「命」的觀念，屬於「必然」領域。人只能在「義」處作主宰，卻不能在「命」處作主宰。

顯然，在這樣的時候，他是對道德及道德行為的有效性提出了懷疑。這種懷疑，可以使一個尚欠缺宗教情懷的人，尚未明瞭天命的人從不通道德而變為不守道德，從而墮落到第一種境界中去，變為一個壞人。

子路是站在功利的立場上來認識道德的，從這個立場出發得出的結論當然是這樣的：一個人，既然是尊崇道德的，既然是按道德的要求，做道德的人，行道德的事，那他就理應受到道德的保護，享受實行道德而該得的好處和報酬。

但這顯然不是道德的本質，更不是人的最高境界。有著這樣純樸的道德信仰固然很好，但是，這種人經不起考驗。

君子固窮

有這樣一個笑話：

一位男士下班經過一家商場，看見很多女士擁擠在一起搶購一種化妝品。他覺得也可以買一瓶帶回家送給太太，就站在那裡排隊。可是那些女人們都不排隊，他排了一個小時的隊，也沒有輪到他。於是，他也加入到擁擠爭搶的行列。

有人提醒他：「你是一個紳士，怎麼能這樣呢？」

他說：「我已經做了一個小時的紳士。現在，我不要做紳士，要做女士。」假如做紳士不能得好報，就不做紳士了——道德信仰就在這裡坍塌了。

這個問題說明了兩點：

第一，從社會的角度言，要讓大多數人做好人，必須建立一個好人不吃虧的制度和秩序。

第二，從個人角度言，你要下決心做好人到底，就必須接受好人也吃虧，君子亦有窮的現實。

這第二點，實際上是破除道德有效性的迷信，把道德信仰建立在理性之上。道德的有效性是一種迷信。但這種迷信有一種好處，它可以使大多數人在大多數情況下處於道德狀態，做一個好人。

但是，對於一個追求大道的士來說，停留在這樣的對道德有效性的迷信中，是很危險的，因為它會導致士人在行道過程中的不堅定，甚至放棄。所以，孔子意識到，必須打破子路這種對於道德的迷信，然後，才能置之死地而後生，重新樹立道德信仰。

於是，孔子毫不客氣地就給他指出了生活中的血淋淋的真相，這個真相就是四個字：君子固窮。

子曰：「君子固窮，小人窮斯濫矣。」（《論語·衛靈公》）

這對子路不啻是當頭棒喝。孔子告訴他：「錯了！君子，正因為他講道德，所以倒是常常被掣肘，時時被打壓，往往行不通！」為什麼呢？因為，君子為人講原則，做事擇手段，求進取卻又有所不為！

這是對道德的極透徹的理解，悲觀而又崇高。孔子的意思是，道德只能保證我們成仁，而不能保證我們成功。

有時兩者甚至矛盾：我們必須在不成功中成仁，也就是說，在世俗功業的失敗中成仁——這就是磨礪，這就是考驗。我們是安然接受一次道德的失敗？還是孜孜追求一種缺德的成功？是保有人格尊嚴而失敗，還是喪失人格得成功？簡單為一句話：我們是要一次高尚的失敗，還是要一種低俗的成功？

莊子曾經說過一句非常好的話：「成也，毀也。」（《齊物論》）很多人，世俗的事業成功了，人卻失敗了。在他們不擇手段地追求世俗成功的過程中，他們丟掉了親情，丟掉了朋友，丟掉了人格，丟掉了道德——一句話，丟了人。他可能升了官、發了財，名有了、利有了，但人毀了，不再是一個道德上的好人，不就是一個人毀了嗎？相反，有些人世俗的事業也許並不成功，但是，他保持住了做人的本分。

我們做一個不恰當的比喻，就人生來講，道德就像我們身上穿的一件棉襖，而人生的歷程就相當於一片荊棘林，你穿著棉襖走進荊棘叢中，會有什麼樣的結果？

你的道德棉襖一定被刮得處處破綻，這就是人生的真相。

所以當我們穿著道德的棉襖，走過人生之途之後，我們蓋棺論定的那一天，我想誰也不敢說，他自己是完璧之身，誰也不敢說他在道德上無可指責。

那麼在人生的荊棘林中穿行的時候，你如果要想更快地成功、更大地成功、更有效率地成功，你一定是只顧往前走，結果就是什麼？結果就是你身上道德的棉襖千瘡百孔。

而如果你想讓這個道德的棉襖，能夠保護得好一點，你一定會怎麼樣？走得小心一點，走得慢一點，甚至會處處感到困頓。

所以，我們是想在成功的路上走得更快，還是把更多的精力花在保護我們的道德的棉襖上？這確實是一個兩難選擇。而這個選擇的結果，就劃分了小人和君子。

人能弘道

道德有沒有好處？當然有，修煉道德雖不能讓我們成功，但卻能讓我們成仁，這不是道德最大的好處嗎？

所以，孔子說：「小人窮斯濫矣！」

什麼叫濫？河水氾濫，河水本來在河床中走，現在氾濫了，沒有規矩了，沒有方向了，沒有目標了。所以你說道德有沒有好處呢？有好處。道德的好處不是有助於我們成功，道德的好處是可以阻止我們的墮落，這就是道德的好處。

君子固窮，小人窮斯濫。在這種對比中，我們發現，一個人有沒有道德，有沒有道德的意識，有沒有道德的約束，結果是大不相同的。

君子固窮，但窮且益堅，窮不失志。

君子的人格不會因窮而墮落。

君子的精神不會因窮而萎靡。

君子的氣質不會因窮而委瑣。

而小人呢？也許在得志時還能有一些派頭、模樣。一旦窮，就會失去方向，無所不為，用孟子的話說，就是放辟邪侈，就會下流，就會墮落，不用別人再來打擊他，他自己就會自輕自賤。

所以，最大的失敗一定是人格的失敗，最大的窮一定是人格上的窮，這就是君子和小人的區別。而通過這種區別，我們能知道道德給我們帶來的好處是什麼：道德不會保證我們成功，但是道德能夠保證我們不會墮落；道德能夠保證我們在失敗的時候仍然有精神、有尊嚴。這難道不是最大的好處嗎？

但是，能站在功利之外看道德的人，畢竟是不多的。孔子從忠厚的子路那裡，發現即使像子路這樣受過他的教誨，並且有真誠的道德追求的人，也對道德的本質有很大的誤會。所以，孔子又對子路感慨道：

「由，知德者鮮矣！」（《論語·衛靈公》）

孔子的這句感慨是什麼意思呢？就是——

懂得道德真諦，追求道德人格，有真正的道德信仰的人，不多啊！

明白道德並不保佑我們成功，而是幫助我們成仁，這樣的人，不多啊！知道成仁比成功更重要，從而追求成仁比追求成功更迫切，這樣的人，不多啊！

什麼叫做成仁？在孔子看來，就是成為在道德上完善的人，在人格上完成的人；用馬克思的話說就是「人的自由而全面的發展」；用毛澤東的話說，就是一個高尚的人，一個純粹的人，一個脫離了低級趣味的人。這樣的人，他不會希求道德給他帶來什麼好處。他知道，道德是天命，是無可迴避的義務，沒有什麼條件可講。

做道德的人就是做自己，跟別人無關，跟成功無關，跟人生其他的目標和功利的目的無關，做一個道德的人是我們的義務，不是我們的手段。

我們實行道德，不是為了別人，而是為了我們自己。

我們實行道德，不因為別的，就是因為我們是人。

因為我是人，所以就要做道德的人，道德和人之間是不可分離的，簡言之，道德是人的天命。所以，孔子說：

「人能弘道，非道弘人。」（《論語．衛靈公》）

歷來注《論語》的人都認為這兩句不好理解，那是我們沒有進入孔子的境界，沒有達到他的精神高度。其實，這兩句意思最明白不過了——

道不保護人，是人保護道。

孔子的這句話裡，有著一種悲劇的崇高：熱愛真理與正義的人往往得不到真理與正義的庇護，也不去祈求真理與正義的庇護。但是，這並不降低真理與正義的價值，更不能減弱我們對真理的熱愛和對正義的信仰。我們不要祈求真理與正義來支持我們，恰恰相反，我們必須以自己的血肉之軀去支撐真理與正義。

強者保護道。弱者尋求道的保護。

在孔子的一生裡，我們沒有看到「道德」幫孔子的忙；恰恰相反，我們看見孔子在不懈地弘揚道德、鼓吹道德。《論語》中孔子有幾次講到成功？沒有！一部《論語》，就是告訴我們怎麼成仁。我們可以做得比現在更好，我們可以終身向上。

不相信與不能堅持自己

通過子路的迷惑和徬徨，孔子覺得有必要進行一場有關人生、有關道德的討論。為了不受干擾地瞭解不同弟子的思想狀況和對道德問題的認識程度，他採取了個別談話的方式。他設置一個情境題，這個情境就是他們此時的真實處境。

他先叫來了那個牢騷最多的子路，問了他這樣一個問題：正如《詩經》裡感歎的，「我們不是犀牛，不是老虎，卻為何徘徊荒野？」難道是我們的主張不對嗎？我們為什麼受困在此？

忠直的子路仍然對道德的世俗功用抱持信心，所以，他還是從自身找問題：「那是不是我們還未達到『仁』的境界？人們不讓我們伸張？是不是我們還不夠智慧，所以，人們不讓我們通行？」

子路的問題在於：不能相信自己。

這實際上還是那個前提：子路還是相信，假如我們真的仁了，我們真的智了，那我們一定不會有這樣的處境，我們一定很順利。現在既然我們處境很不好，那就說明，我們還不夠仁，我們還不夠智，這還是跟他的道德迷信有關。

孔子回答道：「仲由啊，假如仁德的人一定能夠伸張，哪裡還會有伯夷和叔齊？假如智慧的人一定通行，哪裡還會有比干？」

像伯夷、叔齊那樣仁德的人，還不免餓死首陽山；像比干那樣智慧的人，還不免被剖腹挖心，這真是人生的大悲劇！是世道的大荒謬！是道德的大滑稽！是我們的大困惑！

顯然，孔子這樣的回答不是要破壞子路的道德信心，而是要破除子路的道德迷信。

我們對於道德信仰，還真的需要這樣浴火重生：只有走出好人得好報的迷信，我們才能到達道德的崇高本質，才能樹立真正的道德信仰，才能預防道德的信任危機。

接下來，孔子叫來了子貢。用同樣的問題來考察他。

子貢有著商人的頭腦。商人知道東西賣不掉的時候，可以有一個辦法：降價促銷。所以，子貢則從道德的適用性上著眼：「老師啊，您的道太廣大了，所以，天下容納不下老師。老師能不能稍微降低一點呢？」

如果說子路的問題是不能相信自己，那麼子貢的毛病就是不能堅持自己。子貢認為，他們的道德標準太高，而社會的普遍道德水準太低。所以要降低標準，以適應這個不夠道德的世道。

降低道德要求，降低道德評價的標準，降低對人的道德要求，實際上是道德的廉價，是道德向現實的屈服。道德標準與道德評價的廉價，不僅不會讓社會親近道德，反而顯示出道德的虛偽，顯示出全體社會道德水準的低下。

由此可見，子貢的降低標準說，無論對提升整個社會的道德水準，還是對提高個人的道德修養，都極其危險。

孔子對子貢的回答是一個比喻。任何一行，都有一個最高的境界：一個最高境界的農民，或者一個農民的最高境界，是只問耕耘，不問收穫。一個最高境界的工匠，或者一個工匠的最高境界，是只求工藝精巧，不問是否趕上了時髦，是否投合了喜好，是否順應了市場。一個好的學者，也只求嚴肅認真地思考和解決問題，而不會通過討好大眾而獲得財富與名聲。

不知首尾的長廊

孔子對子貢說：「賜啊，你不能追求最高境界，反而想著順應世俗，你的志向不夠遠大啊！」最後是顏回被叫進來，孔子還是那個問題。顏回的回答終於讓孔子笑顏逐開。

> 顏回曰：「夫子之道至大，故天下莫能容。雖然，夫子推而行之，不容何病，不容然後見君子！夫道之不修也，是吾醜也。夫道既已大修而不用，是有國者之醜也。不容何病，不容然後見君子！」（《史記．孔子世家》）

值得注意的是，顏回的話裡，有三個關鍵句：

一、「道既已修」——是回答子路有關是否我們還不夠仁智的疑問。對子路的回答，側重於作事實的認定——老師的道，是偉大的。

二、「不容何病」——是用反問回答了子貢的有關道不容於天下的問題。對於道來說，我們只需考慮「修沒修」的問題，而無需考慮「容不容」的問題。

對子貢的回答，則是對價值的高揚——不為世俗所容，不會改變我們堅持道義的決心。我們前面說了，子路的毛病是不能相信自己。子貢的毛病是不能堅持自己。那麼，顏回的這個回答，就是要相信自己、堅持自己。

三、「不容然後見君子」——這是對孔子道德思想的印證：君子固窮，君子往往正是在世俗的失敗中成就自己的人格。

孔子高興啊！學生裡面還是有顏回這樣的人啊。他欣然笑著說：「好樣的！真有你的啊！顏家小子！等你將來發了財，我給你當管家！」

講到這裡，我想起了當代的傑出詩人昌耀的一首短詩《仁者》：

人生困窘如在一不知首尾的長廊行進，
前後都見血跡。仁者之歎不獨於這血的事實，
尤在無可畏避的血的義務。

有些義務是血的義務，一般人到此，畏避而去。而仁者到此，奮然而前行。血的義務，需要仁者承擔。血的義務，也成就仁者。

是的，當你承擔起血的義務並且死而後已的時候，你就會成為仁者。

春秋戰國時代是一個血與火的時代，是骨肉碰鈍了刀劍的時代，是殺人盈城、殺人盈野的時代，是嗜血嗜殺的時代，這是那些混戰的諸侯們一手造成的時代。而同時，它也是一個充滿理想、充滿激情、充滿公理仁德的時代。誰開闢了這樣的時代？正是孔子。

一邊是殘忍，一邊是仁慈。一邊是混亂，一邊是寧靜。

一邊是帶血的屠刀，一邊是如椽的巨筆。一邊是諸侯們在爭奪，一邊是讀書人在爭鳴。

諸侯們爭奪的是土地珍寶、子女玉帛。讀書人爭鳴的是禮義廉恥、道德文化。

誰是這個時代的主宰也許並不重要，誰預示著未來的方向倒更值得我們敬重。

我們當然可以說槍桿子裡面出政權，刀把子掌管著印把子。有一種力量，可能更加偉大。

那就是理想的力量、精神的力量、道義的力量、良知的力量。

孔子以及他的弟子們，他們的周遊列國之路，就是在人生的這一條不知首尾的長廊中行進，他們一直在困窘之中，一直在挫折之中，他們的周圍都是血跡，但是他們面對人生的慘澹，正視淋漓的鮮血，他們一直奮然而前行，他們承擔血的義務，成仁取義。

從西元前四九七年到西元前四八四年，這十四年之間，中原大地上，行進著一批仁者、智者、勇者、大丈夫。他們就是孔子和他的學生。借用毛澤東說長征的句子，就是：周遊列國是歷史紀錄上的第一次，周遊列國是宣言書，周遊列國是宣傳隊，周遊列國是播種機。

孔子和他的弟子們，用他們的腳，為一個民族踏成了一條通往未來的大道。

第六章

從心所欲

孔子人生的最高境界是「從心所欲不逾矩」。這是自由的境界，同時又是道德的境界，是自由與道德融為一體的境界。從心所欲，是自由；不逾矩，是道德，兩者完全融為一體。真正的道德人生一定是自由的人生，到達這個境界的人是寬鬆的、從容的、愉悅的、自由的，而又是合乎道德的、高貴的。

第一節　最高人生

魯哀公十一年，孔子六十八歲。在衛國，碰到了一件讓他生氣的事。

那個後來被孔子稱讚為「敏而好學，不恥下問」的衛國執政上卿孔圉，和他的女婿太叔疾鬧矛盾，要發兵攻打，還向孔子討教戰術，孔子覺得深受侮辱。一個人做了沒名堂的事卻來向他討教，這不就是侮辱他嘛！所以，孔子很憤怒，就像當初回答衛靈公一樣：「甲兵之事，未之學也。」回來後，他馬上命令弟子，備好馬車，走人。還餘怒未消地說：「鳥能擇木，木豈能擇鳥？」意思是，我能選擇你，你豈能選擇我？你這棵樹我不稀罕了，我遠走高飛了。

此時孔子已經年近古稀，脾氣還那麼大，還如此豪宕。孔圉已經感覺到了孔子的憤怒，趕緊來解釋並道歉。孔子執意要走，孔圉堅決要留。就在這時，魯國的使者到了，還帶來了很多錢財，要禮請孔子回國。

肉食者鄙

十四年了，孔子一直在等這一天，這一天怎麼就這個時候來了呢？這還得從一場戰爭說起。

魯哀公十一年春，齊國圖謀攻打魯國，軍隊駐紮在清（今山東東阿縣，大清河西），季康子對家臣冉求說：「齊國軍隊駐紮在清，一定是要進攻魯國。怎麼辦？」冉求早有籌畫，說：「你們三桓三大家族，一家留守國內，兩家跟著國君到邊境抗敵，禦敵於國門之外。」

季康子向冉求問計，可見冉求在季康子心目中的地位。再看冉求的口氣，真是運籌帷幄之中，決勝千里之外。而且，如此自信，胸有成竹。

可是，沒想到，季康子說：「我做不到。」為什麼做不到？第一，正面迎敵，自己沒有這個勇氣；第二，說服兩家，自己沒有這個能耐。

你別看這些人平時作威作福，好像一個個都能夠成為國家棟梁，其實，這類人往往就是一個擺設。所以，很久以前，莊公時代就有一位叫曹劌[1]的，說過一句名言：「肉食者鄙」。[2]

冉求也預計到這些貴族會這樣，所以他還有第二種方案，說：「那就在國境之內迎戰。」

季康子和孟孫氏、叔孫氏兩家商議，那兩家還不願意。

冉求只好提出第三個方案。他說：「既然這樣，國君也就不必出城。你就一家率軍，背城而戰，不跟隨你的，就不配做魯國人！（其實冉求就是在罵三桓都不配做魯

1 曹劌　「劌」音「貴」，春秋時期魯國大夫，曾於長勺指揮魯軍打敗齊國軍隊。
2 肉食者指當權者，鄙即鄙陋，此句指當權者淺薄無知。

國人）魯國都城裡那麼多的大夫，合起來兵車數量早就超過了齊國派來的軍隊。單單您一家的兵車數量，就超過齊國的來犯之敵，您怕什麼！他們兩家不想參戰，也有他們的道理，平時大權全在您這兒，國難當頭，也該您出頭！齊人攻打魯國，您不能迎戰，您的人就丟大了，以後怎麼和諸侯平起平坐！」

一番話，說得季康子啞口無言。

季康子還是覺得自己腰桿子不硬，就讓冉求和他一起上朝，讓冉求待在外邊一個叫黨氏溝的地方。正好叔孫氏的家長叔孫武叔和孟孫氏的家長孟懿子經過，叔孫武叔喊冉求過去，問他作戰之事。

這件事說起來很好笑。諸侯三卿，季康子是司徒，孟懿子是司空，叔孫武叔是司馬，魯國的三駕馬車，肉食者，臨難也不能這樣「鄙」呀，應該有所承擔，不然魯國那麼多的肉都餵了狗了？齊國兵臨城下，戰爭一觸即發，這三駕馬車竟然毫無主見，都要一個家臣拿主意。這一方面可見他們的懦弱和自私，一方面也可以看得出，孔子的學生冉求在魯國政壇已經舉足輕重。

冉求很看不起這兩位在國家有難之時退縮不前，就懶洋洋地說：「這樣的大事，你們這些君子大老爺們會深謀遠慮的，我這樣出身低賤的小人哪裡知道。」

這話說得很難聽。意思是，這種事情，你們君子老爺早該拿主張了，怎麼還來問我呢？所以不願意回答。

孟懿子強迫冉求回答，冉求語含諷刺，說：「小人是考慮了才能才進言，估計了力量才出力的。」這話的意思，表面上是講考慮自己的才能和力量，實際上的意思是：跟你們兩個沒才能、沒力量、沒勇氣、沒責任心的人，有什麼好說的？

叔孫武叔倒也不笨，馬上聽出來冉求在貶低他，他很受刺激，說：「你是說我不是男子漢大丈夫啊！」回到家，就開始整頓和檢閱軍隊，做出要當大丈夫的樣子。看來，冉求的激將法還是起了一點作用的。

到這裡，要說明一下，叔孫氏回家檢閱軍隊是怎麼回事？那我們就要知道，魯國的軍隊在哪裡。說起來好笑，不在魯國國君手裡，而在這三駕馬車家裡。魯國的軍隊分成四份：兩份歸季氏掌管，然後，孟孫氏、叔孫氏各掌管一份。

後來，魯哀公十四年，陳成子殺了齊簡公，孔子沐浴上朝，向魯哀公報告：「陳恒弒了他的君主，請出兵討伐。」哀公說：「去報告三位大夫吧！」

孔子說：「因為我曾經當過大夫，報告大事是我的職責，所以不敢不來報告啊。君主卻說，去報告三位大夫吧！」

魯哀公為什麼要孔子報告三位大夫呢？這倒真不怪魯哀公，軍隊不在他手裡啊。

在冉求的激將法之下，不僅叔孫氏檢閱軍隊，做出備戰的樣子，孟懿子也動起來了。他派自己的兒子孟孺子率右師，與冉求率領的左師一同迎敵。為冉求做副手的，是他的同學樊遲。

季康子還不信任樊遲，對冉求說：「樊遲還太年輕了吧？」冉求說：「他是弱，他是年輕，他是沒有作戰經驗，但是他願意為國家效命！」

這還是在諷刺包括季康子在內的魯國貴族，平時享受著這個國家的一切權力，國家有難，卻人人都只求自保，畏縮不前。像樊遲這樣的忠心耿耿為國用命的人，哪裡去找！

冉求的左師已經到了陣地，五天以後，孟孺子率領的右師才跟上來。

這樣臨陣退縮的軍隊能打仗嗎？還能靠得住嗎？

結果，還沒交戰，魯國的右師就潰散了，而冉求和樊遲率領的左師卻取得了絕對的勝利，齊國軍隊潰不成軍，連夜逃走了。冉求三次請求追擊，以期擴大戰果，膽怯而保守的季康子沒有同意。

孔子回魯國

這場戰爭結束後，季康子對冉求刮目相看。因為冉求原先表現才幹的地方是經濟、財政方面，他萬沒想到，冉求竟然還能打仗。他禁不住自己的好奇心，問冉求：「你對於戰爭，竟然如此精通。你是後天學習的？還是天性就善於作戰？」

冉求回答說：「我是向孔子學的。」

我們看，這邊孔子在衛國跟孔圉說自己沒有學過戰陣之事，那邊魯國取得了對強大齊國的勝利，而首功之人就是孔子的學生，並且聲稱作戰的能力來自於孔子的培養。

那麼，孔子到底會不會打仗？答案當然是肯定的。孔子會相關的作戰技術。比如射御，他是這方面的專家。但是，決定一個人會不會打仗的，還不是這些。會射御的人很多，未必都會打仗，很多會射御的，沒有做成軍事家、戰略家。

他們缺的是什麼？是技術以外的東西。比如，戰略眼光，對戰爭雙方複雜因素的整體考慮，對戰爭過程各種變化的準確預知、把握和利用。這些，孔子都有。要知道，他是透徹領悟《周易》的。

聽冉求說他的軍事才能是跟孔子學的，季康子對孔子充滿好奇。

季康子說：「孔子到底是什麼樣的人呢？」冉求說：「任用他，一定會獲得美名。他辦事，無論是對百姓，還是對鬼神，都沒有遺憾。」季康子說：「我想召他回國，可以嗎？」冉求說：「當然可以。就是不要再被小人破壞了。」

八年前，季康子就要召孔子回國。但是季康子聽信公之魚的話，食言了。冉求小小地報復了一下季康子，也是對他的一個提醒：不能再聽信小人的話了。這次，季康子終於下定決心召孔子回國了。

實際上，季康子這次召孔子回國，有兩點考慮：

第一，他以前擔心的是，孔子回國，和他會發生政見上的衝突。現在，他無須擔心了。因為，那時孔子回國，是六十歲。現在孔子回國，是六十八歲。六十歲的孔子還會介入政壇，所以，他不放心。六十八歲的孔子，不可能再介入政壇了。

第二，孔子這麼大的年齡了。萬一他死在國外，季康子是要招致國內、國外各方面批評和非議的，魯國政府也會很沒面子。

所以，現在召回孔子，已經是有利而無害了。

孔子十四年的流浪，終於結束了。去國之時，五十五歲。歸國之時，六十八歲。他開始進入人生的最後也是最高的階段：七十而從心所欲不逾矩。

自由與道德的和諧

社會的最高境界是和諧，心靈的最高境界是安詳。

心靈和社會之間的最佳關係呢？就是——從心所欲不逾矩。

實際上，孔子講他人生的階段，除了「吾十有五而志於學」這一段外，還有一處，是自我對照而言的：

子曰：「可與共學，未可與適道；可與適道，未可與立；可與立，未可與權。」

（《論語．子罕》）

能夠一起學習的人，未必能一起達到「道」的境界；能夠一起達到「道」境界的人，未必能一起立身於「道」中；能夠一起立身於「道」的人，未必能與他一起靈活運用「道」。

孔子這裡說了四種層次：一起學習的人、一起學到了道的人、一起立身於道的人、能靈活運用道的人。

人生的最高境界是否就是道德的境界？如此的在道德上琢磨自己，是否會把自己修養成形如槁木、心如死灰的道德木乃伊呢？

顯然不是。

把孔子的上述一段話總結一下，我們發現，兩者之間確實呈現了相同的境界，比如「學」、「立」、「權」。而最高境界乃是「從心」、「從欲」、「從權」。

「十有五而志於學」講的最高境界是「從心所欲不逾矩」，這個地方講學習的最高境界是權變。我們把兩個放到一起比較就可以得出一個結論：人生的最高境界是什麼境界呢？是自由的境界，同時，又是道德的境界，是自由與道德融為一體的境界。從心所欲，是自由；不逾矩，是道德，兩者完全融為一體。

所以，孔子經過自己一生的努力，最終給我們的啟發是：人生的最高境界是自由和道德融合的境界。

自由是經由必然，再超越必然。

真正的道德人格一定是自由的人格。真正的道德人生一定是自由的人生。真正的道德社會一定是自由的社會。

孔子，這位偉大的聖人，幾十年的修行，告訴我們道德與自由的關係。

到達這個境界的人是寬鬆的、從容的、愉悅的、自由的，又是合乎道德的、體面的、高貴的。

言必信，行必果

子貢問曰：「何如斯可謂之士矣？」子曰：「行己有恥，使於四方，不辱君命，可謂士矣。」曰：「敢問其次。」曰：「宗族稱孝焉，鄉黨稱弟焉。」曰：「敢問其次。」曰：「言必信，行必果，硜硜然小人哉！抑亦可以為次矣。」曰：「今之從政者何如？」子曰：「噫！斗筲之人，何足算也。」（《論語．子路》）

有一次孔子和子貢討論什麼樣的人才可以稱為士。子貢問：「如何才算得上士？」

孔子說：「對自己的行為能保持羞恥之心；出使他國，能不辜負君主委託的使命，這樣的人，可稱為『士』了。」

子貢說：「我冒昧地問，次一等的呢？」

孔子說：「宗族裡的人稱讚他孝順父母，鄉里的人稱讚他敬愛兄長。」

子貢說：「我斗膽再問，再次一等的呢？」

孔子說：「許下諾言後，不問是非曲直，一定守信；做事也不論結果好壞一定要做到底，這一類糊塗而固執的小人！（言必信，行必果，然小人哉！）也可以作為次一等的了。」

子貢說：「如今從政的人如何呢？」

孔子說：「咳！這些器量狹小的人，哪裡算得了士？」

我們現在很提倡「言必信，行必果」，但是，孔子實際上是貶低這種境界的。他把「言必信，行必果」說成是「然小人」的拘泥。這個地方的「小人」，是不明大道的「匹夫匹婦」，即平庸男女的意思。

孔子為什麼要反對這樣的話呢？

我們首先要做一個說明。孔子贊成「言而有信」，說話講信用，做事有結果，當然是很好的，也是道德的底線，孔子不會反對。孔子反對的，是這兩個「必」字。「必」字就是絕對化。凡事一旦絕對化，就會發生偏差。說過的話，要守信，要兌現，當然對，但是，假如說錯了呢？也要守信嗎？做事要有結果，當然也對，但是，假如後來發現是錯事呢？也要硬著頭皮做下去嗎？我們每一個人都會做錯事，都會說錯話，怎麼辦？那就要改。

所以，「言必信，行必果」還和另一個人生重要原則相衝突：那就是：知錯就改。

我舉一個例子來看一看，這個「言必信，行必果」是不是有問題。

孔子在周遊列國的過程中，經過一個叫蒲的地方時，被當地人包圍了。孔子手下有個學生叫公良孺，身高馬大，還帶著五輛兵車以及相應的士兵，他就帶著自己的五車人馬和對方打起來了。對方一看，也害怕了，就說：「孔丘只要答應不去衛國，我們就放你們走。」

孔子一聽，好簡單，說：「好，答應你們，不去衛國。」

等蒲人一撤，孔子把馬車一趕，說：「走，我們到衛國去。」

弟子們很不理解：「老師，您剛跟人家盟誓過，怎麼說話不算數？」

孔子說了一句意味深長的話：「要盟也，神不聽。」這個盟誓是別人要脅我做的，不是我自願的，神靈是不會聽從的，我當然不受它的約束。（《史記．孔子世家》）

如果孔子被這個「言」捆綁，改變自己的行程，那豈不是聖人被小人的一個小小的圈套綁架了嗎？這豈不是笑話！

這個極端的例子可以說明：言而有信，行而有果，對；但「言必信，行必果」肯定不對。

聖之時者

世界太複雜，情況也是多種多樣、千變萬化的。一旦絕對化，就可能陷自己於不仁不義。假如有人拿槍逼著你許諾殺人，你被迫答應後，真的要殺人來兌現承諾嗎？

有些時候，我們說的話，受情境的制約，或者受矇騙，說了錯話、錯許了諾。真相大白以後，翻然猛醒以後，還要去兌現說錯的話，許錯的願嗎？所以，萬事都要有原則、有權變。

孟子曰：「大人者，言不必信，行不必果，惟義所在！」（《孟子．離婁下》）

所以，孔子最反對這樣的「必」。

子絕四：毋意，毋必，毋固，毋我。（《論語．子罕》）

孔子杜絕了四種缺點：（從而做到）不主觀、不絕對、不固執、不自我。

「必」，是他深惡痛絕的四個東西之一，並且排行第二。為什麼孔子如此反對

「必」呢？

第一，「必」就極端。孔子反對極端，這一點我們前面已經講過。

第二，必然是自由的反義詞。人生「必」多了，心靈的自由就少了。社會「必」多了，人民的自由就少了。

杜絕了四種缺點後即是「通達」。知識融會貫通，處事不遲不滯，為人寬容仁慈。這都可以證明，在私人生活領域，他是主張自由而寬鬆的。

有一次，孔子興致高，評價起歷史上的幾位著名的隱逸人物：伯夷、叔齊、虞仲、夷逸、柳下惠、少連。

孔子說：「不降低自己的志向，不辱沒自己的身分，就是伯夷、叔齊吧！」

說柳下惠、少連：「降低志向辱沒身分了，但言辭合乎倫理，行為經過深思熟慮。他們也就這樣了。」

說虞仲、夷逸：「隱居山林，說話放肆，立身合乎清白，棄官合乎權變。」

最後，孔子說：「我卻與這些人不同：我無可無不可——沒有什麼可以，也沒有什麼不可以。」（《論語．微子》）

人生果然這樣非此即彼嗎？顯然不是，所以孔子反對。孔子說，他和這些人都不一樣，他是「無可無不可」。

無所堅持，見風使舵，毫無原則的，是小人；有所堅持的，是「賢」；懂得權變的，是「聖」。

伯夷、叔齊等人，就是賢。孔子是聖。孔子就是比他們高出一個境界。

子曰：「君子之於天下也，無適也，無莫也，義之與比。」（《論語．里仁》）

君子對於天下萬事萬物，沒有一定要這樣做的，也沒有一定不要這樣做的，他只是努力合理恰當就行了。

做事做人，哪有那麼多的條條框框，僵死的教條？況且天下事，千變萬化，無常勢，無定形，如何能用條條框框去套用？所以，孔子說，只要努力求得合情合理，就夠了，就是一個君子了。

我們心中有太多的必然，我們的思想就被束縛了，我們就失去了想像力。而且，在生活中，我們還會變成對人對己都苛刻的人，不寬容的人，從而，我們失去了自由——心靈的自由和生活的自由都失去了。

子曰：「君子貞而不諒。」（《論語．衛靈公》）

什麼意思？就是君子守信卻不固執。

詩人的氣質

聖人，按照我們一般的想法，他肯定是苛刻的、刻板的、原則的、一絲不苟的。事實上，孔子並不如此。孔子是一個對自己放鬆，對別人寬鬆的人。

子之燕居，申申如也，夭夭如也。（《論語‧述而》）

孔子在家閒居時，整齊而安詳，和悅而愉快。既不像有些人淩亂邋遢，也不是一絲不苟，把自己弄得緊張而不放鬆。他輕輕鬆鬆、舒舒坦坦、悠然自在。

子溫而厲，威而不猛，恭而安。（《論語‧述而》）

孔子溫和而又嚴肅，威嚴卻不凶狠，恭謹而又安詳。很矛盾的氣質在他那裡和諧的融合在一起。這是多麼有魅力的氣質啊。我們在生活中很難碰到這樣氣質的人啊。

有一天，孔子感慨地說：「我們的人生啊，在《詩經》中開始，在禮制中建立，在音樂中完成。」

子曰：「興於《詩》，立於禮，成於樂。」（《論語・泰伯》）

《詩》是一個人立足於社會的前提，是人生的開始。「禮」是人行為的準則，遵循這種準則，方可建樹自己的人生大廈。音樂則是陶冶人的性情的。有音樂的薰陶人才能享受生命，且使自己崇高而不僵硬、純潔而不刻薄、嚴格而不苛酷。所以，《詩》、禮、樂可以看作是人生修養的三境界，人格養成的三階段。而值得我們注意的是，最高境界，乃是音樂。

讀《論語》，我們會發現，孔子是一個詩人。孔子是一個非常具有詩人氣質的人。他是一個性情中人。

我們在《論語》裡，隨便找一些句子看看。

子曰：「歲寒，然後知松柏之後凋也。」（《論語・子罕》）

多麼美的句子啊，有哲理、有詩意。再看他講政治：

子曰：「為政以德，譬如北辰，居其所而眾星拱之。」（《論語・為政》）

大地上的政治，竟然如同我們頭頂的星空，群星璀璨，而北極星明麗耀眼。他把政治說得這麼美。在他的眼裡，秩序就是美，美就是秩序。

再看這一句：

子曰：「道不行，乘桴浮於海，從我者，其由與？」（《論語・公冶長》）

即使在這樣悲觀的時候，他講出的這句話都特別有詩意，特別有境界，你看他講的「乘桴浮於海」，每一個字，都如此有詩意。他沒說道不行，我回家躺著，或者去別的什麼地方鬱悶去。他想到的是海，是那煙波浩蕩、氣象萬千、無邊無垠、直達天際的大海，遼闊、神祕，為什麼他就能想到海呢？這是聖人的心胸，對於我們，也就是一個海，一個謎。人與人的心胸是不一樣的，人與人的智力是不一樣的，人與人的情懷是不一樣的。有些人，總能和一種大而深的境界對接起來，有的人，永遠只局限於眼前看得見、摸得著的膚淺空間。

而且，他是「乘桴浮於海」，他沒有說，我去旅遊，我要乘坐豪華郵輪去大海。他要的是乘著一個小木筏子到大海上去，這就是一種境界。

有境界才有詩意啊。比如說，我們最近生活不順利，那麼就乘郵輪旅遊去。這只是陳述一個事實，沒有詩意。詩意往往來自於對事實的超越，所以，思維太拘泥、太實用的人，很難理解詩歌。理解詩歌，需要智力和情懷的雙重優越。

遼闊的大海之上，一個小木筏，兩個彷徨人，煙波滿眼，飄搖沉浮，天遙遙，水淼淼，不知去何處，也不要去何處。這簡直就是我們人生的寫照！

子在川上曰：「逝者如斯夫！不舍晝夜。」（《論語．子罕》）

此時孔子大約已到暮年。他一生雖然經過不懈努力，使自己成為人倫的典範和學問的泰斗，但他夢想建立的政治功業，卻遠遠不能實現。並且，希望愈來愈渺茫。於是，面對著的蕩蕩河水，以及河水中映照出的自己兩鬢白髮，孔子一聲歎息：「逝者如斯夫！」

有人說這只是一句平常普通的感慨，感慨時光流逝。即便是這樣，隨著時光一起流逝的不是有很多美好的東西嗎？曾經的壯志、雄心，曾經的青春、夢想；還有，朋友、親人，曾經的同事，友情、親情，曾經的愛情……。

逝者如斯夫！

另一方面，對時光流逝的敏感，不是生命意識的覺醒嗎？認識到生命短暫，終將結束，定會喚起另一種意識：奮發努力，早建功業。少壯不努力，老大徒傷悲。

時代的風景

孔子是詩人啊！詩人怎麼會太拘泥死板呢？

有一天，子夏[3]問孔子：「老師，在我這些同學中，顏回怎麼樣？」孔子說：「顏回在誠信上比我孔丘好。」子夏接著問：「子貢怎麼樣？」答：「子貢比我聰明。」子夏愈聽愈緊張：「那子路怎樣？」孔子說：「子路比我勇敢。」子夏接著又問：「子張怎樣？」孔子說：「子張比我莊重。」

問了四個人，一個比老師更誠信，一個比老師更聰明，一個比老師更勇敢，一個比老師更莊重。子夏有點糊塗了：「老師，他們都比你強，那憑什麼你做他們的老師，他們又為什麼那麼服你呢？」

孔子說：「他們都只有一面，沒有另一面，優點的背後往往隱藏著缺點。顏回很誠信，但他不會通融，處理問題時，比較缺乏彈性；子貢很聰明，但少一點笨勁。」

人一定要有一點笨勁，才能有所成就。人一定要有個穩定的心性、穩定的氣質。沒有一蹴而就的好事，凡事總要有個做的過程，要想成功就需要一股笨勁。巧勁可以讓你事半功倍，笨勁可以讓你堅持下去。光有巧勁沒有笨勁，往往半途而廢、一事無成。

子路又怎樣呢？「他很勇敢，但缺少一點膽怯。」人有時候要有所畏懼，只有這

3子夏（西元前五〇七年—？）姓卜，名商，字子夏。春秋末年晉國溫人，是孔子後期學生中的佼佼者，以文學著稱，孔門十哲之一。

樣才能慎重。

子張呢？「他很莊重，但他正襟危坐，不苟言笑，缺少與別人打成一片的親和力。」

孔子最後說：「以上四人各有突出的優點，而且這些優點都超出了我。但是他們還是要來跟我學。跟他們相比，我最大的優點是有綜合素質，能夠靈活機動，不執於一端。」（《孔子家語．六本》）

這裡，講到了孔子的幾個弟子。實際上，我們講孔子的時候，總是離不開孔子的那些弟子們。是孔子的這些弟子們，跟孔子一同組成了春秋後期那一道非常亮麗的風景，組成了那個遙遠世紀的燦爛星空。

孔子的一生，離不開他的弟子，孔子的光輝，沐浴著弟子，而弟子們的風采，也襯托著孔子。他們共同組成了那個時代的璀璨星空。

第二節　天下英才

孔子的學生大概有這麼幾個概念，首先，從一個最大的範圍講，有所謂的弟子三千，這是個概數。然後縮小一點，賢者七十二，還有一個說法是賢者七十七。司馬遷《史記》裡面這兩種說法都有，估計司馬遷也搞不清楚到底是七十二還是七十七，於是兩種說法都保存著。這七十來個人，據說都「身通六藝」。

再縮小一點範圍，有所謂的孔門十哲，有四科，德行、政事、言語、文學，有十個非常傑出的弟子。如果我們再縮小一點，我覺得有顏回、子路和子貢。按學術成就來說，未必他們一定就最大。比如曾參就很厲害，曾參對於孔子思想後來的傳承、發展的貢獻很大，但曾參甚至沒有進入孔門十哲。

那我們為什麼講這三個人呢？是這三個人跟孔子關係最密切，而且他們三個經常在一起。孔子周遊列國的時候這三個人一直都跟著。孔子晚年在魯國，他曾經講過一句很傷感的話：「從我於陳、蔡者，皆不及門也。」那些跟著我在陳蔡受苦的弟子們，現在都不在身邊了。老師最懷念的是什麼樣的學生呢？那一定是跟著他走過風風雨雨的學生。這三個都是。

顏回好學

孔子一生最喜歡的學生就是顏回，這個不會有問題。有問題的是為什麼孔子這麼喜歡顏回？顏回讓孔子喜歡的原因之一：好學。這點與孔子相同。

垂暮之年，魯哀公和季康子都問過孔子一個問題：「你的學生中誰是愛好學習的呢？」

孔子回答：「有一個叫顏回的，很好學，不遷怒於別人，不重複犯同樣的過錯。

不幸短命死了。現在就沒有好學的人了，沒聽到有好學的人了。」（《論語・雍也》；《論語・先進》）

他說顏回好學不奇怪，奇怪的是他說除了顏回，沒有好學的了。你想一個問題：跟著孔子的學生不好學，不好學跟他幹什麼？跟著孔子又弄不到官做，又不能發財，為什麼跟孔子？跟孔子的都是好學之人。可是孔子說跟顏回一比怎麼樣？都不好學。你由此就可以知道，顏回好學到什麼程度，是如何的出類拔萃。

所以，一個人有什麼優點，看你和誰比。在孔子門生中，還算是好學的，那是真好學了。

孔子是「誨人不倦」，誨人不倦的老師要是碰到無精打采的學生，會怎樣？一定很洩氣。所以，當孔子誨人不倦之時，看到一個傢伙在打瞌睡，他就非常生氣，以至於罵出「朽木不可雕」的話來。

但是，還是有一個學生，很對得起老師的誨人不倦，誰呢？顏回。顏回怎麼樣？顏回是「語之而不惰」。（《論語・子罕》）

誨人不倦的老師，正需要這樣不惰的學生。

子曰：「回也，其心三月不違仁，其餘則日月至焉而已矣。」（《論語・雍也》）

顏回啊，他的心靈長期地不違背仁德，其餘的學生麼，只能在某些時間偶然想到仁德而已。

孟子說：「仁者，人之安宅也。」如此，則顏回就是居住在仁德之中的，而且，一般不出門。三月不出門。

萬一出門怎麼走？順著「義」走。孟子說，「義者，人之正路也。」

所以，顏回是——居仁由義。

其他人呢？居於仁德之外，偶一至此，好奇地看看，不過是個訪客。就像現在的城裡人，偶然到鄉下旅遊，大誇風景好、民風好，很放鬆。但是，待不了幾天，就急著回城了，還是城裡的繁華喧鬧好。

偶然仁德一兩回，偶然做一兩件好事，人人可行。長期地做好人做好事，心靈永遠停留在仁德之境中，便是聖人。

> 子謂顏回，曰：「惜乎！吾見其進也，未見其止也。」（《論語・子罕》）

顏回死後，孔子歎息說，真可惜呀！我只看到他學習不斷進步，從來沒見他停止學習。

要知道顏回為什麼學而不停止，先要知道為什麼一般人學著學著就停止了。一般人學習都有目的。是為了一時的需要，或者，是為了工作或做事，知識技能足以應付了，就停止了。所以，學習是手段，是臨時的需要。

顏回呢？

學習變成了生活方式，只要生活在繼續，學習就在繼續。

所以，我們不要以為孔子、顏回這樣終生學習不止，是多麼刻苦的事，其實，他們是樂在其中——好學好學，就是愛上了學！

曾經有人問我：「你每天晚上坐在書桌前苦讀苦寫，不難受嗎？你看我們，晚上總是燈紅酒綠，何等快樂。」

我笑著說：「我們有一點相同，有一點不同。」

他問：「怎麼講？」我說：「相同的是都快樂。不同的是：你的快樂我知道，並且也能享受；我的快樂你不知道，並且無福享受。」他很氣餒。

孔顏樂處，有幾人有福享受！

聞一可以知十

顏回使孔子喜歡的原因之二：悟性高。用我們今天的話說，就是智商高。

一個學生如果太笨，老師大概也不大喜歡他。「舉一隅不以三隅反，則不復。」

就如一張桌子，我告訴你一個角，你如果不能夠給我推出另外三個角，我就不再教你了。你以為孔子是一個苦口婆心的老師，天天陪著你去做練習啊？

有一段時間孔子甚至對顏回的智商產生懷疑，為什麼呢？因為顏回基本不發言，不提問，甚至不參與討論。可是，孔子後來發現，顏回回去以後，獨自一人把今天老師講的話進行反思，他能夠有很多很多的發揮。所以孔子感慨：回也不愚啊。（《論語‧為政》）

有一天，孔子問了子貢一個問題，這個問題問法本身就挺有意思的，他說：「端木賜，你跟顏回比一比，你覺得你怎麼樣啊？」

大家都知道，孔子天天誇顏回。所以子貢特別聰明，子貢說：「老師啊，我怎麼敢跟顏回比呢？回也聞一以知十，賜也聞一以知二。」

孔子一聽，很高興：「是啊，你是比不上他啊，我告訴你，我也比不上他。」

連孔子自己都承認，他比不上顏回，在悟性上比不上顏回。（《論語‧公冶長》）

顏回讓孔子喜歡的原因之三：志向高。

孔子帶著三個弟子子路、子貢、顏回去遊魯國境內的農山。到了山頂上，登高望遠，心曠神怡。孔子特別高興，就跟弟子們講，登高望遠，讓人心胸開闊，百感交集。你們都談一談自己的志向，我來聽一聽。

子路說：「兩軍陣前，我能衝鋒陷陣，殺敵立功，拓地千里。」

孔子稱讚他：「哎呀，不簡單，很勇敢。」

子貢說：「兩軍之間，我能分析利害，判斷情勢，解決衝突。」

孔子說：「你真是善辯啊，很不簡單。」

顏回一聲不吭，孔子說：「顏回你說說。」

顏回說：「文的事情讓子貢說了，武的事情讓子路說了，我就不要說了。」

孔子說：「他說他的，你說你的。」

顏回說：「輔佐明君，教導人民，鑄劍為犁，放馬歸山。百姓沒有生離死別之苦，人們沒有曠夫怨女之怨，千年無國家相爭之患。」

孔子說：「美哉！德也。」

我們看孔子對他們三人的志向，都是稱讚，但用詞不一樣，稱讚子路是「勇哉」，稱讚子貢是「辯哉」，稱讚顏回的時候是四個字了，「美哉德也」，評價不一樣了。為什麼？顏回的志向在兩人之上啊！（《孔子家語・致思》）

《孟子・滕文公上》記到顏回曾經說過這樣的話：

顏淵曰：「舜，何人也？予，何人也？有為者亦若是。」

舜是何等人？我是何等人？他能做到的，有所作為的人都要做得到。能夠把舜作為自己的目標，甚至還有一股不服氣的勁道，顏回的志向確實不小啊。

安貧樂道、自由灑脫

孔子喜歡顏回原因之四：境界高。

有一天，子路、子貢和顏回，又是這三個人在一起討論問題。這次他們討論的是人與人之間怎麼相處。子路說：「人善我，我亦善之，人不善我，我不善之。」人對我好我就對他好，人對我不好我也對他不好。子路這個人很直率啊。

子貢說：「人善我，我亦善之；人不善我，我則引之進退而已耳。」人對我好我就對他好，人如果對我不好嘛，我也就是做得合乎於禮節罷了。沒有什麼情分，該做什麼就給你做了。

顏回怎麼講呢？顏回說：「人善我，我亦善之；人不善我，我亦善之。」

三個人爭執不下，請老師判斷。

孔子說：「仲由講的是野蠻人的話，賜講的是朋友之道，而顏回所說的呢？是親戚之道。」（《韓詩外傳．卷九》）

孔子曾經講過一句話：「泛愛眾而親仁。」把天下的人都看作自己的親人，天下人的弱點我都寬容以待。顯然，顏回比他們更加博愛而且寬容。

有一天子路去見老師，孔子就問他：「智者若何，仁者若何？」智者像什麼樣子？仁者像什麼樣子？

子路說：「智者使人知己，仁者使人愛己。」——智者能夠讓別人瞭解自己，仁者能夠讓別人愛自己。

子貢來，孔子拿同樣的問題問他。

子貢回答：「智者知人，仁者愛人。」

顏回來，孔子又拿同樣的問題問他。顏回回答：「智者自知，仁者自愛。」

顏回總是能夠翻空出奇，總是能夠脫出新的境界。（《孔子家語・三恕》）

顏回的境界高主要體現在兩個方面：一個是安貧樂道；一個是自由灑脫。

孔子曾經誇過顏回安於貧困的生活，樂於追求道義：

「賢哉回也，一簞食，一瓢飲，在陋巷，人不堪其憂，回也不改其樂。賢哉回也！」。

孔子曾說觀察一個人，要「察其所安」（《論語・為政》），一個人安於什麼樣的生活，確實可以從中窺見他的品德。安於花天酒地、燈紅酒綠而醉生夢死，必是墮落之徒；而像顏回這樣，安於貧困、自得其樂，自有其值得尊敬的崇高之處。

再看他的自由灑脫。

子謂顏淵曰：「用之則行，舍之則藏，唯我與爾有是夫！」（《論語・述而》）

孔子對顏淵說，用我，我就去做；不用我，就隱居起來。只有我和你能夠做到這樣吧！

但是即便是這樣的一個德行高尚的人，也不免受人懷疑，並且是很瞭解他的人的懷疑。據《孔子家語・在厄》載，在陳蔡絕糧之時，子貢好不容易弄到一點糧食，顏回負責煮粥。但是，子貢卻看到顏回在鍋裡抓飯吃。他向老師報告。老師不信。子貢信誓旦旦，這是他親眼看到的，還會假嗎？老師說：「好吧，我來調查。」

孔子叫來顏回，對顏回說：「顏回啊，你把你煮的飯拿來一些，我要祭祖。」

顏回急忙說：「不行啊，老師。飯食已經不乾淨了。屋頂上掉下一塊黑灰，落到鍋裡了。我撈出來，上面還沾著飯粒，我捨不得扔，把飯粒吃了。」

老師笑著對子貢說：「怎麼樣？」

耳聽為虛，眼見為實，有時眼見也未必為實啊。

挨罵的子路

孔子最喜歡顏回，但是，顏回在《論語》中出現的次數卻不是最多的，只有二十一次。在《論語》中出現次數最多的是誰呢？是子路。子路出現多少次呢？是顏回的兩倍，四十二次。這可以理解，子路是跟著孔子時間最長的學生，他的故事自然就更多一點。再說他是最活躍的學生，又是發言最積極的學生，話多。所以這個很正常。

但問題是，我們在這個《論語》裡面所看到的孔子對於顏回基本上全是表揚，可是對於子路呢？幾乎全是批評，甚至是打擊，而且是無情打擊。明代有個思想家李贄，[4]他曾經說：「先生於子路每下毒手。」

我們不能說孔子不喜歡子路，但是問題是，子路為什麼老是挨罵呢？知道顏回為什麼最受表揚，就知道子路為什麼最挨罵了。

首先，子路不夠好學。

按孔子的說法，子路好仁、好智、好信、好直、好勇、好剛，有這麼多優點，卻就有那麼一個缺點：不大好學。孔子便警告他，好仁不好學，結果就是愚；好智不好學，結果就是蕩；好信不好學，結果就是賊；好直不好學，結果就是狡；好勇不好學，結果就是亂；好剛不好學，結果就是狂。（《論語．陽貨》）

4李贄　「贄」音「治」，字宏甫，號卓吾。明代思想家，主張「童心說」，認為童心即眞心。

所以我們來看一看，只要一個人不好學，幾乎沒有優點了。

反過來說，人所有的優點都是通過學習得來的。好學的人一定有更多的優點，不好學的人，一定有更多的缺點。

不好學，一切缺點無法改正，一切優點無法樹立。

實際上，子路只是不大喜歡紙上談兵，他更看重行動力。所以，他是有實際政績的。他曾做季氏宰，協助孔子隳三都，又做蒲邑宰，成績相當好。

他治理蒲邑三年以後，孔子去看他。一入境，孔子就誇他恭敬而又誠信；一進城，就誇他忠信而寬大；一進他的官署，就誇他明察善斷。弄得隨行的子貢很迷惑：「老師啊，您還沒有見著子路，就連著誇了他三回了。為什麼呢？」

孔子說：「入境我看到田地整治得好，水利也搞得好。——此其恭敬以信，故其民盡力也；一進城，我看見房屋整齊，綠化也搞得好。——此其忠信以寬，故其民不偷也；一進官署，我看見很清靜，下屬都很盡職。——此其言明察以斷，故其政不擾也。」（《孔子家語．辯政》）

「勇」需要「義」的節制

子路挨罵的第二個原因：好逞勇。

可是很不幸，孔子對「勇」偏偏有戒心，一般情況下，他不鼓勵人們勇。

在孔子看來，「勇」需要「義」的節制。「勇」是一種生物本能，是一種性格和氣質，它既能用於做好事，也可用於做壞事。所以，總體而言，孔子對「勇」保持高度警惕，一般情況下，他不作肯定性的評價。

子路碰到這樣的老師，他當然很鬱悶。

子路跟孔子第一次見面的時候，那個打扮很可笑：頭上帶著像公雞的雞冠一樣的帽子，身上佩戴的是公豬的牙齒。那意思就是，我又是公雞，又是公豬，我狠不狠啊，我是不是猛人啊？我能不能欺負你啊！

孔子根本不把他放眼裡，這算什麼啊？這只能顯示你野蠻嘛。人的力量不在於體力，人的力量在於腦子。人的可貴不在於你有多大的勇猛，人的可貴在於你有沒有理智。你在這個世界上，能不能行得通不是靠你的武功，靠什麼？靠你的行為是不是規矩。

所以孔子教導子路一番，你要懂禮義才行。子路最終被孔子折服了，要求做孔子的學生，孔子就是這樣把子路收下來的。

但是江山易改，本性難移，子路覺得他最大的優點就是勇敢，所以他老是不斷提醒孔子，老師啊，勇敢很重要啊。那意思是，你把「勇敢」納入評價指標，我就是最突出的了，你應該多多表揚我啊。

有一天，子路問老師：「君子是不是最崇尚勇啊？」

孔子明白，這小子是想讓我表揚他。可我就偏不表揚你。

孔子說：「君子如果好勇而不好義，就會悖亂，小人如果有勇而沒有義，就會做強盜。」（《論語・陽貨》）

孔子在提醒子路：勇是一個危險品。在人生旅程中，你不要帶著太多這種危險品上路，你要多帶什麼上路呢？義。

有一天，孔子表揚顏回：「用之則行，舍之則藏，唯我與爾有是夫。」他當著很多學生的面這樣誇，一邊誇顏回，一邊還把其他的人都貶低下去。所以孔子也很有意思，他就很直率，就我兩個行，他們都不行，他不怕傷害別人，其他人反正也習慣了，老師就是這種講話方式。

可是子路馬上就站了出來：「老師啊，你哪一天要是帶領三軍去打仗，你要誰去幫你老人家啊？」你看這個子路是不是像個小孩子，他是在爭寵啊。他比孔子只小九歲啊，但是他老是像一個老小孩一樣。他的意思是說，您要帶三軍打仗，那總是要帶我了吧？

孔子也明白，這小子也沒別的意思，就想討一個表揚。但是，這種人是表揚不得的，我就是不表揚你。孔子怎麼回答的呢？

孔子說：「有一些人啊，赤手空拳敢打老虎，沒有船也不要橋，就敢渡黃河，這種人啊，死了都不知怎麼死的，我一點都不稀罕他！」（《論語・述而》）

你看子路聽到老師講這樣的話，多洩氣啊！

子路犯顏直諫

而且，子路是孔子的學生裡面，唯一敢頂撞老師的，給老師臉色看的人。孔子見了南子，誰給老師臉色看？子路。孔子本來見了南子回來心裡就有點虛，別人都裝著沒看見，就只有子路臉拉得老長，孔子心裡正虛著呢，但沒想到連自己的弟子都懷疑他，他真是跳進黃河也洗不清了！一急，便一點聖人的矜持樣也沒有了，說又說不清，還愈說愈不清。他只好指天發誓，請老天爺證明自己的清白。

子路實在嫵媚可愛，孔子實在敦厚可親。

公山弗擾來召請，孔子想去。子路不高興。（《論語・陽貨》）

佛肸召請，孔子想去。子路也不同意。（《論語・陽貨》）

子路不高興，後果很嚴重——孔子就不敢去了。可見，子路和其他學生有什麼區別？其他學生都是聽老師的，他呢？常常要老師聽他的。還有，其他學生都是挨老師罵的，他呢？有時也要罵老師的。

他就當面罵過老師迂腐。他們離開魯國，到衛國去，子路對孔子說：「假如衛君等待您去治理國政，您將先做什麼事？」孔子說：「必須先正名分。」子路說：「您還真是太迂腐了，怎麼個正法？」孔子說：「真是粗野啊，仲由！」（《論語・子

路》）

大家可能要問：孔子為什麼老是不放過子路啊？他不喜歡他嗎？我們看看下一個故事就知道了。

閔子侍側，誾誾如也；子路，行行如也；冉有、子貢，侃侃如也。子樂。「若由也，不得其死然。」（《論語・先進》）[5]

有一天，幾個學生站在老師身邊。閔子騫是正直而恭順的氣質；子路，剛強而直率的氣質；冉有、子貢，溫和而快樂的氣質。孔子看著他們，粲然一笑。但又轉喜為憂說：「像仲由這樣剛強，恐怕不得好死啊。」

與孔子大約同時的老子說：「強梁者不得其死。」子路因為剛強，孔子也擔心他可能不得其死。而孔子的擔心後來竟成了事實，真的不幸而言中：子路後來果然在衛國的蒯聵之亂裡，被人殺死了。

孔子為什麼老是打擊子路，折辱子路呢？孔子為什麼對子路「每下毒手」？實際上是愛惜他，希望他有所改變，摧剛為柔，從而能在這種文化社會中容身。這是孔子對子路的愛心啊。

當然，子路是有很多優點的，老師也想誇他。但是，他經不起表揚，一表揚他就

5「誾」音「銀」，「誾誾如也」是中正的樣子，「侃侃如也」是和樂的樣子，「行行如也」是剛強的樣子。

驕傲，後來孔子就不表揚了。

子曰：「道不行，乘桴浮於海，從我者，其由與？」子路聞之喜。子曰：「由也好勇過我，無所取材。」（《論語・公冶長》）

這是整部《論語》中孔子對子路最「嚴重」的一次表揚。

子路最忠誠，最勇敢，而且還是一個武林高手，一直是孔子的保鏢和衛士。孔子深知子路的為人，所以，他說，當他完全失敗與失望時，也只會有子路一人依舊跟隨著他，其他人可能都要作鳥獸散了。這句話對子路來說，確實是很高的道德褒獎。子路本來就最易沾沾自喜，尤其是得了老師一言兩語的表揚，更是異常興奮。面對老師頒發的這麼一塊金光閃閃的大獎章，而且只他一分，別人都沒有，連顏回都沒有，他一下子高興得都不知道自己是誰了。

孔子一看，得趕緊讓子路好好冷靜一番。於是，直接把他一棍子打死：「無所取材。」在雲端飄飄然半天的子路，又被孔子一悶棍打回地面。

不忮不求，何用不臧

孔子還表揚過一次子路。孔子說：「穿著破舊的絲棉袍子，同穿著狐貉皮袍子的人在一起站著，而不覺得羞慚的人，大概只有仲由吧？《詩經》上說：『不忮不求，何用不臧？』（不嫉妒，不貪求，為什麼不會好？）」

子路終身都念誦這兩句詩。

孔子接著又說：「是道也，何足以臧（僅僅這樣做怎麼能夠好呢）？」（《論語・子罕》）

他能穿著破衣爛衫站在一群衣著華貴的人中間，而且坦然自若，這說明子路有足夠的精神力量，有這種精神力量，才有這種自信。所以孔子表揚他：「不嫉妒又不貪求，你憑這點就會好。」受到老師的誇獎，子路馬上得意起來了。他整天就叨念著那兩句古詩，像是在給自己做廣告。孔子馬上又來收拾他：「不嫉妒又不貪求，光憑這點哪會好？」子路一定又氣餒了。

長期這樣罵，最後引起了一個嚴重的後果：門人不敬子路。

有一天，子路跑到老師家裡面鼓瑟。子路那種人，他鼓瑟，一定是剛猛之音，充滿殺伐之氣。孔子喜歡中和之音，所以孔子就說：「仲由的這種瑟不該到我家來演奏。」

這簡直是說仲由都不配做他的學生了。結果就是「門人不敬子路」。要知道，子路是大師兄，下面的小師弟們都不敬他，後果很嚴重。

孔子一看，趕緊又為子路挽回名聲，說：「子路已經登堂了，他只不過是未入室罷了。」

學習有三階段：第一個階段是入門，第二個階段是登堂，最後一個階段是入室。入室就進入到學問的最深奧階段。登堂已經很不容易了，境界很高了。而且，孔子在這兒明確暗示：子路是登堂弟子了，豈可不敬！

孔子畢竟愛護子路，打是愛，罵也是愛，維護之情更感人。

瑚璉之器

孔子一生最為密切的三個弟子中，顏回他最喜歡，子路他最親近。那麼，子貢呢？我們可以這樣講：子貢是孔子晚年的依靠，在顏回和子路都死了以後，能夠給孔子帶來安慰的，並且能夠給孔子各方面關照的就是子貢。

以前子貢曾經問過老師：「老師啊，我是一個什麼樣的人啊？」孔子回答說：「汝，器也。」意思是說子貢就是一個器。

我們知道「器」不是一個好聽的詞，因為孔子曾經講過一句很有名的話：「君子不器。」那說子貢是個器，就是說子貢不是君子了。所以這對子貢還是有一點打擊的。

子貢就趕緊問老師：「我是什麼樣的器呢？」孔子回答：「瑚璉也。」（《論

語‧公治長》）

瑚璉是什麼東西呢？是在祭祀天地和祖先的時候盛放祭品的一個貴重之器。那個時代，國家的大事就是祭祀和戰爭。祭祀是國家最嚴肅的場合，在這樣的場合裡面盛放祭品的貴重之器，這是對子貢的褒獎。算是給他一點安慰吧。

從「器」的境界說，子貢已是貴器、利器，可以以之工其事，立其功；從「不器」的高境界說，修養尚未成功，子貢仍須努力。

孔子對子貢還是有一些不滿的，這個不滿在哪裡？他就覺得子貢不大安貧樂道。他為什麼喜歡顏回？我們曾經說過，就是顏回安貧樂道，境界很高。而子貢恰恰是不夠安貧，因為他有追逐財富的慾望。更重要的是，他還有追逐財富的才能。

司馬遷在《史記》裡面專門給商人列了一個傳記叫《貨殖列傳》，在《貨殖列傳》裡面他寫的第二個商人就是子貢。第一個商人是誰呢？就是陶朱公。[6]實際上我覺得司馬遷在這裡次序有點顛倒，因為陶朱公發財在子貢之後。因此我們甚至可以這麼講，子貢是中國有史以來被歷史記載的第一位大商人。

孔子有一天感歎：「顏回嘛，道德學問都差不多了吧，可是常常窮得沒辦法。端木賜不安本分，去做買賣，猜測市場行情常常能猜中。」（《論語‧先進》）

子貢如果在今天，我們跟著他炒股，應該問題不大。他判斷哪一個股票要升，要漲，那肯定沒問題。

6 陶朱公　范蠡，字少伯，春秋時期楚人，越國上大夫。助越王勾踐滅吳之後，功成身退，經商致富，自號陶朱公。

貧而樂道、富而好禮

子貢的錢多到什麼程度呢？司馬遷是這樣說的：子貢到各個諸侯國去，諸侯對子貢是「分庭而抗禮」。

一般而言，在朝廷上，國君是主；外來的人，或者臣子，是賓。雙方是上下關係，國君在上面坐著，賓客或臣子在下面行禮。可是，子貢來了，就不是這樣了。怎麼樣呢？分庭，什麼意思呢？你來了，大家不分賓主了，在朝廷上，我站在一邊，你站在一邊，我們拱手，平等行禮。不是上下關係了，是左右關係了，這個朝堂，我們都是主了，平等了。

諸侯為什麼對子貢這麼平等？因為子貢有錢啊。

子貢的錢對孔子也起了很大的作用。孔子周遊列國總要有花費，上下打點也好，來回的差旅費也好，那都是子貢安排的。

有一次，子貢就問老師：「貧窮而不阿諛奉承，富貴而不驕傲自大，怎麼樣？」

孔子說：「可以算是好的了。但還比不上貧而樂道、富而好禮。」

子貢說：「《詩經》上說：『如切如磋，如琢如磨』（像對待骨、角、象牙、玉石等等一樣，先切料，再銼糙，再雕琢，再磨光），說的就是這個意思吧？」

孔子說：「賜呀！現在可以和你談論《詩經》了。告訴你已知的事，你能舉一反

三，明白你原先不知道的事了。」（《論語．學而》）

這裡主要講了人格的層次。「貧而無諂，富而無驕」，是對一個正直人的起碼要求。試想，假如一個人「貧而諂媚，富而驕橫」，那是什麼樣的人呢？就是我們今天在社會上常常看到的那一類人。

但孔子還提出了一個更高的層次：貧而樂道，富而好禮。無諂、無驕，只是對不良人生的否定與拒絕；樂道、好禮，則是對道德人生的追求與實踐。一是消極的拒惡，一是積極的行善。

所以，子貢馬上就聯想到了《詩經》中的句子「如切如磋，如琢如磨」：人的道德修行就如同琢玉。先切、再琢、再磨，一步一步趨於晶瑩剔透的造化之境。而子貢從《詩經》中悟出人生的道理，如此舉一反三也確實聰明，受到老師的高度讚揚，是他應得的褒獎。

值得我思考的是，子貢為什麼要問孔子這個問題呢？因為他有錢，是個富人，所以，他很關心有錢以後怎麼樣。我們有太多的人關心如何才能有錢，太少的人關心有錢以後怎麼樣。就憑這一點，我們很多有錢人就該向子貢學習學習。

縱橫家的先驅

但是，子貢的主要成就是在外交上。

《左傳》上面有很多子貢成功的外交案例。《史記》上也有一段，很有傳奇色彩。司馬遷有一些誇張，但是很能夠傳達出子貢的外交才華，以及他縱橫捭闔的風采。後來戰國時代的縱橫家，一個一個多厲害？巧舌如簧，戰勝於朝廷。其實縱橫家的老祖宗應該是子貢。

田常想在齊國專權，他派兵攻打魯國。孔子此時在衛，聽到了，就很擔憂，對學生說：「魯國，是我父母安葬之地，是我生養的地方啊。現在有了危險，你們為什麼不去援救？」

於是子路說：「我去。」孔子搖搖頭。

子張、子石說：「我去。」孔子搖搖頭。

他在等一個人。只有這個人才能救魯國。

子貢明白了老師在等誰。他站出來：「老師，我去。」孔子點點頭。

子貢沒有去魯國，他去了齊國。見到了田常。

他對田常說：「你要攻打魯國，魯國難以攻打啊。魯國的城牆單薄低矮，魯國的國土又小又窄，魯國的國君愚昧不仁，魯國的大夫膽小怕事，魯國的百姓厭戰怕戰。因此，很難攻打。我勸你攻打吳國。吳國好打。吳國的城牆高大堅固，吳國的國土又廣又深，吳國的軍隊裝備精良，吳國的大夫英勇善戰。所以，吳國好打。」

田常像看著怪物一樣看著子貢，最後是憤怒的咆哮：「你是傻子還是你把我當傻子？！」

子貢說：「息怒。要看你為什麼打仗了。」

田常追問：「什麼意思？」

子貢回答：「為國家打仗，當然打魯國。為自己打仗，就要打吳國。你要的不是齊國的強大，你要的是自己的強大。打魯國，勝利了，齊國強大了，你有什麼好處？打齊國，曠日持久，消耗國力，國家亂了，你正好亂中取勝，渾水摸魚。」

田常把子貢佩服得不得了。「但是，」他說，「我現在已經把軍隊調到魯國邊境，突然掉頭打吳國，會招人懷疑的。」

子貢微微一笑：「我去吳國，讓他主動來打你，不就得了。」

子貢到了吳國。吳王夫差正想稱霸。

子貢說：「真正的王者不會讓諸侯屬國被滅掉，霸者也不會容忍有對手。現在齊國要攻打魯國，要讓魯國聽他的，不聽你的，你能容忍嗎？」

吳王說：「不能容忍。但是我後面還有越國呢，如果我跑到北方打仗了，他在後面捅我一刀，怎麼辦？待我先滅了越國再說。」

子貢說：「齊國滅魯，比你滅越，容易得多。等你滅越再北上救魯，菜都涼了。您要是真的不放心越國，我去一趟越國，不就得了。」

子貢到了越國。越王勾踐很感動：「我們是南方不開化的地方啊，怎麼您這樣的大學者不辭勞苦、不嫌低賤來了呢？」

子貢說：「你有危險啊，我來救你。我剛從吳王那裡來，人家要滅你啊。」

勾踐很緊張。子貢說：「別緊張，我不是來了嗎？我教您。」

越王勾踐又緊張又感動，看著子貢，等著子貢指點迷津。

子貢說：「您向吳王主動提出協助他進攻齊國，這樣既鼓勵他矛頭對北，又能解除他對你的懷疑。他進攻齊國，如果輸了，您的機會不就來了嗎？如果他贏了，他會再北上進攻晉國。」

越王不明白：「如果他進攻晉國再贏了呢？那不麻煩大了？」

子貢說：「我讓他贏不了。我再去一趟晉國，不就得了。」

這次他沒有先去晉國，他先回吳國，告訴吳王，越王會派軍隊協助他攻打齊國。越王能派人來吳國，表示願意執鞭墜鐙，跟隨吳王。吳王下定了決心，揮師北上。子貢呢？他也駕車北上，不過是去晉國。

到晉國，對晉君說：「做好準備啊。吳國軍隊要來了。」於是晉國嚴陣以待。

吳國果然大敗齊國。魯國的危機解除了。

吳王果然移兵攻晉，晉國因為有了準備，真的就把吳軍打敗。

南方的越王勾踐一看，機不可失，報仇的時間到了，大舉興兵攻打吳國。

吳王一聽後院起火，趕緊從北方撤兵，回國救援，三戰不勝，首都失守，越王殺了吳王，滅了吳國，稱霸天下。

司馬遷說：「故子貢一出，存魯，亂齊，破吳，強晉而霸越。子貢一使，使勢相破，十年之中，五國各有變。」

孔子批評子貢：「我只讓他救魯，後面的事都是不該幹的。」可見，人的一張嘴，可怕。

孔子已經預見到戰國縱橫家的三寸不爛之舌了。

孔子回魯以後，跟隨孔子仕魯的子貢就成了魯國的專職外交家，在外交舞臺上折衝樽俎，縱橫捭闔，為魯國爭到戰場上拿不到的利益。要知道，子貢是衛國人，之所以這樣幫著魯國，就是因為老師是魯國人。後來老師去世了，子貢為他守喪六年，六年以後他回衛國去了，為衛國盡力去了。

維護師門的子貢

此時，子貢不僅維護魯國，他還維護孔子。

晚年退守家中專心學術的孔子，遭到了一些無知淺薄之人的攻擊。其中，叔孫氏的宗主叔孫武叔最為代表。

叔孫武叔在朝廷上對大夫們說：「子貢強於孔仲尼。」

子貢當時為魯國做了好多大事，子貢強，對。但是，要說子貢比孔子強，就一定不對了。

子服景伯把這話告訴了子貢。

子貢曰：「譬之宮牆，賜之牆也及肩，窺見室家之好。夫子之牆數仞，不得其門而入，不見宗廟之美，百官之富。得其門者或寡矣，夫子之云，不亦宜乎。」（《論語．子張》）

子貢說：「這就如同房舍的圍牆，我的圍牆只到肩膀，因而人們都能窺見房屋的美好。我老師的圍牆有數仞高，找不到門進去，光在外面看不到宗廟的美好和各個房舍的豐富多彩。找得到門進去的人可能很少吧。叔孫武叔老先生的話不也很自然嗎！」

這是對叔孫武叔含蓄的回擊，意思是說你還沒有摸著我老師的門呢。

後來，叔孫武叔又一次在一個場合詆毀仲尼。

子貢說：「不要這樣啊！仲尼是詆毀不了的。其他人的賢德，如同小山小丘，還可以越過去；仲尼，那是太陽和月亮啊，是無法越過的。即使有人想要自絕於太陽和月亮，對太陽和月亮又有什麼損傷呢？只是看出這種人不自量力啊。」（《論語．子張》）

這次子貢對叔孫武叔的嘲弄就更加尖銳了。

要知道，叔孫武叔可是魯國的三大家族之一，是魯國的司馬。子貢是一個外來的客卿啊。但是，即便雙方實力懸殊，只要涉及到對老師的評價，子貢便毫不客氣地予以回擊。

還有一個陳子禽也對孔子加以詆毀，那是在孔子去世以後。

陳子禽對子貢說：「您對仲尼是故意表現恭敬吧，他哪裡比您更強呢？」

子貢說：「君子一句話可以顯出聰明，一句話也可以顯出愚蠢。說話不可不謹慎呀。我們老師的不可及，就好像天是不能通過階梯登上去一樣。我們老師如能獲得權位而為諸侯為大夫，那就像人們所說的：他要建立什麼，什麼就建立了；他要引導百姓，百姓就會前進；他要安撫百姓，百姓就會來歸附；他要發動百姓，百姓就會團結協力。他生的光榮，死的哀榮。像這樣誰能比得上呢？」（《論語・子張》）

這幾次都有關仲尼的名聲，並且還反映出，當時不少人認為子貢比他老師還強。這讓子貢很惶恐。一方面，維護老師的聲望，是做弟子的不可推卸的責任；一方面，既然有人認為自己比老師還強，子貢也不能不表態。

所以我們看，這三次都是子貢在為老師辯護和宣傳。而且，子貢都用了比喻來讚美孔子，一處用數仞高牆遮住了一般人的視線，比喻孔子學問艱深，非一般人所能瞭解；一處用日月來比喻孔子之不可超越；一處更是以「天」來比孔子，以「天之不可階而升」來說明孔子的學問非一般人所能評論。

子貢是孔子弟子中極聰明的一個。他是出色的外交家，也是成功的商人，一位有錢的外交家。他得到很多人的好評，獲得很大的聲譽，是可以理解的。一般人也就以此認為子貢比孔子還強。實際上，就學問的廣博、思想的深刻、人格的偉大……，從諸多方面看，孔子確實遠在一般人之上，也遠在子貢之上。但正如子貢所說的，一般人評論人物，只看他表面的東西，至於人格、思想、學問等等內在的東西確實非一般人所能瞭解。於是，風流倜儻、腰纏萬貫的子貢，被人認為強於內涵深沉的孔子，也就可以理解了。

好在，子貢本人並不因此沾沾自喜，他畢竟是孔子的學生，他評點人物的眼光和見識自然也高於其他人。他的自謙，再一次證明了他的聰明——假如還不足以證明他的賢德的話。

那麼，晚年歸魯的孔子，此時在做什麼呢？

第三節　哲人千古

孔子晚年歸國，無心從政，此時他主要做的就是三件事：

第一，做國事顧問；

第二，整理傳統文化典籍；

第三，教育學生。

先看第一點。魯哀公和季康子尊他為「國老」，時常向他討教。後來的孟子曾經說過，一個人，要受人尊重，有三點：一是地位高，二是年齡大，三是道德學問高。此時的孔子在魯國，魯哀公也好，季康子也好，都是他的晚輩，孔子在魯國與他們父親共事，縱橫捭闔的時候，他們還是小孩子呢。

所以，孔子不單是年齡比他們大，而是實實在在的長輩。雖然世俗地位比不上他們，但是孔子已經是當時的聞名遐邇的名人，擁有巨大的政治聲望和民間影響。至於道德學問，那更不用說，二者不具備可比性。

所以，魯哀公也好，季康子也好，常常來向孔子討教，也是人之常情，而孔子在他們面前說話，也更加坦率直接，有時甚至是直接的批評。

魯哀公問政於孔子。孔子回答說：「政治的當務之急，莫大於讓人民富且壽。」魯哀公說：「讓他們富，也許我還能有些辦法。讓他們壽，這好像是天決定的，我沒有辦法。」

孔子曰：「省掉勞役，減輕賦稅，老百姓就富了嘛。敦促人民奉行禮教，遠離犯罪和疾病，老百姓就壽了嘛。」（《孔子家語・賢君》）

舉用正直的人

哀公問曰：「何為則民服？」孔子對曰：「舉直錯諸枉，則民服；舉枉錯諸直，則民不服。」（《論語．為政》）

魯哀公還問過孔子這樣的問題：「怎樣做才能使百姓服從？」孔子答道：「舉用正直的人，置於邪曲的人之上，百姓就會服從了；如果把邪曲的人，置於正直的人之上，百姓就會不服。」

我們要這樣看：魯哀公既然問如何才能讓百姓服從，顯然是百姓此時並不服從。所以，孔子的這個回答，實際上就是批評魯哀公是任用了奸邪之徒。

中國歷來政治的問題似乎都是「親小人，遠賢臣」的問題。

當然，孔子那個時代，很難從制度上進行變革，因此，對統治者德行和智慧的要求，就更加迫切。

有一次，魯哀公問了孔子一個很好玩的事。他說：「我聽說健忘症厲害的人，出門就會忘掉自己的妻子。有這樣的人嗎？」

孔子回答：「這還不是最厲害的，最厲害的是忘記了自己的身體。」

魯哀公很吃驚：「你說說看。」

孔子說：「以前那個暴君夏桀，本來貴為天子，富有四海，後來他忘掉了聖祖之道，破壞典章制度，荒於淫樂，耽湎於酒，最後弄得天下人殺了他。這不是忘掉自己的身體了嗎？」（《孔子家語．賢君》）

我們不知道魯哀公聽明白了沒有？他後來謀除三桓不成，出奔外國，結局和魯昭公一樣慘。

還有一次，魯哀公賜給孔子桃子和黍子。魯哀公說：「請吃吧。」

孔子先吃黍子而後吃桃子，魯哀公的左右皆掩口而笑。

魯哀公告訴孔子說：「黍子不是吃的，是用來擦拭桃子的。」

孔子回答：「我知道啊。可是，黍子，是五穀之首，祭祖祭天地都把它當做上等貢品。而水果有六種，桃子排最後一位，祭祀不用，不登郊廟。現在拿尊貴的黍子去擦拭低賤的桃子，我覺得是不知好歹，貴賤不分。我認為這種作法妨礙教化，有害於義，所以，我不敢這麼做。」

孔子在暗諷魯哀公治國不分主次，捨本逐末，追逐享受而忘掉根本。孔子還在暗示魯國的政治：貴為國君，卻要在大夫（三桓）面前低三下四，成了他們的傀儡，唯他們馬首是瞻，貴賤顛倒。

所以，觸動魯哀公的心事，魯哀公感歎：「說得好啊。」（《孔子家語．子路初見》）

對魯哀公，孔子還是尊敬的。對季康子，孔子的語氣就更加淩厲了。

季康子向孔子問怎樣為政。孔子回答道：「政，就是正。您帶頭走正道，誰敢不走正道？」（《論語・顏淵》）

這不就是罵季康子帶頭不走正道嗎？

政，就是正。孔子的這個解釋，可以把很多東西排除在政治之外：比如政治手腕、權術等等。而正是這些不正的東西後來成為中國古代政治的主要內涵。讓我們記住孔子的話：政者，正也。用正當的手段推行公正和正義，宣導公平和平等，這才是政治。

季康子為盜賊煩惱，向孔子詢問該怎麼辦。孔子回答說：「假如您不貪財利，就是獎勵盜竊，也沒有人去幹。」（《論語・顏淵》）

這就是直接罵季康子和那些盜賊完全一樣。

可以這麼說——

晚年回魯的孔子，就是魯國的良心。

春秋後期的孔子，就是春秋時代的良心。

去世以後的孔子，就是全中國的良心。

傳承文化之火

晚年回魯的孔子做的第二件事，就是整理古代的文化典籍。

魯國政府將他尊稱為「國老」，國家級的老人，待遇也一定很不錯。沒有了生計之憂，孔子將精力全部投入教學和古代文獻的整理之中。

說到我們五千年的文化，大家都很自豪，全世界獨我們一家有這樣的光榮和偉大。中國傳統文化的核心是什麼？簡單地說：四書五經。[7]四書五經裡面總共九本書，八本跟孔子有直接關係：《詩》、《書》、《易》、《禮》、《春秋》，《大學》、《中庸》、《論語》。還有一本《孟子》，與孔子有沒有關係，大家都知道。沒有孔子，就沒有孟子。

所以孔子永遠居於中國傳統文化的最核心的位置。要學傳統文化，要瞭解傳統文化，不能不瞭解孔子，你愛傳統文化也就不可能不愛孔子。當然如果你要批判傳統文化，可能你也不得不批判孔子，孔子就是這樣的一個人。他是傳統文化的代表，是全世界歷史最為悠久的民族文化的一個偉大代表性符號。

整理這些文化典籍在一般人看來可能很枯燥。但是，孔子是帶著巨大的歷史責任感在做這樣的事。他要傳文化之火。

但是，孔子做這樣的事，也有他的樂趣在。

7 四書五經　四書即《論語》、《孟子》、《大學》、《中庸》，南宋理學家朱熹將《禮記》中的〈大學〉、〈中庸〉抽出，與《論語》、《孟子》合稱「四書」。五經則是《詩經》、《尚書》、《周易》、《禮記》、《春秋》等五部儒家經典的合稱。

我常常想，一個人的樂趣和愛好，與他的智商有關。
智商高的人，才能享受高級的快樂，高雅的快樂。
智商低的人，只能享受低級的快樂，所以，才有那麼多的低級趣味。
快樂，是一種能力。

子曰：「知之者不如好之者。好之者不如樂之者。」（《論語・雍也》）

對事業和學問而言，掌握它的人，不如愛好它的人；愛好它的人，不如以它為樂的人。

孔子整理和研究《周易》，那是「好」，就是熱愛。以至於「為之韋編三絕」。對於這樣一部抽象深奧的著作和學問感興趣，從中找到無窮的樂趣，沒有極高的智商，很難。

孔子對《周易》的研究開創了一個新的時代，他幾乎是將這部古代的卜筮之書點鐵成金、脫胎換骨，使之成為總攬人物、包舉宇宙的哲學大書。而中國歷史上第一部編年體的史學著作《春秋》，也於此時開始寫作。

至於《詩經》，那就更加適合孔子的性情了。「三百五篇孔子皆弦歌之」，這哪裡像是在苦做學問？這簡直就是極大的享樂！

遭逢喪子之痛

晚年的孔子做的第三件事，就是教學生。

孔子的私學，從他三十歲之前創辦，到他從齊國回來整整十四年的堅持，到他周遊列國期間的非正常辦學，現在，回國直至逝世的五年裡，他的私學達到了極盛。除了顏回、子路、子貢、冉求之外，一批更為年輕的學生，開始嶄露頭角，脫穎而出，子游、子夏、子張等等後期俊秀，此時開始出人頭地。

子游，比孔子小四十五歲（亦說小三十五歲），子夏，比孔子小四十四歲，二人是文學科的兩位青年俊秀，他們一邊幫助孔子進行文化典籍整理，成為孔子的得力助手，一邊也漸漸樹立自己的名聲，與德行科的顏回、閔子騫、冉伯牛、仲弓；言語科的宰予、子貢；政事科的冉有、季路並駕齊驅。看著長江後浪推前浪，一代更比一代強，孔子的心裡，一定是十分欣慰。

但是，逝者如斯夫！隨著時光流逝，已經開始有學生撒手西去。這是晚年孔子的最大心痛。

實際上，孔子歸國的前一年，他的夫人就已經在魯國去世。他們沒有見上最後一面。也就是說，當年孔子離開魯國周遊列國的時候，夫妻的生離，就是死別。

回到魯國的孔子，檢視老妻的遺物和生活的場所，心中有著怎樣的酸楚？

還有更大的傷痛。

他唯一的兒子孔鯉，在他歸國的第二年，也就是在他七十歲的時候，又先他而去，終年五十歲。這是白髮人送黑髮人的悲劇。

人生三不幸：早年喪父，中年喪偶，晚年喪子，孔子至少占了兩項。

孫子孔伋此時還在襁褓之中，甚至有人說，孔伋可能是孔鯉的遺腹子，就是孔鯉死了以後孔伋才出生。你想想孔子七十歲了，兒子死了，孫子出生了，他看著這個生下來就沒有父親的孫子，會有什麼樣的感受？

孟子一聲歎息：「天將降大任於是人也！」

還有更大的打擊在後面。

七十一歲時，顏回死了！

孔子歎息啊，天滅我啊，天滅我！孔子早就把顏回看成自己的兒子一樣了，而且，顏回也早就把孔子看成自己的父親。

孔子的精神傳人

去年，剛剛送走了孔鯉，萬萬沒有想到，僅隔一年，又要送走一個兒子！

還不僅如此，孔子早就把顏回看成了他的精神傳人。

有一個很有意思的現象：晚年的孔子，他的弟子們幾乎都已經出仕做官，冉求做了季氏的大管家，子路也在那裡；子貢成了魯國的外交官，穿梭來往於各國之間。

但是，顏回一直沒有做官。

為什麼？我的推測是：孔子要他專事學問，在孔子百年之後，他將主持這個學派，光大門楣。

但是，顏回竟然先他而去！

這就像接力賽一樣，孔子拼命地跑，前面有顏回等著接他的這一棒，等到他跑到顏回身邊，這個棒子還沒有傳出去，顏回先倒下了！

孔子痛哭。身邊的人說：「夫子您太哀痛了！」

孔子說：「是太哀痛了嗎？我不為這個人哀痛還為誰哀痛呢？」（《論語・先進》）

這個人，「其心三月不違仁」；（《論語・雍也》）

這個人，「不遷怒，不貳過」；（《論語・雍也》）

這個人，「語之而不惰」；（《論語・子罕》）

這個人，「見其進」，「不見其止」；（《論語・子罕》）

這個人，對老師之言，「無所不說（悅）」；（《論語・先進》）

這個人，「用之則行，舍之則藏」；（《論語・述而》）

這個人，「聞一知十」；（《論語・公冶長》）

這個人，身處貧窮卻安貧樂道。（《論語・雍也》）

可是，就是這個人，卻在四十一歲上，即早夭而死，孔子不為他痛還為誰痛？

——誰的眼淚在飛？孔子已經不能自持。

孔子獨坐，然後深深歎息：

子曰：「苗而不秀者有矣夫！秀而不實者有矣夫！」（《論語・子罕》）

孔子說，只長苗而不開花，有的啊！只開花而不結果，有的啊！顏回就如同茁壯的苗，可還沒開花，就夭折了。又如同鮮豔的花，還沒結果，就凋謝了。

這是孔子精心培育的苗和花啊。

這也是無法抗拒無法逆轉的天命啊。

顏回的葬禮

弟子們知道顏回在老師心目中的地位，出於對老師的安慰，也出於對同學中學問境界最高者的敬愛，想厚葬他。

而顏回的父親甚至提出讓孔子拆掉自己的車子為顏回做槨。[8]

8「槨」音「果」，棺材外面的套棺。

孔子說：「不可以。」孔子反對厚葬顏回，有兩方面的考慮：

第一，是出於喪葬禮節的考慮。顏回家貧，孔子一貫反對因喪葬而導致在世者的生活出現問題，何況顏回死時，他的父親還在。

第二，前一年孔鯉死時，孔子也是按照一般士人的規格，有棺而無槨。孔子內心裡早已把顏回視同自己的兒子，甚至在感情上還要超過自己的兒子。所以，他想按照孔鯉的標準來安葬顏回。

但是，孔子畢竟老了，這樣的事必定要弟子們來操辦。弟子們仍然厚葬了顏淵。

在顏回的墓前，孔子說：「回呀，你待我如同父親，我卻不能待你如同兒子啊，我是想照當初安葬孔鯉的樣子來安葬你啊。現在搞成這樣，不是我的主意呀，是你那班同學做的呀。」（《論語．先進》）

顏回的死，是孔門的一件大事，這是孔門由盛轉衰的標誌，它像一塊烏雲，遮住了天空中的太陽，陰霾籠罩下來。

就在這一年，魯國還發生了一件奇怪的事。

這年春天，叔孫氏狩獵，捕獲一隻怪獸，弄斷了它的前左腿。叔孫氏看著這個怪模怪樣的野獸，以為不吉祥，就把它拋棄在城外，然後派人來問孔子。孔子聽了描述，心頭一驚，趕緊到城外觀看這頭奄奄一息的怪獸。一看，孔子的眼淚就下來了。

「這是麒麟啊。為什麼它要跑出來呢，為什麼它要跑出來呢？」

孔子語不擇言，泣不成聲，用袖子擦眼淚，袖子全濕了。

子貢很吃驚，慌忙扶住老師，問：「老師，您為什麼哭呢？」

孔子說：「麒麟出來，象徵著聖明的君主要出來啊。可是，你看，它是被捕獲的，而且受傷害了啊！聖君被害了啊！」孔子從這個被傷害的麒麟身上，看到了自己的命運，還看到了不祥的時運。

據說，從此以後，孔子輟筆，不再著述。《春秋》就是「絕筆於獲麟」。

子路結纓而死

而這邊，子路又得罪了季康子，在魯國不願待了，準備去衛國。

臨行之前，眼見著比自己小二十一歲的顏回早死，以及老師的無比悲痛，他也疑神疑鬼起來。他來向老師辭行。

季路問事鬼神。

子曰：「未能事人，焉能事鬼？」

曰：「敢問死？」

曰：「未知生，焉知死？」（《論語．先進》）

顏回死了，子路也老了。這個強亢一生的人，大約也有了遲暮之感。他原先是天不怕地不怕的，但他現在也想到事鬼神了。孔子大約看出了子路內心精神的衰退，便想推他一把，把他從衰老和死亡的陰影中推出來。

所以孔子說，你不是要到衛國去了嗎？你想著好好侍奉侍奉衛國的君臣，你怎麼想著事鬼呢？

但子路內心中死亡的陰影太沉重了，他動情地問老師：「老師，您給我談談死亡吧。」

孔子說：「你怎麼會想到這個問題呢？怎麼活著你還沒弄明白呢，談什麼死！」這種拒絕，這種斥責式的語氣，實際上是對子路的安慰。

子路站起來，默默地走開了。孔子望著子路的背影，心中一片蒼涼。

子路去衛國了。並且，一去不返。

子路到衛國後，在衛國大夫孔悝[9]的家裡做家臣。衛國發生現任國君衛出公蒯輒和自己的父親蒯聵爭奪君位的內亂。更不幸的是孔悝捲入其中，不幸的是子路又是孔悝的家臣。當時在衛國做官的還有一個孔子的學生高柴。

其實，大亂發生之時，高柴在城內，子路偏偏還在城外。高柴一看形勢不好，趕

9「悝」音「虧」。

緊出城躲避，子路一聽城裡有亂，立即進城赴義。二人在城門口正好相遇，高柴告訴子路，孔悝已經被蒯聵劫持，再進去已是於事無補，只會白白送命。子路說：「吃人家的飯，就不避其難！」於是高柴走了，子路來了。

子路進城後，發現蒯聵及其黨羽把孔悝劫持在孔悝家的高臺上，子路在台下要蒯聵放了孔悝，蒯聵不聽，子路要放火燒台。蒯聵派兩個武士下來與子路交戰。子路雖然英勇善戰，但畢竟已經六十三歲高齡，對方是兩個，漸漸的子路就處於下風。

這時，他的冠纓被砍斷，帽子掉到地上，他說：「君子即使死去，冠帽也要戴在頭上！」於是，放下寶劍來結纓帶，對方乘機刺死了他。大概是子路勇猛的名聲太大，這兩個人生怕子路再站起來，就揮劍亂砍，把子路的遺體砍為肉醬。

一代英豪，就這樣慘烈而去。

其實，這個結果孔子在魯國已經料到。他一聽說衛國發生動亂，就歎息著說：「柴也其來，由也死矣！」（高柴沒事，一定會回來的。仲由啊！這次死了！）果然，報喪的來了，報告子路死亡的確信。蒼髯淩亂的孔子坐在庭前臺階中間痛哭，天祝（咒）我啊！天祝我啊！

子路是跟隨孔子時間最長的學生，四十多年，忠心耿耿，孔子周遊列國，子路一直跟隨身邊，既是學生，又是保鏢，他只比孔子小九歲，實際上，二人的關係，幾乎如同師友。顏回死後，子路更是他心中最重的人。

孔子不吃肉醬

在周遊列國的時候，一次病重，陷入昏迷。倉促之中，大師兄子路帶著師弟們為老師準備後事。

孔子之前，士人葬禮，沒有具體規矩。孔子當過大夫，子路便想以大夫之禮來安葬孔子。而大夫家是有家臣的，葬禮上很多事務和禮節都是家臣擔當的。孔子此時沒有家臣，子路便叫小師弟們假充家臣。

孔子挺了過來，病好轉一些後，他發現了這一情況，狠狠批評子路說：「很久了啊，仲由幹這種欺騙人的事！沒有家臣，卻要裝作有家臣，我欺騙誰呢？欺騙上天嗎？況且，我與其在家臣的料理下死去，不如在弟子你們的料理下死去啊。」（《論語·子罕》）

這話說明，很久以前，孔子就把學生當成自己的養老送終之人了。

要知道，孔子此時，老妻已死，兒子已死，一個孫子，還在襁褓之中，他早就做好了讓弟子們為他送終、料理喪事的打算。那麼，誰是他最為放心的呢？當然是子路啊。沒想到，子路又走在他前頭了。

有人來弔唁，孔子強撐病體答禮。然後，再把報喪的人叫進來，問他子路死時的情況。這個人也不會說話，直接跟孔子講：「慘啊，被剁為肉醬了。」

孔子的桌子上正放著上次吃剩的肉醬。趕緊揮揮手，讓人把肉醬倒掉。[10]孔子老了，以前他要吃方方正正的肉，現在，腸胃功能不好了，只能吃肉醬。子路被剁為肉醬，孔子從此不再吃肉。

哲人其萎

子路的死，最後擊垮了孔子。幾個月後，勉強撐過年關，第二年的二月，孔子病倒了。子貢趕緊來看望老師。孔子手拄拐杖，在門口徘徊。見到子貢來，責備道：「賜啊，你怎麼這麼晚才來啊！」這不是責備，這是依賴啊。他此時最需要的，就是子貢這樣的學生，在他的身邊，給他安慰。然後，他告訴子貢，他做了一個夢，夢見自己坐在廳堂的兩根柱子中間接受別人的祭拜。「這是殷人的停喪之禮啊。我就是殷人啊。」這實際上在跟子貢交代後事。

他一生最看好顏回，最信賴仲由，子貢跟他們相比，要稍微往後一點吧。但是，上天收走了顏回，收走了仲由，給他留下了子貢。

上天有上天的道理。

留下子貢給孔子，是上天的安排。因為子貢的辦事能力，是三人中最強的。

子貢在魯國的人緣和影響力，也是三人中最好的，子貢還有強大的經濟實力啊。辦喪事，是要錢的。

10《禮記・檀弓上》記載：「孔子哭子路於中庭。有人弔者，而夫子拜之。既哭，進使者而問故。使者曰：『醢之矣。』遂命覆醢。」「醢」音「海」，肉醬。

後來，子貢確實把孔子的喪事辦得非常好。以至於各國諸侯都派人來觀禮。孔子一輩子喜歡唱歌，他是一個情懷深厚、心連廣宇的詩人。孔子臨終之前，給我們唱了最後一首歌，那也是一首天地鬼神為之驚泣的大詩：

泰山其頹乎！
梁柱其壞乎！
哲人其萎乎！（《禮記・檀弓上》）

泰山崩了，天柱折了，哲人去了。
哲人去了，泰山崩了，天柱折了！
從此，他，不再僅僅屬於春秋時代，他，屬於千秋萬代！

跋

一個人，一本書，一個民族

一個人——孔子

人們常說，人人心中都有個孔子。但是，不僅人人心中有一個「不同的孔子」，中華民族心目中還有一個「共同的孔子」。孔子不是簡單的歷史人物，孔子是中華民族道德信仰的文化核心，是全民族文化精神的象徵，是我們這個民族道德文化的根本依據。中華大眾所崇尚並踐行的仁、義、禮、智、信、忠、恕等，即源自孔子的思想。

我拜謁曲阜三孔，[1]有一個深刻的感受：孔子，以他的力量提升了我們民族。

我們知道，中華民族的「軸心時代」，就是春秋戰國時代，這個血與火的時代之所以被我們推崇，不是因為那些殘忍嗜血的諸侯，而是因為以下一些在歷史的星空中永恆地熠熠閃耀的名字：老子、孔子、墨子、孟子、莊子、荀子、韓非子……。

但是，我們要思考的問題是：這些人為什麼會在那個時代出現？是什麼力量催生了這些偉大的哲人？

1 曲阜三孔　由孔廟、孔府與孔林構成。孔廟是以孔子故居建成，孔府是孔子世代嫡裔子孫的住所，孔林則是孔子及其後代的墓園。

當然，我們可以說，是政治、經濟等「物」的因素。

但是，「人」的因素我們不能抹殺。否則，我們的歷史就不是人的歷史，而是物質史了。

說到「人」的因素，有一個「人」，就凸顯出來。這個人，就是孔子。

他說他自己「十有五而志於學」。「志於學」就是立志於終生追求學問和道義。孔子是中國歷史上第一個「志於學」的人。

孔子之前，只有「學而優則仕」的人和「仕而優則學」的人。

他們確也偶或學問，甚至有大學問，比如老子、子產、晏嬰。但是，他們終生的事業，並不在此。

「志於學」的孔子，又創辦了「有教無類」的私學，培養更多的像他一樣「志於學」的人，這是中華文明史上開天闢地的大事。

所以，孔子之後，很多這樣的人：墨子、孟子、莊子、荀子、韓非子……。他們確也偶或做官，但是，他們終生「志於學」，以宣導思想學術為終生的事業。

有了這樣的人，人類的人口結構就發生了革命性的變化——人群中，出現了專門的關注形而上問題，關注彼岸、承擔價值的人。

人類出現了質的飛躍——精神問題和道德問題開始成為人類的首要問題。並且，有了專門的精神家園打理者和看護者。

所以，孔子是中國文明史的分水嶺，甚至是中華人類史的分水嶺。

孔子去世後，「儒分為八」。[2]不同利益訴求的人，對人生有不同感覺的人，開始了百家爭鳴！

是的，沒有孔子，就沒有百家爭鳴。

這樣的人，無異是偉大的，是神聖的，是不容褻瀆的。

現在，有一種聲音，以「還原孔子」為幌子，動輒聲稱「孔子也不過是個普通人」，這是不對的。簡單地說，普通人中，有幾個終生「志於學」？孔子十五歲的境界，我們幾人能達到？孔子「三十而立」，有多少人一輩子還沒「立」起來？孔子「四十不惑」，有著超常的價值判斷力，又有幾人能擁有？孔子「五十知天命」，芸芸眾生中，有幾人意識到自己的天命並無怨無悔地履行它？生活中，幾人能「耳順」、幾人可以「從心所欲不逾矩」？在追求真理和理想時，有幾個普通人能夠做到「知其不可而為之」？

被後世稱為「文史之祖」的司馬遷，當他面對孔子的時候，都不免戰戰兢兢，他說他對孔子是「高山仰止，景行行止，雖不能至，然心嚮往之。」

優入聖域

孔子是人，但是，孔子不是一個普通人。他早已「優入聖域」。

2依據《韓非子・顯學篇》中的說法，孔子去世後，儒家分化爲八派，分別是：子張之儒、子思之儒、顏氏之儒、孟氏之儒、漆雕之儒、仲良之儒、孫氏之儒、樂正氏之儒，此爲「儒分爲八」。

還有人說，孔子是個失敗者。他當過官，且還很大，但是，後來丟了。他當大官的時候，俸祿也很高，不過後來也丟了。但是，這樣就算失敗嗎？那茫茫人海，誰不是失敗者？

孔子很討厭那種患得患失的人：一門心思往上爬，爬上去以後，又憂心忡忡怕掉下來。一開始憂患於不成功，成功後又憂患於不能保持成功。孔子說，人一旦到了這種境地，就完了。那才算失敗呀！

而孔子呢？孔子是古往今來，中國歷史上最大的成功者！

第一，他做人，很成功。

一句話，他由一個社會下層的普通人，成為了「萬世師表」的「聖人」，這是古往今來，獨他一人達到的境界！

第二，他做事，很成功。

他做老師，很成功。古往今來，還有哪一位老師，像他那樣弟子三千，賢者七十二？培養出那麼多頂級的人才，在整體上極大地提高了中華民族的文明程度？還有哪一位老師，被學生看成父親，死後學生為他服喪守墓三年，子貢更是守墓六年？

他做學者，很成功。他整理六經，傳播文化，中國學術就是在他的基礎上建構起來的，就是以他為起點的。

他做政治家，很成功。他不僅在現實政治裡曾經大顯身手，更重要的是，他的政治思想、政治理念、政治理想，成為「道統」，一直約束著、引領著後世的政治和政治家。他的「仁政」理念，他的一句「苛政猛於虎」，一直是後世反抗暴政的力量依據。

他做思想家，很成功。中華民族的民族道德、民族精神、民族性格、民族氣質，就是孔子塑造出來的。以他為代表的傳統文化，保證了一個民族在兩千多年裡創造出輝煌燦爛的歷史。

一本書——《論語》

《論語》是中華民族的經典。在中國古代，至少從漢代開始，這個民族的所有讀書人沒有不讀《論語》的。《論語》關乎家國理想或理想的家國，關乎人格理想或理想的人格，甚至，它還是語言範本，關乎理想的文字。它獲得國家意志的供奉，也獲得民間道義的認同，一本一萬多字的小書，在一代一代人的虔誠閱讀和信奉中，嵌入了人類的精神史。

要知道，從一個民族凝聚力的角度來說，中國有兩個顯著特點：

第一，國家幅員遼闊，中國曾經的版圖比今天還大得多。幅員遼闊就包括兩個意思，土地廣闊和人口眾多。那麼，這麼遼闊的土地上，在交通通訊都不發達的古代社會裡面，要把人民凝聚起來實際上非常困難。

第二，古代中國沒有全民信仰的宗教。交通不發達，資訊不暢通，沒有宗教，把幅員遼闊的人口凝聚成一個國家，形成強大的向心力，保持幾千年的文明的延續，這幾乎是一個奇跡。這個功勞要記在誰的身上？必須記在孔孟老莊這些文化先哲身上。

在漫長的古代，不管你是京城的孩子，還是偏遠山區的孩子，只要是在中國版圖之內，不管是新疆、東北，還是廣州、海南的孩子學的都是《論語》。所有的孩子翻開課本，讀出的第一句話就是「子曰：學而時習之，不亦說乎！」

這樣的教育結果是什麼？就是人民雖然相距遙遠，但是心中有共同的一個人，這個共同的人是誰？孔子。他是人民心目中共同的聖人。所以北京的孩子長大以後，和貴州山區的孩子長大以後，他們的價值觀是一樣的，文化信仰是一樣的，敬重的人物是一樣的。所以一萬多字的《論語》起到了凝聚民眾的作用。

《論語》是提示人道德向上的書。孔子說：「君子上達，小人下達。」《論語》告訴人的是，人是有道德責任的，人不僅要自己過一種道德的生活、養成道德的人格、履行道德義務，人還負有建設道德社會的責任。按孔子的話說，這就是人的「天命」。認知並履行這樣的天命，便是君子，否則，就是小人。從這個意義上說，《論語》是「人的覺醒」，是人作為一個「人」的覺醒，是人脫離動物，進入文明的標誌。一句話，《論語》使「人」有了「終極關懷」。

《論語》所記，不僅是孔子這樣的「聖人之言」，而且還是一群「大人之言」，在這部書中留下言論並足以砥礪後人的，還有曾子、顏回、閔子騫、子路、子貢、子張、子夏、子游、冉求……。這些人天賦有異，各有偏至，各有不足和缺點，孔子也都一一指出過，但他們都從不求田問舍，患得患失，委瑣小氣，都不失為「大人」。

《論語》中有一則：孔子和幾個弟子在一起，弟子們或誾誾如也，或侃侃如也，或行行如也，都很有氣質，孔子很高興。要知道，教育的目的，就是「變化氣質」，教育的最高境界也是「變化氣質」，一個好的老師，能讓他的學生變化氣質。

而有一個人、有一本書，能讓一個民族變化氣質。這個人，就是孔子；這本書，就是《論語》；這個民族，就是中華民族；這種氣質，就是「文質彬彬」的君子氣質。

一個人，是成功的人；一本書，是偉大的書；一個民族，是成功的民族，是偉大的名字。

鮑鵬山

二〇一〇年二月

延伸閱讀

孔子的言談與著作

毛子水註釋，《論語今註今譯》。台北：台灣商務印書館。
羊春秋註釋，《新譯孔子家語》。台北：三民書局。
朱熹注，《四書章句集注》。台北：大安出版社。
楊伯峻，《論語譯注》。台北：華正書局。
楊伯峻、劉殿爵譯，《論語：白話中文、英文雙譯本》。
楊伯峻註，《春秋左傳注（修訂本）》（上）（下）。台北：洪葉文化。

孔子的生平與傳記

王健文，《流浪的君子：孔子的最後二十年》。台北：三民。

金安平，《孔子：喧囂時代的孤獨哲人》，黃煜文譯。台北：時報出版。

馬持盈註，〈孔子世家第十七〉，《史記今註》（四）。台北：台灣商務印書館。

錢穆，《孔子傳》。台北：東大。

對孔子的詮釋

李零，《喪家狗：我讀論語》。山西：山西人民出版社。

韋政通，《孔子》。台北：東大。

錢穆，《論語新解》。台北：東大。

劉方煒，《孔子紀：學術思想的啟門與文化制度的創設》。廣西：廣西師範大學出版社。

孔子年表

西元前五五一年（一歲）
魯襄公二十二年
孔子生於魯國昌平鄉陬邑。

西元前五四九年（三歲）
魯襄公二十四年
孔子的父親叔梁紇去世。

西元前五三七年（十五歲）
魯昭公五年
孔子說：「吾十有五志於學」。

西元前五三五年（十七歲）
魯昭公七年
孔子的母親顏徵在去世。魯國季孫氏宴請士，孔子前往赴宴，但被季孫氏家臣陽貨拒於門外。

西元前五三三年（十九歲）
魯昭公九年
孔子娶亓官氏為妻。

西元前五三二年（二十歲）
魯昭公十年
孔子與亓官氏生下兒子，魯昭公送鯉魚祝賀，故取名為鯉，字伯魚。
孔子擔任季孫氏的委吏，管理倉庫。

西元前五三一年（二十一歲） 孔子擔任季孫氏的乘田，管理畜牧。
魯昭公十一年
西元前五二五年（二十七歲） 郯國國君郯子訪問魯國，孔子前往求教。
魯昭公十七年
西元前五二二年（三十歲） 孔子自謂「三十而立」。
魯昭公二十年 齊景公與晏嬰訪問魯國，孔子參與接見。
西元前五一八年（三十四歲） 孔子問禮於老子。
魯昭公二十四年
西元前五一七年（三十五歲） 魯昭公出兵攻打季平子，季平子聯合孟孫氏、叔孫氏反擊，昭公兵敗，逃奔齊國。
魯昭公二十五年 孔子前往齊國。
西元前五一五年（三十七歲） 孔子返回魯國。
魯昭公二十七年
西元前五一二年（四十歲） 孔子自謂「四十不惑」。
魯昭公三十年
西元前五一〇年（四十二歲） 魯昭公卒，其弟定公繼位。
魯昭公三十二年

西元前五〇五年（四十七歲） 魯定公五年	陽貨通過控制季氏進而掌控魯國的大權。陽貨要孔子出仕，孔子應而不答。
西元前五〇二年（五十歲） 魯定公八年	孔子自謂「五十知天命」。
西元前五〇一年（五十一歲） 魯定公九年	孔子擔任魯國中都宰，政績卓著。
西元前五〇〇年（五十二歲） 魯定公十年	孔子由中都宰升任小司空，再升為大司寇，行攝相事。 齊魯夾谷之會。
西元前四九八年（五十四歲） 魯定公十二年	魯國推行隳三都，中途而廢。
西元前四九七年（五十五歲） 魯定公十三年	齊國送美女良馬給魯國。 孔子辭官離開魯國到衛國，展開十四年的周遊列國。
西元前四九六年（五十六歲） 魯定公十四年	孔子見衛靈公夫人南子。
西元前四九五年（五十七歲） 魯定公十五年	魯定公卒，其子哀公繼位。

西元前四九三年（五十九歲）　孔子離開衛國。
魯哀公二年
西元前四九二年（六十歲）　孔子自謂「六十而耳順」。
魯哀公三年　季孫氏召孔子的弟子冉求回魯國。
西元前四八四年（六十八歲）　孔子之妻亓官氏卒。
魯哀公十一年
西元前四八四年（六十八歲）　孔子結束周遊列國，回到魯國。
魯哀公十一年
西元前四八〇年（七十歲）　孔子自謂「七十而從心所欲，不逾矩」。
魯哀公十三年　孔子之子孔鯉卒。
西元前四八一年（七十一歲）　顏回卒。
魯哀公十四年
西元前四八〇年（七十二歲）　子路卒。
魯哀公十五年
西元前四七九年（七十三歲）　孔子卒。弟子為孔子服喪三年，子貢為其守墓六年。
魯哀公十六年

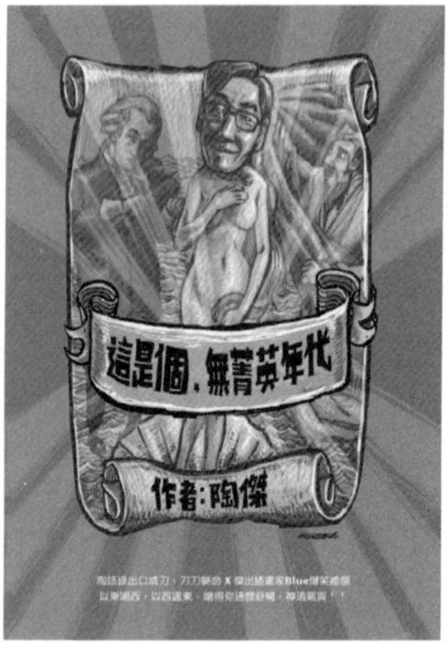

這是個，無菁英年代

陶傑

陶傑是誰？陶傑憑什麼斷言，
這是個無菁英年代？
有人自稱是菁英，他到底為社會做了什麼？
可嘆充斥各界的菁英們只是當權者的二奶，
屬於我們的菁英到底在哪裡？

他不是高居殿堂的知識分子
他是市井小民的最佳代言人

陶傑榮任全民發言人 即日到職
他踢破假象和幻想，他揭開世界虛偽的假面
你想當菁英，先過他這關！

《這是個，無菁英年代》
本事文化 2010年9月創社巨獻

隆重預告

《想起那隻豬》 十一月即將出版

繼《這是個，無菁英年代》之後，陶傑再次令人驚奇。
開卷閱讀，你會赫然發現，原來陶傑既有爽快利嘴的一面，
卻也有感性細膩幽然的一面。

陶傑論人物是一奇。你永遠會拍案叫好！

本書從政治、經濟、影視和文化，提出怪奇現象和人物，
襯托出更多有品有格有風範的人物。

如何做
一個正直的人

楊照

政治是高貴的人生志業，或是只是一種高明的騙術？
政治是菁英的專業知識，還是屬於普羅大眾必備的常識？
為什麼我們極力遠離政治，但政治永遠在我們身邊？
因為政治即生活，政治是每個人都必須知道的事。

在這個對政治漠不關心，甚至政治只能作為一種娛樂，
只剩下無止盡的謾罵以及嘲諷的年代，
我們需要楊照，需要理性的聲音，需要正直的力量。
本書的一百篇文章，是一百個關鍵字，也是一百個故事，
唯有理解政治、看見未來的方向，
我們才能在權力與利益交錯複雜的世界中，
看見「正直」作為人類美德的光亮。

《如何做一個正直的人1：理解政治的五十個關鍵字》
《如何做一個正直的人2：面對未來的五十個關鍵字》
本事文化　2010年9月　盛大出版

孔子是如何煉成的
——從喪家狗到萬世師表

作者　鮑鵬山
責任編輯　官子程

發行人　陳蕙慧
副總經理　喻小敏
副總編輯　林毓瑜
行銷部　闕志勳、吳幸雯、吳宜臻
業務部　尹子麟
版權部　王淑儀
法律顧問　北辰著作權事務所 嚴裕欽律師
出版　本事文化股份有限公司
台北市大安區和平東路一段258號8樓
電話：(02) 2363-9799　傳真：(02) 2363-9939
E-mail：motif@motifpress.com.tw
發行　本事文化股份有限公司
台北市大安區和平東路一段258號8樓
讀者服務專線：(02)2363-9799轉71~72
24小時傳真服務：(02)2363-9939
讀者服務信箱E-mail：motif@motifpress.com.tw

總經銷　大和書報圖書股份有限公司
電話：(02)8990-2588；8990-2568
傳真：(02)2290-1658；2290-1628
香港發行所　春華發行代理有限公司
地址：九龍油塘高輝道15號萬年工業大廈2樓A座
電話：(852)2775-0388 傳真：(852)2690-3898
網址：www.springsino.com.hk
馬新發行所　青城文化事業有限公司
地址：No.18 Jalan Perisa Satu, Taman Gembira, 58200 Kuala Lumpur.
電話：+603-79813177／79832177　傳真：+603-79827177
E-mail：ho@gfiction.com.my
封面繪圖　Blue
封面設計　Arron

排版　浩瀚電腦排版股份有限公司
印刷　中原造像股份有限公司

定價　NT$350　HK$116
●2010（民99）10月初版
ISBN 978-986-86575-0-2

國家圖書館出版品預行編目資料

孔子是如何煉成的——從喪家狗到萬世師表／鮑鵬山著；--.初版.— 臺北市；本事文化出版：本事文化發行, 2010〔民99.10〕
面　；　公分. – (鮑鵬山作品集；1)
ISBN 978-986-86575-0-2
1. (周)孔丘 2.論語 3.學術思想 4. 傳記 5. 通俗作品
121.23　　99017306

本事
文化
Motif Press Co., Ltd.
Motif

廣　告　回　信
台北郵局登記證
台北廣字第03773號

平　信

10648
台北市台北市大安區和平東路一段258號8樓
本事文化股份有限公司

請沿虛線對摺，非常感謝！

書號：1AF1001　　　　書名：孔子是如何煉成的

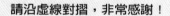

請於此處用膠水黏貼

本事
文化
Motif Press Co., Ltd.
Motif

讀者回函卡

更多本事文化相關資訊，請上
本事部落格：http://motifpress.pixnet.net/blog
或者到Facebook加入「本事文化粉絲團」喔！

非常感謝您購買本事文化的產品！
請耐心填寫此卡，我們將不定期寄上本事文化最新書訊給您！

姓名：________________

性別：□男　□女　　生日：西元________________年______月______日

通訊地址：____

聯絡電話：____________________　傳真：____________________

Email：____

學歷：□1.小學　□2.國中　□3.高中　□4.大專　□5.研究所以上

職業：□1.學生　□2.軍公教　□3.服務業　□4.金融業　□5.製造業　□6.資訊
□7.傳播業　□8.自由業　□9.農漁牧業　□10.家管　□11.其他 ________

請問您如何得知本書訊息？

□1.實體書店　□2.網路　□3.報紙　□4.雜誌　□5.廣播　□6.電視
□7.親友推薦　□8.其他 ____________________________

請問您通常以何種方式購書？

□1.實體書店　□2.網路　□3.傳眞訂購　□4.郵局劃撥　□5.其他 ______

請問您喜歡閱讀哪類書籍？

□1.財經類　□2.自然科學　□3.歷史　□4.法律　□5.文學　□6.休閒旅遊
□7.小說　□8.傳記　□9.生活勵志　□10.其他 ________________

歡迎寫下您的建議：____

____
____
____
____

請於此處用膠水黏貼